Corps et Âmes

La Confrérie des Âmes

Du même auteur

La Confrérie des Âmes, Plon, 2008.

Villeminot

Corps et Âmes

La Confrérie des Âmes

* *

PLON
HEROÏC

ISBN : 978-2-259-21143-7
www.plon.fr

À Théophile al-Masri et Madeleine al-Gamila,
mes lecteurs fidèles.

Et à Julos et Math', pour leurs fiançailles.
Bénédiction elfique, humaine, féodale et clanique.

L'Alta

L'Alta
(Guerre du Neuvième Tome)
Royaume nain de la forêt de Kraast
Échine du Dragon
Territoire de Sarpanter
Territoire de Gascalon
Landes franches
Mer d'Arjun
Madani
Maroine
Source d'Elfréa
Mer d'Ereka
Forêt des âmes
Fern
Pelai-aros-Ibar
Baie de Kliment
Champs Gauranatiques
Olhan de Vahan
Glacier de Burak
Almeria
Marche livide
Plaine d'Alsander
Shaelynn
Mer d'Hourya
Derrig Argan
Odran-shad
Ibar-Ös-Hodei
Lexie
Forêt elfique
Avala-ar-Helian
Cirque de Donon
Ancienne Waltraud
Le Weslang
Otilia

L'Alta
Routes des Quatre
Vers Sarpanter
Landes franches
Forêt des Yéraz
Territoire de Gascalon
Mer d'Eneka
Madani
Route des défilés
Massif de Adama
Maroine
Nahel
Ravin d'Hadlya
Fern
Baie de Kliment
Pelaî-aros-Ibar
Champs gauranatiques
Arnan-Du
Almeria
Marche livide
Plaine d'Alsander
Bosquet de l'ultime règlement
Derrig Argan
Route des Nabatites
Odran-shad
Lexie
Mer d'Hourya
Avala-ar-Helian
Forêt elfique
Le Weslang
Ancienne Waltraud

En guise de Prologue

Si vous avez raté le premier tome

Corps et Âmes est la suite de *La Confrérie des Âmes*, un roman de 400 pages que nous vous conseillons de lire avant celui-ci... Mais si vous ne l'avez pas sous la main, que vous êtes coincés sur une île déserte, ou obligés de lire ce tome-ci en premier sous la menace d'une arme, voici ce que vous devez absolument savoir :

Mansour al-Masri et Matthias Prandowski, deux étudiants, Hugo Holder et son amie Charlie Fuertès, deux lycéens, sont « contactés », un mois de décembre. Ils ne se connaissent pas. Mais dans leurs jeux, sur leurs CD-ROM, leurs DVD, d'étranges messages sont apparus : « Venez à Teachtchun-Céille, à la nouvelle lune. L'Alta a besoin de vous. »

Découvrant par miracle l'endroit de ce singulier rendez-vous, ils se rendent cette nuit de janvier, avec une cinquantaine d'autres jeunes gens, dans la clairière d'une forêt normande. Ils y rencontrent les Elfes Noirs, une quinzaine d'hommes sombres et élancés qui leur font passer des épreuves et les « assemblent », quatre par quatre, en « Confréries ». Les sorts de Mansour et Matthias, Charlie et Hugo sont désormais liés : c'est ensemble qu'ils doivent « passer » sur l'Alta, un monde inconnu et en guerre, où semble-t-il, ils mèneront à bien une mission périlleuse, et vitale.

Ils sont isolés des autres Confréries, et Iwan, le Capitaine des Elfes Noirs, commence de les guider dans leur initiation.

Mais bientôt, les premiers morts surviennent : les journaux relatent d'étranges assassinats, certains des « contactés » de la clairière sont retrouvés égorgés. Les espions de Rolf le Féodal, l'ennemi des Elfes Noirs, ont eu connaissance de leurs intentions, et ils commencent à tuer. Iwan précipite ses plans et donne alors aux « Quatre » des boules argentées de *XariaEnea*, une plante elfique. En la consommant, Matthias, Mansour, Hugo et Charlie « passent » sur l'Alta, dans la clairière de la Nation elfique des Connor, à Derrig Argan.

Dans ce nouveau monde, morcelé entre les territoires des cruels Féodaux, Humains et Immortels, la Forêt des Nations elfiques et les Landes franches des Hybrides et des Clans, chacun des Quatre a une nouvelle apparence : les âmes sont passées, mais pas les corps.

Mansour est une Cervière, jeune femme sauvage et tatouée qui chevauche un lion cervier, et vit pour le combat. Matthias est un Golithe, chevalier du Sang-Noir caparaçonné de *kraast*, muet et inhumain. Charlie est une Céridwen, une prêtresse-chanteuse des Elfes, et Hugo son Madoc, serviteur des prêtresses, aux deux avant-bras coupés.

Ensemble, accompagnés d'une escorte où figurent notamment Ioena et Louane, les deux Elfes Connor, Jeson le Centaurien et Earvin le tueur de Fern, ils prennent la route des Confréries. À Shaelynn, capitale rêvée des Elfes, ils rencontrent leur Capitaine, le maître des Confréries : Aliya, une Cervière devenue légendaire à force d'exploits guerriers, qui dirige la coalition des Mères-de-la-guerre, formée contre Rolf. La jeune femme va leur confier le but ultime de leur mission : boire le Sang-Noir à Elfrea, au cœur de la Forêt des Âmes. C'est là, dans ce sanctuaire où seules peuvent entrer les âmes errantes, qu'a été versé jadis le sang du tyran Wulfran. Quiconque boira ce sang possédera le Pouvoir. On dit que Rolf, fils de Wulfran, a trouvé un moyen d'y entrer, malgré les sortilèges... Voilà pourquoi les Quatre doivent y parvenir avant lui, et y boire ensemble : ainsi, le Sang-Noir sera dispersé en eux quatre, et la menace du Pouvoir supprimée à jamais.

Dans leurs tribulations, les Quatre affronteront, sur l'Alta, les frustes Urods et les Ocres-Blêmes, créatures glaciales. Ils combattront même d'autres Confréries, devenues concurrentes. La plante elfique ayant un pouvoir limité dans le temps, les « quatre âmes » multiplient les allers et retours, tous les trois jours, entre l'Alta et notre monde. Chez elles, elles devront craindre les sicaires de Rolf, qui éliminent les Confréries l'une après l'autre (et aussi la redoutable mère de Charlie, mais c'est une autre histoire). Finalement, dans une maison de Compiègne, Hugo tuera Rolf le Féodal, et rejoindra ensuite ses compagnons, avec lesquels il descendra dans la clairière d'Elfrea. Là, la Confrérie devra affronter la trahison sordide de Matthias, qui entend depuis le début de l'aventure rétablir le Pouvoir pour lui seul, en buvant tout le Sang-Noir. Mansour, pour sauver la vie de ses compagnons et obéir à Aliya, étranglera le Golithe.

À trois, désormais, ils remonteront ensuite vers le Nord, en vainqueurs. À trois, ils seront confrontés aux mensonges d'Hedda, la gouverneure de Fern, qui veut les sacrifier pour disperser le Sang à jamais. Jurant de n'être plus jamais réunis, Mansour acceptera de revenir corps et âme sur l'Alta, en otage de leur loyauté, sous la protection d'Aliya et de Jeson.

Et finalement, c'est donc seuls que Charlie et Hugo reviendront dans notre monde, à l'issue de six mois de violences, de haines, de meurtres et de trahisons. Seuls, mais ensemble, et définitivement amoureux.

I

Le frère d'Aliya
(Les assassins)

Chapitre 1

Madani semblait morte.

Le soleil du début du jour, un jour de printemps naissant, encore froid mais sec, battu par les vents d'Est, s'était levé, loin, au-delà des montagnes de l'Échine, sur la mer d'Arjun. Il illuminait crûment les quelques milliers de cristaux de quartz taillés en prismes que des mains humaines (ou du moins, les mains de créatures intelligentes, capables d'utiliser des outils, et sans doute industrieuses) avaient fichés au fil des derniers siècles dans sa roche tendre, rouge, presque ocre.

C'était le signe d'un rituel.

Chaque cristal avait été le symbole, un temps, d'une âme vivante. Chacun des habitants de l'Alta, quand il rompait son ban pour rejoindre Madani, scellait dans la falaise un prisme. Le quartz recueillerait à jamais les rayons du soleil levant : il dirait qu'une âme libre avait choisi les Landes. C'était la cérémonie d'entrée dans les Clans, l'unique épreuve. Mais qu'était-il advenu, en ce jour, de toutes ces existences ? Qu'étaient devenus ces hommes et ces femmes, ces Elfes et ces Hybrides, et leurs fils, leurs filles, rejetons et métis – tous ceux des Clans libres ?

Pas un mouvement, pas un bruit, pas un mot. Personne au puits, malgré l'heure. Ce matin, seule l'ombre répondait à l'ombre.

En ce lieu, jadis, voici trois siècles, les fuyards, les résistants, les espérants de la première heure avaient fondé Madani après le massacre de Maroine. Ils s'étaient installés dans l'habitat troglodyte des défunts Hybrides, au temps de la guerre du Huitième Tome, pour échapper aux Légions golithes de Wulfran. Des hommes, des femmes surtout, de toutes les races de l'Alta (et réunies sous l'autorité du Conseil des Mères-de-la-guerre), avaient créé ici un refuge provisoire. Plus haut, d'autres grottes, creusées cette fois par leurs descendants, mieux à l'abri de l'ennemi, béaient sur le mur de roches ocre. Elles attestaient qu'après le Huitième Tome des guerres, des centaines de créatures parmi les cinq races et les dix-neuf peuples de l'Alta étaient restées ici. Il y avait tout un réseau de cavités, de tunnels, de salles souterraines, au cœur du massif. Les Clans, pendant l'hiver, vivaient *dans* la montagne, littéralement. Cette forteresse naturelle, dressée comme une muraille, barrière entre la steppe de Maroine et les montagnes du Nord-Ouest, était leur refuge d'hiver.

Mais à cette heure, les échelles qui descendaient de chacune des ouvertures auraient dû être sorties. Des hommes, des femmes, des Hybrides, d'anciens Sloanes et Searles exilés volontaires auraient dû s'activer, pour les préparatifs du jour, au soin du bétail dans les parcs des troupeaux, au dressage des chevaux et des cerviers, aux perpétuels travaux.

Or, rien. Ni être, ni bête.

Dans les campements, sur les structures de roseaux durcis dressées pour que les visiteurs y jettent leurs tentes, sur les fours à pains vides et sur les fosses où rôtissaient d'ordinaire, dès le matin, les méchouis d'animaux entiers, seule tourbillonnait la poussière charriée depuis les déserts des Landes franches. Madani-la-bruissante, Madani-la-grouillante, Madani-qui-ne-dormait-que-trois-heures-chaque-nuit était, en ce matin, sans autre vie que minérale.

Seule la peur ou la mort avait pu ainsi en chasser tous les vivants.

*

Il y eut, un peu plus tard, vers le Nord, un nuage de poussière qui annonçait une troupe. Très longtemps avant que les cavaliers n'arrivent au pied de la falaise, on sut qu'ils se dirigeaient vers la falaise rouge. On les voyait de si loin, sur la steppe – et c'était ainsi que, d'ordinaire, jouissant de leur exceptionnel poste de guet, les habitants des grottes pouvaient se fortifier bien avant le danger.

Mais Madani était vide, sans guetteurs.

Vers la mi-journée, enfin, après une progression rapide, les silhouettes et les visages de ceux qui arrivaient du Nord sortirent de la poussière. On les distingua. Il y eut des rugissements, des cris de guerre, quand la plupart des Cervières sautèrent de leurs cerviers, au pied de la falaise. Les premières coururent vers les grottes naturelles et disparurent dans les entrailles de la terre, tandis que d'autres escaladaient lestement la muraille, pour atteindre le deuxième réseau de cavernes à trente coudées du sol. Elles obéissaient à des ordres brefs.

Puis, il y eut des cris de joie, quand quelques-unes des guerrières sortirent des grottes qu'elles étaient parties explorer. Elles brandissaient des provisions, des couvertures, du bois : les greniers des Clans étaient intacts. Aussitôt, au pied de la falaise, d'autres s'activèrent à préparer quatre ou cinq feux. Elles devaient être une petite centaine, plus des deux tiers des Cervières que portait l'Alta. Les autres étaient restées au Nord, sur la route de Sarpanter, pour protéger les Clans qui avaient fui Madani. Et comme le voulait l'usage des guerrières des Clans libres, la troupe n'avait rien emporté avec elle – elles avaient chevauché à cru leurs lions, seulement vêtues du pagne et du bustier de cuir, sans rien dans leurs fontes que des armes ; se nourrissant de ce que prodiguait la nature ou le pillage, dormant contre le corps chaud de leurs brutales montures. Puisque les réserves de Madani avaient été épargnées, aujourd'hui, elles mangeraient les repas des Clans libres.

*

La plupart des combattantes, maintenant à pied, dressèrent le camp, tandis que le soleil avait entamé son rapide déclin. Seule une troupe d'une grosse vingtaine, parmi les Cervières, restait encore sur leurs lions. Leurs calligraphies racontaient que celles-ci étaient des Hafidas. Les tatouages noirs qui célébraient les exploits de chacune couvraient les deux cuisses, les deux bras, parfois la partie découverte de leur ventre. Elles avaient dans les cheveux les tresses de laine, au dos le carquois, à la main le tranchoir de guerre, une hache effilée, profilée pour le jet comme pour le corps à corps. Elles étaient l'élite des chasseresses et des tueuses, des combattantes et des cavalières, des gardiennes et protectrices des Clans libres. Et au milieu d'elles, une seule portait des tatouages sur tout le visage, et sur son lion même. Elle était Aliya ; Aliya, et ce nom suffisait, partout sur l'Alta, à évoquer le courage, la folie, la mort rapide pour l'ennemi ; la victoire aussi, dans les guerres du Neuvième Tome qu'on avait crues fermées, sitôt ouvertes.

Aliya fit volter Nadir pour aller à l'écart. Et sur un signe de la main, un Hafida la suivit – « un » Hafida, oui, le seul jeune homme de la troupe ; le seul mâle qu'un lion-cervier eût jamais accepté sur son encolure.

Nulle ne s'étonna qu'ils se mettent hors de portée de voix, tous deux. En trois années à combattre parmi elles, il était devenu le second d'Aliya, son meilleur lieutenant – son confident, « et peut-être même davantage », disaient les langues trop bavardes des Clans.

Aliya la Sublime dit, en montrant la poussière du sol :

— Ils n'ont rien pris, ils n'ont pas pillé Madani. Mais regarde les traces des *siffales*, notre espion disait vrai : une colonne entière des Golithes d'Almeria a foulé les Landes franches. Ils ont pris la route des défilés, sont venus jusqu'à la falaise des prismes, ont fouillé nos grottes, avant de repartir par le même chemin.

— Ils étaient quatre cents, ma sœur.

— Oui, sans doute. J'ignore ce qu'ils cherchaient...

— Nous le saurons. Mais tu as bien fait d'ordonner aux Clans de remonter vers le Nord, Aliya. En évitant le combat, tu as sauvé beaucoup de vies parmi les nôtres...

Le jeune homme aux tatouages n'en dit pas plus. Il attendait, maintenant : allaient-ils partir à la chasse, sur les traces des chevaliers de *kraast* ? Pourraient-ils pourchasser ceux qui avaient violé le sanctuaire des Clans libres ? Il l'espérait... Car lui aussi, comme toutes les Hafidas, était la proie de cette fièvre dévorante, la folie des combats.

Il portait des calligraphies sur ses bras, ses jambes, et une large inscription sur le front, dans l'alphabet des Hybrides. Il était grand, très mince, musclé, brun, sombre. Dans son abondante barbe noire, dans ses cheveux longs, les tresses de laine s'emmêlaient, lui conférant un air de naufrageur farouche. Son lion, Nidhal, était aussi marqué, fait exceptionnel...

Aliya reprit :

— Si les colonnes golithes d'Otilia et celles des ruines de Waltraud rejoignent celles d'Almeria, comme le dit la rumeur, elles formeront ensemble une armée que nul ne pourra arrêter ; sauf à reformer les anciennes alliances.

À cette évocation de manœuvres diplomatiques, le silence du jeune homme devint plus pesant encore - dans ses yeux brillait une tension, peut-être une impatience. Aliya attendait, aussi.

Finalement, il dit :

— Veux-tu que nous les attaquions avant qu'ils ne reçoivent des renforts, Aliya ? Ou préfères-tu former dès à présent des ambassades, renouer les alliances ?

— Et toi, Mansour, veux-tu le combat ?

— De tout mon cœur, mon amie, ma sœur.

Elle sourit, un sourire radieux qui illumina enfin son visage grave. Dans cet ensoleillement de sa physionomie, elle était belle comme l'aventure, comme la vie même.

*

Des talons, ils frôlèrent les flancs de leurs lions, et en trois bonds ils furent au milieu du campement qui se dressait. Aliya cria pour rassembler les Hafidas.

Elle donna ses ordres, il y eut des saluts, des hurlements de joie : l'élite des Clans libres avait cessé d'esquiver les attaques ; elle reprenait sa place dans les guerres du Neuvième Tome.

Chapitre 2

Les Hafidas rencontrèrent la Légion ardente, sur le chemin qui mène de Madani à Fern, dans la route des défilés-de-Adama ; paysage caractéristique des déserts de pierre rouge, de canyons, de collines et de hauts plateaux, que traverse une piste, et qui vont aller s'abaissant jusqu'à la Cité libre. C'était un terrain propice à l'embuscade, surtout lorsqu'on bénéficie de l'agilité montagnarde d'une monture parfaite comme le lion-cervier ; champ de bataille d'autant plus favorable que la colonne des chevaliers noirs en avait parcouru plus des trois quarts, et s'engageait dans la dernière partie de la route, encaissée, entre deux ravins. Si les Golithes avaient été prudents, ils seraient passés par l'Est, rejoignant presque le tertre de Maroine avant de plonger vers le Sud, et Arman-du ; mais ils devaient se penser invulnérables, ne craignant pas d'expéditions punitives...

Ils ne se hâtaient même pas.

Les Cervières aperçurent l'arrière-garde de *kraast*, alors qu'elle pénétrait, au pas, traînant derrière elle un nuage de poussière rouge, dans le ravin d'Hadiya.

*

Arrière-garde est un terme impropre : les Golithes n'évoluent pas, comme une armée ordinaire, en détachements organisés de cavalerie, escadrons indépendants formés en carrés, susceptibles d'intervenir en différents points d'un champ de bataille, en soutien de l'infanterie des écorcheurs, par exemple... Ils forment quant à eux, toujours, une colonne infernale, qui avance invariablement par rangs de quatre, implacable comme la mort. Rapide et puissante comme leurs *siffales*, lourde et cuirassée, cette colonne est un serpent d'attaque. Lors de ses offensives, sa tactique, toujours identique, paraît simplissime : elle frappe les défenses ennemies en un point, un seul, qu'elle martèle, en assauts brutaux ; insensible apparemment aux pertes endurées lors de dix-neuf attaques si la vingtième ouvre la brèche... Mais cette manière est savante, néanmoins, car là où pilonnent ces colonnes, la science de leurs capitaines choisit toujours le point névralgique, celui qui présente le plus haut risque de rupture, tout en offrant, une fois forcé, les plus remarquables possibilités. Les capitaines de *kraast* sont comme des bûcherons, qui savent trouver la veine favorable pour fendre les billes de bois les plus épaisses ; et leurs Golithes sont à la fois le coin et la masse d'airain. Ils sont aussi, encore, comme des animaux de proie : ils cherchent la gorge, l'endroit où la peau est la plus fine, et la veine la plus large ; ils attaquent, griffent, pourfendent tout ce que l'ennemi jette entre eux et elle, jusqu'à l'avoir atteinte. Quand ils mordent à la carotide, quand les défenses ennemies finissent par céder en ce seul endroit, l'adversaire est perdu. Alors, alors seulement, la colonne se déploie, en un vaste éventail – pour tuer derrière les lignes.

La faiblesse des Légions ardentes réside cependant en ce point, d'où elles tirent leur force – les Golithes ne cessent jamais d'attaquer, de produire du *mouvement*, et *toujours* vers l'avant, vers le cœur de la défense... L'ennemi, sans cesse sommé de réagir, demeure dans une posture de contre ; il a les noirs, dirait un joueur d'échecs ; il colmate la brèche, l'urgence, toujours sur le reculoir, tente d'enrayer le mouvement de marée. Mais ce flux et reflux, rapide et rectiligne comme celui d'un marteau-pilon, offre sans cesse les flancs et les arrières des Légions à la contre-attaque... Lorsque, de prédateurs, les Golithes deviennent chassés, l'histoire des guerres du Huitième Tome, et de l'effondrement incroyablement brutal de Wulfran (qui les fit sortir des enfers), enseigne que les colonnes ardentes sont mal armées pour retraiter et organiser leur défense. Les soldats du Pouvoir sont, moins qu'une armée ordinaire en marche, capables de répondre aux escarmouches rapides, au harcèlement, à la guérilla tourbillonnante. C'est la raison pour laquelle les Cervières sont leurs ennemis mortels – elles chassent en meutes qui se dispersent, n'offrent jamais de point névralgique, insaisissables ; elles peuvent mordre devant, derrière, partout à la fois, sans présenter jamais une ligne. Cette fois, dans le ravin d'Hadiya, l'escouade des Hafidas avait en outre l'avantage de la surprise.

*

Il y a encore quelque chose qu'il faut dire aux lecteurs de ces lignes, avant qu'ils apprennent le récit du combat ; jusqu'ici, ils n'ont su des guerres de l'Alta que celles que menèrent les Confréries, contre les Urods, les Ocre-Blêmes, les Dawuds, depuis la Forêt de la Race jusqu'à celle des Âmes. Qu'ils l'apprennent : ils n'ont donc jamais entendu conter l'affrontement ultime.

Car voici : les guerres du Huitième Tome ont enfanté sur l'Alta les Légions ardentes de Wulfran, legs cruel du Pouvoir du Sang-Noir déchu. Et sitôt le Huitième Tome refermé, les Clans libres chargèrent quant à eux, sur les Landes franches, les terribles Cervières de défendre en tout lieu, en tout temps leur affranchissement... Depuis lors, depuis trois siècles révolus, ceux qui jouissent des jeux cruels et terrifiants du combat, de la mort portée et reçue savent que rien parmi les peuples ne vaut l'affrontement au champ d'honneur de ces deux races guerrières. Ils sont germes des guerres, rejetons du malheur, les uns comme les unes ; ils sont, dans celles du Neuvième Tome, le plus haut accomplissement qu'elles offrent. Et sans doute, dans les guerres précédentes, dans l'histoire séculaire et militaire de l'Alta, rien n'atteignit jamais, en violence pure, parfaite, la guerre personnelle, atavique, que se livrent la meute des Cervières et les Légions golithes.

Nuls n'égalent en valeur, en courage, en endurance, en imprévisible témérité, en silencieuse folie les Golithes à la bataille, sinon les Cervières. Nuls plus qu'elles et eux ne sont capables de cette inhumaine vaillance, de porter aussi haut le culte du combat. Et si peut-être les quinze sicaires de Fern, l'armée des Ombres, les surpassent en cruauté froide, technique, si encore les Sloanes et les Searles de l'elfique Nation manient l'arc avec plus de vitesse, Cervières et Golithes sont, toutefois, à la guerre, les deux formes de la perfection : les deux bras de la mort. *Siffales* lourds, cuirassés, avides d'entrailles, contre cerviers félins, fauves – mais aimantés comme eux par le sang ; épées à deux mains et fléaux, masses d'armes, bi-haches à lames courbes contre simples tranchoirs de combat et arcs de bambous ; armures hérissées de *kraast*, bassinets, jambières, plastrons, visières closes, contre corps presque nus sous le cuir et les tatouages, cheveux au vent ; colonne rigide, disciplinée, contre essaim tumultueux ; tout semble les opposer, tout concourt à faire de leur affrontement la rencontre de la glace et du feu, le combat des ténèbres et de la lumière... Et plus que tout, la haine qu'ils se vouent les uns aux unes est irrémédiable.

Mais parce qu'ils sont fils et filles des combats, du moins s'estiment-ils dignes, les uns comme les unes, de la mortelle lutte qu'ils se mènent, jusqu'à disparition de l'une des espèces ; ils savent, les uns comme les unes, la puissance qu'a atteinte l'adversaire, et reconnaissent à l'autre sa digne valeur. Même si les colonnes de *kraast* servent le Sang-Noir, et les filles tatouées la liberté des Clans, dans leurs veines coule une fièvre qui les fait tous communier, se reconnaître : la fureur et le bruit, le combat et la mort mille fois défiée.

*

Ils étaient quatre cents, et l'escouade des Hafidas ne comptait que vingt-cinq guerrières quand elles les aperçurent au lever du soleil. Le pesant reptile noir de la Légion occupait la route creusée, en contrebas, qui s'enfonçait entre les collines de roc.

Sans même prendre le temps de rassembler les Hafidas qui galopaient sur le plateau d'altitude depuis Madani, sans leur donner un plan, une tactique, Aliya bondit sur le surplomb, puis lança Nadir dans la pente vertigineuse. Et derrière elle, « toutes » plongèrent de la falaise, tombant sur les derniers éléments de la colonne – « toutes », dont Mansour sur Nidhal.

Vingt-cinq corps lourdement protégés, métalliques, culbutèrent dans cette première attaque, si désordonnée d'apparence et pourtant parfaitement simultanée. Vingt-cinq cerviers bondirent sous les cuisses de leurs guides, en trois secondes tout au plus, pour désarçonner vingt-cinq ennemis. Sous l'élan des fauves, vingt-cinq chevaliers noirs furent jetés à terre avant qu'un seul comprenne que les Hafidas étaient sur eux, qu'un fauve les avait remplacés sur la selle de leurs *siffales* – et sur le fauve, une femme.

*

Mansour, une fois de plus depuis qu'il chevauchait Nidhal, fut au milieu de la mêlée ; dans l'entrechoc, la poussière, la lumière presque rouge ; ivre de joie.

Il vit les Golithes rouler à terre autour de lui. Il vit le cou des *siffales* affolés battre l'air comme des serpents, figurant les vingt têtes d'une hydre glacée. Les lions sur les croupes, mordant le cou caparaçonné, cherchant les ventres offerts, vulnérables. Sans un rugissement, sans feuler. Puis les cerviers bondirent à terre, pour frapper ailleurs. Il vit certaines de ses compagnes de fièvre, écuyères de la mort, courir sur le dos des monstres, semblant danser sur les selles de bois, pour trancher des gorges de *siffales*, entre les jointures du caparaçon longuement façonné.

L'instant d'après, l'animal charognard, monstrueux, s'effondrait, tandis qu'elles bondissaient sur leurs lions impatients. En route vers d'autres meurtres.

Et chaque scène était comme un détail, un gros plan, au milieu du tourbillon d'ensemble de la mêlée furieuse.

D'autres guerrières cinglaient, à l'arrière, les chevaliers qui déjà tentaient de se relever ; faucheuses, elles n'étaient qu'un souffle qui passait le long de l'ennemi, mais leurs tranchoirs trouvaient la jugulaire – précisément là où seule la cotte de mailles protège la vie battante. Et les Golithes tombaient comme des épis.

Quelques râles, des cris surpris...

Les Golithes qui précédaient leurs victimes dans la colonne se retournèrent. La nouvelle courut dans leurs rangs, tandis qu'ils ralentissaient. Puis, venant de la tête de la Légion, Mansour entendit les rugissements des capitaines. Ils ordonnèrent, ressaisirent leurs hommes – les *siffales* pachydermiques, lourdement, entamèrent un demi-tour dans le défilé... La colonne lança la charge. C'était la minute du repli, la fin du raid, déjà : il fallait décrocher, remonter sur les pentes inaccessibles, laissant sur le carreau, morts ou comme tels, dix des chevaliers noirs, et vingt de leurs montures ; et sans doute autant de blessés horribles.

*

Mais non, Mansour al-Masri ne romprait pas le combat si vite. Tandis que ses sœurs de combat regagnaient déjà le plateau, trop vives pour être atteintes, Nidhal s'élança à son tour sur un des flancs du ravin. Mais le lion rompit sa trajectoire, se mit à courir littéralement sur la falaise, parallèlement à la colonne.

Et Aliya aussitôt, qui le surveillait, le vit, comprit ; elle volta, elle aussi.

Seuls, chacun sur l'un des versants du défilé, ils entamèrent une course hallucinée vers ce qui était (avant le demi-tour des *siffales*) la tête de la colonne ; leurs lions collés à la paroi comme deux insectes, par la seule vitesse, les griffes raclant des murs de pierre presque verticaux ; leurs deux corps couchés sur les dos des cerviers pour maintenir un équilibre de cosaque ; rapides comme deux éclairs.

Cela ne se pouvait penser. Cela s'accomplissait.

Soudain, sans se concerter, les deux flèches fauves quittèrent les murs de roc, et traversèrent perpendiculairement la colonne ennemie qu'ils longeaient l'instant d'avant, comme on traverse une rivière – galopant littéralement sur l'ennemi, sur des croupes, des heaumes, des dos ; écrasant, mutilant et mordant au passage. Le tranchoir cingla, les crocs claquèrent. Ils se croisèrent, s'entrecroisèrent trois fois, relançant ensuite leurs deux courses parallèles, *sur* la falaise, vers la tête de colonne, défi fou lancé à la gravité et aux chevaliers. Il eût suffi d'un écart, d'une décélération pour qu'ils glissent de la muraille ; ou qu'une hache, une épée touche Nadir et Nidhal, lors de leurs traversées, pour mettre fin à cela. L'arme cueillerait la chair tendre du ventre, entaillerait les tendons des pattes, et l'élan brisé net, le fauve et son maître sombreraient au milieu de la marée noire, sous le nombre, sous les coups...

Cela ne pouvait qu'arriver. Mais cela ne survenait pas.

Trois secondes, cependant, il sembla que le prodige cessa. Mansour sur son fauve ne piétina pas la mêlée, il disparut sous elle, se noya. Mais c'est que Nidhal avait plongé entre deux des *siffales* de la colonne.

Slalomant entre les sabots sanglés de lames en rasoirs, au milieu de la colonne, comme dans les courses-poursuites démentes de feu ses *video games*, Mansour se ruait entre ceux qui chargeaient. À contresens. Son bras frappait, à droite, à gauche, presque invisible de rapidité, tranchait des flancs, des jambes. Le Victorieux baissa deux fois le cou, le releva, bascula sur le flanc opposé de son lion, pour éviter les fléaux de ceux qui avaient compris un peu moins tard. Puis il jeta Nidhal littéralement sous les montures, à la perpendiculaire de la colonne. Nidhal se glissa sous leurs ventres tandis que Mansour, collé contre son flanc, levait un bras d'airain et fendait de son tranchoir les panses des trois animaux.

Demi-tour, il accomplit de nouveau, en biais, un mortel voyage sous d'autres *siffales* ; et, de nouveau, ouvrit une saignée d'entrailles. Il entendait les cris, de stupeur, de rage, au-dessus de lui – les sifflements de douleur des monstres. Il était plus rapide que la souffrance même : lorsqu'elle atteignait le cerveau de ses victimes, il était déjà loin.

Du plateau, ses compagnes suivirent sa progression en voyant les animaux tomber, l'un après l'autre, comme des dominos. Et quand enfin les chevaliers noirs eurent saisi, quand une masse d'armes sembla devoir s'abattre sur eux, le lion cervier avait déjà jailli de l'autre côté de la piste, remontait griffes et pattes le long du roc, cette fois vers le sommet du plateau, à l'Ouest du ravin. Les Golithes arrivés en renfort butèrent sur ceux dont les *siffales* s'étaient effondrés. Une mêlée mortelle de *kraast*, d'os, de sang, de lames.

Au même moment, la clameur s'élevait, un cri jailli de vingt-trois poitrines fières, tatouées, sur la lèvre Est du plateau d'Adama, au-dessus du spectacle.

Les Hafidas saluaient l'exploit.

*

Nidhal bondissait vers le Nord-Ouest, en écoutant Mansour lui parler à voix haute, comme on se harangue soi-même.

Combien en avaient-ils blessé, tué, dans cette sarabande d'Aliya et de lui-même ? L'Hafida l'ignorait. Cela n'importait pas, ils n'étaient pas des comptables, des maîtres tacticiens – ils étaient des flambeurs... Les deux seuls dans cette guerre, peut-être, avec Jeson aussi – et du moins, les plus grands.

Ils avaient mutilé, tranché, mais surtout, ils avaient ridiculisé pour de bon l'ennemi. Joué avec son courage, piétiné sa fierté. Cela avait duré moins d'une minute, l'espace d'un instant, un rêve où la gravité, la logique, l'équilibre avaient été suspendus dans le ravin d'Hadiya...

– Et c'est pour cette minute que nous vivons, Nidhal...

Mais ce n'était pas à Nidhal qu'il s'adressait, en remontant vers le Nord-Ouest, bien plus loin que ne le demandait la prudence ; jouissant de la vitesse, prolongeant l'ivresse. C'était à Aliya. Oui, c'étaient pour ces instants qu'ils vivaient, tous deux, qu'ils s'admiraient et se comprenaient ; qu'ils s'aimaient ; pour cette invraisemblable, stupéfiante bravoure...

– C'est pourquoi tu es le seul qui porte des calligraphies, à part Nadir... Et c'est pourquoi elle sait que je suis comme un frère...

Le lion ne répondait pas - et parce que les cerviers connaissent l'âme humaine, Nidhal comprenait que les mots de son cavalier allaient vers la Sublime, sa Capitaine. Celle qui l'entraînait dans ces défis. Celle qu'il défiait comme en jouant. C'est à qui pousserait le bouchon encore plus loin, la folie plus haut, vers des altitudes où seule régnait l'ivresse menteuse des cimes. Un jour, ils en mourraient, de dialoguer ainsi... Mansour le savait, le pressentait. Mais ils mourraient tous deux.

*

Quelques minutes plus tard, ayant contourné la route des défilés-de-Adama très au Nord, puis repris vers le Sud, sur l'autre versant, il rejoignit toutes les autres Hafidas, et Aliya, à l'Est du ravin d'Hadiya. Les Golithes avaient déjà pris la fuite, abandonnant leurs morts, leurs blessés, dans le défilé. Les Cervières, elles, étaient restées au-dessus du terrain de leur raid.

Quand Nidhal fut tout proche d'elles, Aliya sauta de son lion ; lui aussi. Ils s'embrassèrent, il la saisit dans ses bras, la fit tourner sur eux-mêmes, comme le font deux amoureux enivrés, à la Saint-Jean – dans les bras l'un de l'autre pour une valse, en riant aux éclats.

Les youyous admiratifs de leurs compagnes étaient sincères, mais dans certains yeux, il y avait aussi une nuance goguenarde ou inquiète.

Chapitre 3

Depuis la veille, ils avaient su que cela allait arriver. Mais maintenant, ils le constataient, *de visu* : planqués derrière une voiture, à l'autre bout de la rue, sous une pluie fine, ils regardaient tous deux la police investir la maison de Charlie. C'était le tout petit matin, l'heure blême où les flics choisissent d'aller cueillir les suspects à leur domicile. La jeune fille frissonna, se blottit contre son ami. Vaguement ironique, Hugo plaisanta :

— Tu as bien fait de m'appeler, on dirait. Et on a bien fait, aussi, de ne pas se coucher...

Il voulait la rassurer. Mais il se doutait que son sourire avait un pli amer.

*

Depuis la veille au soir, tout s'était précipité.

Leurs deux visages, grossièrement ressemblants sur les portraits-robots diffusés par la police, étaient apparus, au journal télévisé. Charlie les avait vus (heureusement sans que sa mère soit avec elle devant le poste). Elle était aussitôt montée dans sa chambre, avait appelé Hugo, paniquée. Immédiatement, le garçon était venu la rejoindre, dans la chambre de la petite maison qu'elle occupait avec sa mère – en passant comme d'habitude par le toit du garage et la fenêtre du premier étage. Et ils avaient décidé, sans même en débattre, de ne pas se rendre à la police : ils n'attendraient pas qu'on les dénonce.

Ils fuiraient dès le lendemain matin.

Ils avaient quitté la maison de Charlie à six heures, avec dans leurs deux sacs à dos toutes les affaires pour la survie, un peu d'argent aussi, de quoi se débrouiller. Ils étaient restés à proximité, cependant, pour en avoir le cœur net. Et dès sept heures, les flics avaient débarqué chez la jeune fille...

Au moment même où ils regardaient ce spectacle, le portable d'Hugo sonna. Trois fois de suite. Des appels de sa mère. Il écouta le premier message : la brigade criminelle était chez lui. La police avait dû imaginer un assaut coordonné, à leurs deux domiciles, dès qu'on lui avait communiqué leurs deux adresses. Qui les avait dénoncés – parents, amis ? Proviseur du lycée, condisciples ? Cela ne servait à rien de s'attarder, maintenant.

Le jeune garçon jeta son téléphone portable dans une poubelle. Il avait vu suffisamment de films pour savoir que la police pouvait le repérer, par triangulation. Puis, sans un mot, Charlie monta sur le scooter, derrière Hugo. Ils en avaient discuté toute la nuit – le seul choix était de disparaître, fuir dans des lieux où ils étaient moins connus.

*

Ils abandonneraient le scooter, trop repérable, devant la gare Saint-Lazare, les clés sur l'engin. En toute logique, le destrier mécanique d'Hugo serait volé dans les dix minutes ; cela brouillerait peut-être les pistes quelques heures...

Ils monteraient dans le premier train Grandes Lignes, histoire de ne pas traîner sur les quais. Ils descendraient dès le premier arrêt, pour ne pas courir trop longtemps le risque d'être dénoncés par le téléphone anonyme d'un des voyageurs, qui les aurait reconnus. Restait à espérer que la police ne patrouillerait pas dans les trains. De toute façon, ils n'avaient pas d'alternative, il fallait s'évanouir. Pour l'instant. Pour toujours, peut-être.

On les accusait du meurtre d'un jeune homme de dix-neuf ans, Matthias Prandowsky, retrouvé étranglé, la nuque brisée. De l'enlèvement d'un autre jeune homme de dix-neuf ans, Mansour al-Masri – fils de l'ambassadeur d'Égypte à l'Onu. On les soupçonnait, également, de trois massacres commis à l'arme blanche, dans trois maisons de banlieue, au cours du printemps précédent – un an auparavant. En un soir, ils étaient devenus, comme d'autres avant eux, ce couple diabolique qu'on aime évoquer pour se faire peur ; une menace, les ennemis publics de tous bons citoyens, de tous les parents angoissés pour leurs ados, de tous les grands-parents, des enseignants, des sociologues, des psychologues, qui allaient disserter sur leur cas, expliquer leur dérive meurtrière. On parlerait à leur sujet de l'influence néfaste des films d'horreur et des jeux vidéo. On soulignerait que rien ne laissait présager cela, puisqu'ils étaient bons élèves ; mais que, sans doute, ils avaient passé trop de nuits devant des images trop violentes. On aurait déjà des explications toutes trouvées pour leurs crimes. Condamnés avant d'être jugés.

Coupables, forcément coupables.

Le pire, c'est qu'ils n'avaient strictement aucun moyen de prouver leur innocence. Tous ceux qui étaient morts dans les trois maisons, et Matthias Prandowsky, avaient été tués sur l'Alta. Ou à cause de l'Alta. Et Mansour al-Masri avait choisi l'exil, là-bas, prisonnier volontaire... Mais qui croirait cela ? Qui pouvait gober l'histoire d'un autre monde, parallèle, vers où les âmes seules s'échappaient, mais où la mort lorsqu'elle frappait était bien réelle ?

Personne... La conclusion était imparable : il fallait prendre des grandes vacances pendant les trente prochaines années, loin, très loin ; jusqu'à la prescription des crimes dont on les accusait.

Chapitre 4

Hasard, ironie, confidence du destin ? Le premier train desservait Vernon, et la clairière de Teacht-chun-Céille, où tout avait commencé, voici plus d'un an. Là-bas, ils avaient rencontré les Elfes Noirs, formé la Confrérie. Là-bas, Iwan était devenu leur Egmont protecteur, celui qui allait les guider, sur les ailes de la *XariaEnea*, jusqu'à l'Alta...

Iwan était mort il y a un an, éventré par Rolf, le Féodal. Et pour leur perte, avant même la mort de leur Egmont, ils lui avaient désobéi. Cette erreur du passé, ils la payaient maintenant. Tard, bien tard ; mais *cash*, et avec tous les dividendes.

On était au mois de mai. En février, voici quinze mois, Mansour, Matthias, ainsi que Charlie et Hugo, avaient négligé les consignes de précautions de leur Elfe Noir. Ils s'étaient rencontrés chez le fils de l'ambassadeur d'Égypte, au vu et au su de la vieille gouvernante, Ida. Ils avaient utilisé le chauffeur de l'ambassade pour libérer Charlie, plus tard, quand elle était l'otage de sa mère... En ces deux circonstances, les employés de Fouad al-Masri, ambassadeur d'Égypte, les avaient vus, reconnus. Il n'était pas compliqué de comprendre comment on avait donné leur signalement : puisqu'on recherchait Mansour, c'est que son père n'avait pas cru la lettre qu'ils avaient envoyée, en son nom, à leur retour de l'Alta. Il ne s'était pas résolu à perdre son fils, même si son fils protestait que telle était sa volonté.

Fouad al-Masri avait dû interroger la vieille Ida ou le fidèle Boutros. Et l'un des deux avait fini par parler. Puis les policiers avaient fait le lien, relié plusieurs affaires : Oui, les derniers temps, Ida comme Boutros avaient vu Mansour en compagnie de Matthias, le garçon étranglé dans une maison de Compiègne ; oui, il y avait avec eux un autre garçon, au teint pâle, aux yeux bleus, aux cheveux châtain clair en broussaille, et une jeune fille brune, une fille du soleil, aux cheveux coupés très court, aux lèvres larges, aux yeux d'un noir brûlant, un piercing bleu dans le nez.

Dans les locaux de la Brigade criminelle, on avait dû montrer aux deux employés les visages de tous les autres adolescents retrouvés assassinés. Puisque aucun d'eux n'était Charlie ou Hugo, c'est que Charlie et Hugo étaient suspects – les seuls survivants du grand massacre.

Voilà pourquoi il aurait fallu s'en tenir aux strictes consignes d'Iwan. S'ils l'avaient fait, on n'aurait jamais pu remonter jusqu'à eux. Mais il était tard, bien trop tard, pour les regrets.

Ils ne descendirent pas à Vernon, mais à la gare précédente, la première : Mantes-la-Jolie. Heureux présage ?

Pas un inspecteur de la Brigade criminelle ne les attendait à la sortie. Après avoir traversé le hall de la gare, ils eurent un bref instant le sentiment de desserrer l'étau. Bouffée de soulagement. Le jour de printemps donnait une bonne lumière, rassérénée. L'averse avait cessé.

Mais ils ne savaient pas où aller se cacher. Ils étaient deux fugitifs. Leur cavale apparaîtrait comme un aveu de culpabilité. Ils n'avaient aucune idée de la suite : aller trouver Fouad al-Masri, le père de leur ami, pour lui expliquer ? Se livrer à la police ?

*

Ils avaient gardé de leur passé quelques leçons : trouver une maison à l'écart, la choisir volets fermés et jardin en friche, signe d'une absence longue. Dans l'Ouest de l'Île-de-France, il y a beaucoup de ces résidences secondaires, vides presque toute l'année, sauf deux ou trois week-ends d'été. Les Parisiens aisés s'y réfugient aux beaux jours, pour quelques barbecues, quelques apéritifs dans la verdure.

En cherchant des *shads*, ils avaient appris à les reconnaître, à des signes ténus.

Dans Mantes, ils firent d'abord les courses nécessaires – la nourriture pour trois jours, une perruque blonde pour Charlie, des ciseaux de coiffeur. Tous ceux qui les regardaient, dans la supérette, pouvaient les dénoncer. C'est la raison pour laquelle ils s'étaient séparés, et firent la queue chacun à une caisse différente, pour payer : on cherchait un duo, et chacun était seul. Dérouter les esprits, fausser les regards...

Puis ils gagnèrent la périphérie de la ville, à pied, marchèrent encore pendant une demi-heure dans ce qui ressemblait au début de la campagne, mais une campagne domestiquée, pour rurbains. Au bout d'une des ruelles de plus en plus étroites, ils trouvèrent une sorte de lotissement, largement désert, silencieux en plein jour, sans guère de lumières à l'intérieur, sans personne dans les jardins, ni enfants, ni ménagères – les occupants étaient absents, ou travaillaient et ne rentreraient que le soir. Peu de voitures, peu de femmes au foyer.

Ils longèrent les maisons, presque sûrs de ne pas avoir été remarqués.

Un peu plus loin, après un virage masqué par les buissons, il y avait deux demeures plus anciennes, sans voitures, sans lumières. Ils constatèrent que le jardin de la seconde était à l'abandon, il hébergeait des ronces, des herbes hautes...

Ce serait leur *shad*.

*

Hugo aida Charlie à grimper sur l'avant-toit qui couvrait un abri de jardin, sans doute. C'était à l'arrière de la maison, pas un passant ne pourrait voir qu'une fenêtre avait été ouverte, au premier étage. De l'abri, elle se glissa sur le toit, se rétablit comme un chat après son escalade, avança prudemment sur les tuiles jusqu'au chien-assis, força sans mal le volet ancien, puis, avec son poing protégé par son sweat, elle brisa une vitre, en s'assurant que le carreau retombe vers l'intérieur.

Pas un bruit, si des oreilles pouvaient entendre...

Charlie disparut quelques instant aux yeux de son ami ; puis, la porte de la cuisine, elle aussi découpée sur l'arrière du *shad*, s'ouvrit. Elle souriait. Il était dix-sept heures, et ils avaient résolu la question de la planque, provisoirement du moins.

*

Jusque-là, et depuis la veille au soir, c'est Hugo qui avait pris les commandes. Il avait lancé leur cavale, choisi la gare, cherché une idée de refuge ; il les avait guidés jusqu'au *shad*. C'est lui, encore, qui avait dicté la liste des courses à faire, eu l'idée de la perruque et des ciseaux de coiffeur. Tout sauf un plan – juste une ligne de fuite... Mais il avait plus de « connaissances » qu'elle, dans la façon d'organiser efficacement leur clandestinité. Il avait vu tant de films, lu tant de livres où le héros, traqué, doit survivre, seul contre tous.

Il n'avait pas eu le temps, en revanche, d'envisager la partie B du plan : faire éclater leur innocence. Après avoir disparu, il fallait réapparaître – pour obtenir justice. Ce fut donc Charlie qui trouva la solution, la seule alternative de long terme à leur cavale.

Ils avaient mangé leurs premières provisions, dans le pavillon désert, froid d'avoir été fermé tout l'hiver, d'en garder encore le souvenir sur ses murs. L'ambiance était étrange, suspendue – trop de questions pour en rire ; l'oreille trop aux aguets, guettant le moindre bruit, chaque craquement du *shad* devenant suspect ; et ce sentiment, encore, trop prégnant, d'avoir basculé dans une vie précaire, une vie de fuyard...

Ils s'étaient contentés d'un pique-nique.

Ils se serraient maintenant sur un canapé, devant la télé allumée. Avant que le journal du soir leur donne les nouvelles du jour - et de leur fuite -, la jeune fille dit, pensivement :

— La seule chance que nous avons de prouver que nous sommes innocents, au moins pour l'enlèvement, c'est d'aller chercher Mansour... Quand ils verront qu'il est vivant, peut-être nous écouteront-ils aussi pour le reste.

Hugo sut que, dans la tête de son amie, elle venait de fixer leur programme des prochains jours : retourner sur l'Alta. Convaincre Mansour de rentrer. Se rendre, avec lui, devant la police. Le « plan » de Charlie était en effet le seul possible, sauf à fuir toute leur vie, à trembler devant chaque regard scrutateur, chaque froncement de sourcils suspect, chaque uniforme. Mais le « plan » avait un inconvénient, majeur tout de même : il était irréalisable.

— OK, miss... Donc, on va chercher Mansour, on revient avec lui sous le bras, on explique aux flics qu'il est vivant, que c'est lui qui a étranglé Matthias, que Matthias voulait le Sang-Noir pour lui seul, que c'est donc normal qu'on lui ait réglé son compte, même si on regrette... Et on ajoute en passant que tous les autres morts ont été les victimes de la Confrérie golithe ou des tueurs de Rolf. C'est ça ?

Charlie acquiesça, en souriant - elle comprenait parfaitement que ça faisait beaucoup, mais elle préférait qu'ils en rient. Qu'ils rient, pour la première fois depuis vingt-quatre heures... Hugo le sentit. Il ajouta, toujours sur le même ton :

— C'est un plan génial, miss. Mais je n'y vois qu'un problème : il va falloir trouver un Elfe noir avec dans les poches plein de *XariaEnea*, et qui aura envie de nous en fournir. Parce que personnellement, je ne sais pas où ça pousse, et encore moins comment on la prépare.

*

Le journal du soir diffusa quelques images de la maison de Charlie, et de l'appartement d'Hugo, pendant les deux assauts simultanés. Ils tressaillirent en reconnaissant, de loin, leurs parents, derrière des silhouettes d'agents de police, des portes qui se ferment.

No comment.

Ils entendirent leurs voisins de quartier, leurs condisciples du lycée, que les journalistes étaient allés interroger. Certains affirmaient qu'ils étaient tout à fait normaux, qu'on n'aurait jamais pu se douter... D'autres sous-entendirent qu'il y avait, chez elle ou lui, quelque chose de bizarre, d'étrange, d'inquiétant même ; sans doute pour le plaisir de passer devant les caméras, ou parce qu'il est toujours tentant de frapper quelqu'un qu'on voit à terre. Mais pas une des personnes interrogées n'évoqua la possibilité qu'ils puissent être innocents.

Ils n'eurent pas envie d'assister aux reportages qui allaient suivre, convenus, sur les deux principales chaînes, mélanges d'explications psychologiques et de questions – comment deux adolescents ordinaires peuvent-ils en arriver là ?

Ils n'étaient pas des adolescents ordinaires. Et ils n'en étaient pas arrivés là.

Ils zappèrent vaguement, sur des chaînes qui ne diffusaient pas les pseudo-nouvelles, puis éteignirent le poste, recommencèrent à discuter de ce qui arrivait.

Il n'y avait pas grand-chose à dire.

La nuit finit par tomber, et ils ressentirent l'un et l'autre, en même temps, la fatigue sur leurs cous, leurs épaules ; d'un coup, comme une ânée sur leurs dos. Maintenant que l'adrénaline avait fini d'accomplir son œuvre dans leurs veines, ils réalisaient qu'ils n'avaient pas dormi depuis trente-six heures.

Ils montèrent à l'étage de la maison. Depuis que Charlie avait forcé le volet et dégringolé l'escalier pour ouvrir à Hugo, ils n'avaient pas pris la peine d'explorer autre chose que le rez-de-chaussée.

Arrivés sur le palier de l'étage, ils hésitèrent.

Un an. Cela faisait un an qu'ils étaient « revenus ». C'est-à-dire un an qu'Hugo-le-Madoc avait embrassé

Charlie-la-Céridwen pour la première fois. Qu'ils avaient passé leur première nuit, serrés l'un contre l'autre, en remontant d'Elfrea vers Elona-ha – loin, très loin d'ici.

Et depuis, ils en étaient restés là. À ces baisers, ces mains que l'on serre, en marchant dans la rue ; cette tête qu'elle posait, s'abandonnant, sur son épaule, à lui. Il avait fallu que la mère de Charlie accepte de revoir Hugo, progressivement (elle n'avait jamais su que sa fille n'avait jamais mis les pieds à New York). Cela avait pris deux ou trois mois, le temps de laisser passer les vacances d'été, durant lesquelles ils avaient été séparés. Puis, la rentrée, la terminale au lycée, l'impression de retrouver une certaine liberté, à deux, pendant les heures de cours, les intercours, les trajets jusque chez elle... Mais pour la première fois depuis l'Alta, ils se trouvaient de nouveau devant une liberté folle, vertigineuse. Aux yeux de tous, maintenant, et même dans leur « vrai monde », ils étaient un couple. Un couple diabolique, criminel, certes. Mais deux amants, deux parties d'un même tout. Rien que d'y songer, tout à l'heure, pendant qu'ils faisaient *leurs* courses, Hugo en avait ressenti le vertige. Lui et Charlie, unis à jamais. Pour toujours. Jusqu'à ce que la prison ou la mort les sépare.

C'est elle qui lui prit la main, pour l'emmener vers *leur* chambre.

Ils se glissèrent dans le lit déjà fait, tout habillés, serrés l'un contre l'autre pour se réchauffer – comme deux enfants qui se rassurent, comme lors de leur première nuit sur l'Alta. Ils n'auraient pas osé encore se déshabiller, l'un pour l'autre. Pas ce soir, pas tout de suite – ils n'étaient pas prêts.

Mais Hugo comme Charlie savaient que, désormais, ils étaient des assassins en fuite ; ils ne seraient plus des enfants très longtemps. Et la question de ces étreintes qu'ils redoutaient et espéraient tout à la fois allait se reposer. Très vite.

Chapitre 5

Il y eut deux autres raids, encore, dans le ravin d'Hadiya, jusqu'au soleil couchant. D'autres moissons dans les rangs des Golithes – et la dernière fois, les Cervières dévalèrent du précipice toutes ensemble pour traverser la Légion en son milieu, de part en part, avant de remonter sur l'autre versant.

Elles perdirent, dans ce coup de main, deux d'entre elles, Tamr et Nesrin, et leurs cerviers ; plus un lion, Charaf, ce qui laissa Badia en croupe d'une compagne. Mais dans ces deux assauts, quarante chevaliers noirs au moins, et plus encore de *siffales* périrent.

Aliya, qui avait plongé seule à l'avant de la colonne, réussit dans ce dernier assaut à brandir la tête de l'un des trois capitaines, qu'elle avait tranchée d'un mouvement ample, parfait, juste sous le heaume. Avant même qu'il voie la mort en face.

À la nuit, la Légion de *kraast* atteignit la plaine qui s'ouvre à une demi-journée au nord-ouest de Fern, au-delà du massif rouge d'Adama. Si la colonne ardente avait ralenti au cours de la journée, si elle avait campé ou s'était même arrêtée quelques instants pour compter ses morts et ses blessés, les Hafidas auraient eu dans la nuit le temps d'un quatrième assaut. Mais, passé le premier raid et sa tentative de riposte, les Golithes avaient lancé leurs *siffales* dans un galop lourd, qui faisait trembler la roche rouge à des lieues à la ronde, et qu'ils n'interrompirent jamais ; lors des deux attaques suivantes, ils ne ralentirent pas, acceptant de livrer une dîme de morts plutôt que de s'organiser pour combattre. Ils laissèrent derrière eux leurs blessés, leurs dépouilles, leurs pachydermes sans chevaliers et leurs compagnons sans montures.

Sur la plaine, l'allonge supérieure des guerriers du Sang-Noir, le cou de leurs montures, leur nombre et la puissance de leurs armures les rendaient invincibles pour les guerrières presque nues.

Les Hafidas refirent donc dans les ténèbres nocturnes la route des défilés, en sens inverse, dans le ravin d'Hadiya. Elles cueillirent en chemin, comme on glane, les blessés, les abandonnés, ceux qui allaient à pied. Elles ne firent ni prisonniers, ni rémission. Tous ceux qui furent croisés furent tués, c'était l'usage cruel de cette guerre dans la guerre, la loi prescrite par leur haine particulière ; c'était entre eux et elles.

La plupart du temps, les Cervières laissaient leurs lions régler la chose, en récompense de leur ardeur du jour. Au matin du lendemain, Mansour estima que la légion partie d'Almeria avait finalement perdu cent hommes en une journée, et cent *siffales* – un quart de ses rangs.

*

— Ce fut une bonne journée, Aliya.

Le soleil était haut, ils étaient assis, tous deux face à face, tandis que les couteaux à graver racontaient leurs exploits de la veille sur leurs peaux, dans une odeur de chair brûlée. Ils ne grimaçaient pas sous la douleur – leurs corps étaient depuis longtemps très au-delà.

— Je l'ignore... Ils ont perdu des forces, et ils ne reprendront sans doute pas de sitôt la route des défilés... Nous pourrons dire aux Clans de redescendre, depuis Sarpanter. Mais nous ne savons toujours pas pourquoi ils sont remontés jusqu'à Madani, ni ce qu'ils y cherchaient.

— Il aurait fallu poser la question au Capitaine, mon amie, ma sœur, au lieu de lui trancher la tête...

Ils rirent, sincèrement. Mansour aimait l'appeler ainsi : « Mon amie. Ma sœur. » Quels autres noms auraient su résumer l'étrange alchimie, l'ivresse des défis qu'il y avait entre eux, depuis le premier jour de son retour ? Depuis que, amené en prisonnier par les sicaires de Fern, il était arrivé à Madani - et que Nidhal avait bondi de son enclos jusqu'à lui, en rugissant.

Aliya s'était approchée, sur Nadir, et avait dit :

— Nidhal te reconnaît, et t'accepte. Tu seras donc le premier Cervier parmi les Cervières.

Louanne, la jeune Elfe libre, traduisit dans l'Idiome universel - pour lui. C'était avant qu'il parle la langue des Clans...

— Et je chevaucherai avec toi et les Hafidas, dès ce soir ?

— Il faudra que tu le mérites, Mansour le Victorieux.

— J'ai vaincu le Sang-Noir, mes tatouages le disent... Je le mérite déjà. Mais tu apprendras bientôt, Aliya, qui je suis, et alors tu souhaiteras que nous allions ensemble.

— J'en suis certaine. Et si tu es aussi digne que tu le prétends, je t'apprendrai alors à te battre comme une femme.

*

Au-delà du défi formulé comme une plaisanterie, il avait vu dans ses yeux, dès ce premier jour, quelque chose qu'il n'y avait jamais surpris lors des aventures de la Confrérie ; quelque chose qui n'y brillait pas, même quand elle regardait tendrement ses compagnes de guerre - un intérêt immédiat, profond, *séduit* ; et malicieusement étonné de lui-même.

De l'amour ?

Non, il ne fallait pas le dire ainsi. Les Cervières n'aiment pas. Elles sont filles de la guerre depuis leur plus jeune âge, quand un lionceau, parmi les cerviers, a reconnu l'une d'elles parmi les fillettes que tous ceux des Clans laissent jouer autour de leurs enclos - et alors, lorsqu'ils se sont trouvés, l'animal et l'enfant sont élevés et grandissent ensemble. Puis, devenues prêtes, les Cervières vivent entre femmes, avec leurs fauves, durant toutes les années où elles combattent – et ce n'est qu'à leur déclin, quand leurs forces les quittent, qu'elles regagnent Madani, et trouvent alors parfois un compagnon parmi les Clans. (Sauf si leur lion meurt, toutefois. Car alors, celle qu'il portait doit rejoindre prématurément les Clans, et abandonne la guerre. C'est une loi : les cerviers, comme Nidhal après Charazed, peuvent parfois retrouver une cavalière ; mais jamais les cavalières ne retrouvent de cerviers. Demain, après-demain, Badia serait à pied, à jamais, sans Charaf...)

Oui, Mansour avait lu dès le premier jour une lueur singulière dans les yeux d'Aliya, à le dévisager, et elle n'avait plus jamais quitté le regard de la Sublime. Et quant à lui, il l'avait dès le premier instant envisagée autrement que du temps où il était une Cervière. L'admiration restait, mais elle ménageait une place à autre chose. Sans se le promettre, ils savaient que le jour où ils regagneraient Madani serait le même, et qu'ils vieilliraient ensemble, probablement. En attendant, il ne fallait pas déroger à l'interdit – ils n'en avaient nulle envie, d'ailleurs ; la guerre ne leur en laissait pas le temps ; il n'y avait rien de plus enivrant que l'ivresse de la guerre, n'est-ce pas ?

Mansour faisait mine de le croire. « Faites la guerre, pas l'amour », songea-t-il avec ironie, en détournant une fois de plus le vieux slogan pacifiste.

*

— Pour savoir ce que cherchent les Golithes, il ne faut pas compter sur eux, Mansour... Ils se taisent même sous la torture, et nous sommes des guerrières, pas des monstres ; nous ne torturerons pas...

— Je ne te dis pas de pratiquer la question, Aliya. Ce sont des méthodes de Seigneurs, de Féodaux, je ne suis qu'une guerrière, moi aussi.

Toujours ce rire, ce jeu, entre eux, quand il parlait de lui au féminin ; comme pour prétendre qu'il n'y avait aucune de ces différences entre « elles » que chacun d'« eux » constatait...

– Mais il faut que tu interroges tous tes espions, Aliya. Les Golithes ne changent d'allégeance que lorsque le Sang-Noir peut renaître. Il faut savoir pourquoi ils sont venus à Madani, et aussi pourquoi ils n'ont pas brûlé et pillé.

– Peut-être était-ce toi qu'ils cherchaient ? Après tout, sur l'Alta, tu es le seul à détenir un peu de ce Sang-Noir. Un quart de la fontaine d'Elfrea coule en toi. Cela fait de toi le meilleur prétendant au Pouvoir, tu ne crois pas, mon ami, mon frère ?

Ils éclatèrent de rire, de nouveau. Aliya ignorait, comme Mansour, qu'elle venait d'approcher de près la vérité, pour la première fois.

II

Oksan-kras
(Par où passent les corps)

Chapitre 6

Charlie l'attendait, en bas, dans la cuisine. Elle avait fait le café, préparé la table pour le petit déjeuner avec leurs provisions.

Elle eut, quand il descendit encore plein de sommeil, vers dix heures, un sourire gêné – éclatant mais un peu troublé, presque suspect – et Hugo réalisa qu'elle avait dressé le premier petit déjeuner de leur nouvelle existence, cette « vie à deux » dont lui aussi avait rêvé. Il avait imaginé autre chose, toutefois, et elle aussi sans doute, pour *leur* première nuit, dans la chambre de *leur* première maison – mais dans la situation pourrie où ils se trouvaient, il fallait cueillir tout ce que la vie offre.

Il lui rendit son sourire, ressentit la même joie mélangée. Les choses étaient allées si vite.

*

— J'ai eu le temps de réfléchir, cette nuit, miss... Pendant que tu dormais. Puisque nous n'avons pas de *Xaria*, nous n'avons que deux choix : primo, nous rendre à la police...

Charlie fit une grimace, explicite : tout sauf cette solution. Hugo énuméra :

— ... alors, deuxio, fuir tous les deux à l'étranger, dans un pays qui n'aurait pas de traité d'extradition avec la France...

La jeune fille eut une lueur excitée dans les yeux, mais teintée d'une nuance plus grave – c'est sans doute ce à quoi elle s'était résolue, durant les dernières heures. Tout laisser derrière eux et commencer ailleurs une vie aléatoire, loin de tous ceux qu'ils aimaient, de leurs études, de leurs certitudes et de leurs attaches.

— ... Je te propose l'Amérique du Sud, et le voyage en bateau.

— Tu oublies une troisième solution, Hugo.

Elle mima l'énumération, comme il venait de le faire :

— Tertio : retrouver l'autre accès vers l'Alta, pour y passer corps et âme, et aller chercher Mansour.

— L'autre accès ?

— Oui. Celui par lequel les Elfes Noirs, et les hommes de Wulfran, allaient et venaient d'un monde à l'autre, à l'époque des Confréries. Celui qui nous permettrait de rejoindre l'Alta sans la plante.

— La porte d'Oksan-kras..., dit Hugo, pensivement.

Comment pouvait-il avoir omis cette option ? Maintenant, Charlie le regardait, attendant qu'il approuve le « plan ». Manifestement pleine d'espoir. Il sut qu'une fois de plus, il devait être incrédule pour deux - comme il y a dix-sept mois. Il dit :

— Ça risque de prendre du temps... Et nous n'avons pas beaucoup de chances de rester clandestins plus d'une ou deux semaines, ici... Les flics finiront par nous trouver.

Il vit la déception tomber sur ses traits. Il enchaîna, pour éviter de la doucher :

— Alors, je te propose une chose : ou bien nous avons trouvé Oksan-kras dans quinze jours, le 22 mai. Ou bien nous embarquons à cette date sur un cargo, clandos, direction l'Amérique du Sud - pour les trente prochaines années.

Les yeux de Charlie s'illuminèrent de nouveau. Mais cette fois, ce qu'il y lut effraya Hugo. Elle était de nouveau « croyante » ; elle était sûre qu'ils n'auraient pas à s'embarquer, certaine qu'ils allaient trouver Oksan-kras...

Et Hugo, tout sceptique fût-il, ne doutait pas lui-même d'une chose : si, hypothèse improbable, ils trouvaient avant le 22 la porte vers l'Alta, ils choisiraient le voyage vers l'autre monde. Cela non plus ne demandait aucun débat.

*

— Nous savons qu'Oksan-kras n'est pas très loin de Paris... À deux ou trois jours de marche, puisque, lorsqu'il allait d'un monde à l'autre, Rolf perdait cinq jours pour être informé. Mettons que, en marchant discrètement vu leurs accoutrements, la nuit par exemple, ça donne un rayon de cinquante ou soixante kilomètres...

Ils avaient étalé une carte d'Île-de-France sous les yeux. Hugo pointait les villes, au fur et à mesure qu'il les évoquait :

— À la fin, les Elfes Noirs s'étaient réfugiés à une journée de notre *shad*, mais peut-être eux empruntaient-ils les transports en commun. Auparavant, il y avait eu les massacres de Montreuil, Levallois-Perret et Rosny-sous-Bois. Les autres morts ont été causées sur l'Alta, rien à voir avec des sicaires qui seraient venus ici... Putain, ça ne donne strictement rien de logique, aucune progression... Notre rayon de recherche est toujours aussi large.

— Et lorsque les sicaires ont attaqué le premier *shad* des Elfes ?

— On n'a jamais eu aucune info sur le lieu de la bataille, ni aucun écho dans la presse, plus tard. En revanche, nous savons que Georges Mallaury, l'homme qui aidait les Elfes, a été retrouvé mort ici. Et c'est peut-être notre meilleure piste...

— Comment sais-tu où il est mort ? Iwan nous a juste dit qu'on l'avait torturé.

— Mallaury est une star, pour quelques internautes... L'auteur du bouquin qu'avait lu Matthias, mais surtout le seul homme à avoir récemment visité l'Alta et à en être revenu. Par la porte d'Oksan-kras. Ceux qui croient à l'Alta lui vouent un culte.

— Ceux qui croient à... ?

— Ouais... J'ai continué à surveiller le Net, après notre retour, pour voir si d'anciens confrères prenaient la parole. Histoire de savoir si... enfin, si quelqu'un était au courant de notre réussite, tu vois...

Hugo fourragea dans ses cheveux, eut un sourire, mi-faux modeste, mi-gêné. Il était pris en flagrant délit de vanité.

— Et alors ?

— Aucun confrère n'a jamais parlé. Cependant, j'ai découvert que Mallaury avait un petit bataillon de fans. Des types qui ont créé un forum après sa mort, et croient dur comme fer en l'existence de l'Alta – ou qui font comme si. Et qui ont mis son livre en ligne... J'ai tout lu, mais pas un mot sur l'endroit où se trouve Oksan-kras. Je ne t'en avais pas parlé, parce que les fans sont plutôt du genre fêlés du Sang-Noir, un genre qui nous rappelle quelques mauvais souvenirs.

Depuis leur retour, ils n'avaient jamais réellement parlé de Matthias, de sa folie. Jusqu'à ce que son meurtre les rattrape, avant-hier soir.

— Mais s'il n'y a pas un mot sur Oksan-kras, à quoi cela peut nous servir ?

— Attends, miss. Georges Mallaury savait où se trouvait la porte, il l'avait passée dans les deux sens, et il a peut-être conservé, quelque part dans ses archives, des indices là-dessus... De toute façon, si ce n'est pas le cas, il ne nous restera qu'à nous balader dans un rayon de cinquante kilomètres, entre trois départements de la Région parisienne, en espérant trouver une porte vers l'Alta que personne n'a remarquée.

— Donc on va chez lui ?

— Tu as une meilleure idée ?

*

Ils ne trouvèrent pas l'adresse de Mallaury dans l'annuaire papier qu'ils dénichèrent dans la maison.

— Il devait habiter un autre département, ou alors il était sur liste rouge... Bon, il va falloir aller chercher sur Internet. En ville. Passe-moi les pages jaunes...

Ils se préparèrent à sortir : Charlie enfila sa perruque, un carré blond qui contrastait étrangement avec sa peau brune, ses yeux d'un noir ardent. Et Hugo se retrouva le cheveu très court, ratiboisé par son amie qui, disons, pouvait faire des progrès... Ils éclatèrent de rire :

— J'ai peur qu'on se fasse remarquer plus qu'autre chose, comme ça.

— C'est pas grave, tu es mignon quand même.

Hugo se demanda s'il avait envie d'être « mignon », mais c'était un compliment dans la bouche de son amie...

Ainsi « déguisés », ils firent le chemin inverse de la veille, vers le cœur de la ville ; ils avaient besoin de passer quelques connections, dans le premier web-café qu'ils avaient dégotté dans l'annuaire, pour lire sur le site LE SANG-NOIR s'il y avait des infos plus précises concernant Mallaury.

Le lotissement fantôme était toujours aussi désert, heureusement.

Ils trouvèrent le « cyberlieu » facilement, payèrent pour une heure, et allèrent immédiatement sur le site des fans de Golithes. Ils apprirent aussitôt, ou presque, que l'expédition nocturne qu'ils projetaient était inutile... C'était un motif récent de scandale pour les disciples de feu Mallaury : son appartement avait été vendu, et les nouveaux propriétaires avaient envoyé à la benne toutes les archives du « découvreur de l'Alta ». Comme par superstition. Au lieu de les remettre à ses fans. Bref, la collection Mallaury était perdue. Et avec elle, la seule possibilité d'une indication sur Oksan-kras.

— Fausse pioche... On a une autre solution ?

Hugo secouait la tête, l'air accablé :

— Je n'en vois pas, miss.

— Bon, on se bouge, ça ne sert à rien de rester ici, même déguisés...

Charlie avait noté que le patron du web-café les regardait avec une certaine insistance. Parce qu'il soupçonnait qu'ils étaient mineurs, qu'il ne connaissait pas ces clients, qu'il n'aimait pas leurs coupes de cheveux... ou parce qu'il les avait reconnus ?

– Tu as raison, on file.

Chapitre 7

Les jours passèrent... Le 22 mai approchait. Charlie n'avait pas abdiqué, elle refusait de renoncer à l'Alta et cherchait désespérément une piste – mais elle était la seule.

— Et si on allait dans le *shad* de Compiègne ?

— Pour y faire quoi ? Se jeter dans la gueule du loup ?

Elle sursauta, ce matin-là, devant l'amertume qui transpirait dans la réponse d'Hugo. Pourquoi une telle agressivité ?

— Je ne sais pas... Peut-être que lorsque les Elfes sont venus y chercher leurs morts, ou quand les sicaires de Fern sont venus emmener Mansour, peut-être ont-ils laissé une trace... Un indice...

— S'ils avaient laissé un indice, la police l'aurait trouvé... Et si quelqu'un les a vus, il a dû le dire aux flics. Mais ça va être compliqué de le leur demander. Tu te souviens ? Nous sommes recherchés...

Hugo se sentait en colère. Tout cela ne rimait vraiment à rien.

— Non, je crois que la seule chose qui nous reste à faire, c'est de préparer notre fuite par bateau... le plus vite possible.

— On n'est pas obligés, Hugo, tu sais... Si tu veux partir de ton côté et moi du mien, c'est possible, hein.

Il la dévisagea, ne semblant pas comprendre :

— Tu... Tu veux partir sans moi ?

— Non. Mais toi, tu as renoncé à l'Alta dès le premier jour. Et tu évoques ce voyage en bateau comme un mal nécessaire. Alors, si ça te pèse tant, je me dis qu'on sera moins repérables séparément. Si tu te sens pris au piège, avec moi...

Elle avait les larmes aux yeux, mais parlait d'une voix calme, forte même. Avec du défi dans chaque mot.

— Je n'ai pas besoin de toi, Hugo Holder, je pourrai me débrouiller... Si tu préfères qu'on se sépare, je m'en tirerai peut-être même mieux que toi.

— OK, miss, on déconne. Je suis ravi de faire ma vie avec toi, quel que soit l'endroit... Simplement, je n'avais pas prévu qu'il nous faudrait... fuir, tu vois ? Alors, c'est d'accord : on tente encore ça, on va au *shad* de Compiègne. De nuit. Ce soir, même, si tu veux. En espérant qu'ils n'auront pas laissé de flics pour surveiller les lieux du crime.

— Et ?

— Et si on ne trouve rien là-bas, pas la peine d'attendre : on disparaît dès demain. On prend le premier bateau pour l'Amérique, et je te jure que ce sera aussi bien qu'un voyage de noces.

Ce fut au tour de Charlie de le fixer, bouche ouverte : manifestement, il ne plaisantait pas. Entre eux, qui n'étaient pas très forts pour en parler, le mot mariage, ou noces, ou même le mot *toujours*, n'avait jamais été prononcé. Ni aucun mot qu'on associe ordinairement à l'amour. Mais ils n'avaient que dix-sept ans.

*

Ce soir-là, ils « empruntèrent » un scooter à trois ruelles de la maison où ils avaient trouvé refuge. Ils avaient une très longue route à faire, par des chemins détournés, mais de toute façon, si la police les arrêtait, un scooter volé de plus ou de moins ne ferait aucune différence, en comparaison des autres charges. Et s'ils réussissaient leur expédition, ils seraient de retour avant l'aube...

Hugo sentait Charlie se serrer contre lui.

Oui, c'était vrai, il voulait la protéger de sa propre crédulité – qu'y avait-il de mal à cela ? Il n'avait jamais envisagé de fuir sans elle, de l'abandonner, qu'ils puissent se séparer – mais elle, le souhaitait-elle, au fond, quand elle l'avait proposé ? Était-ce la bonne solution, la meilleure pour chacun – ne pas se lier à cause des événements et des soupçons, garder chacun sa liberté ? Elle n'avait rien répondu, quand il avait parlé de « voyage de noces ». Était-ce une gaffe, une de plus ?

Le scooter a ceci de bon, quand on est dans une situation trop compliquée : ils roulèrent sans pouvoir se parler pendant les deux longues heures qui les séparaient de Compiègne.

*

Ils laissèrent le scoot à quelques rues de l'ancien *shad*, où Matthias avait été abandonné, étranglé ; ils parcoururent à pied le dernier kilomètre, sans allumer leurs frontales.

Ils étaient aux aguets, l'oreille tendue, guettant ce qui aurait pu indiquer que la maison était surveillée. Mais les alentours étaient aussi déserts que la fois précédente, lorsqu'ils avaient quitté les lieux en vainqueurs. Pas une voiture garée à proximité de la maison de campagne. Rien qui indiquât une présence humaine.

Hugo avait lu dans la presse qu'au moment de la découverte du corps sans vie de Matthias, on avait soupçonné quelques heures les propriétaires de la maison. Logique, puisqu'on avait trouvé un cadavre chez eux. Mais ils avaient pu prouver sans mal qu'ils étaient absents neuf mois de l'année, et qu'ils n'avaient rien à voir avec ça... Avaient-ils revendu leur demeure, depuis, malgré tout ? Avaient-ils voulu se débarrasser d'un endroit qui sentait encore la mort et le drame ?

Le portail n'avait pas changé, mais on y avait ajouté une chaîne et un cadenas. Après s'être assurés que personne ne risquait de les apercevoir, ils l'escaladèrent. Sur le chemin de gravier où ils se retrouvèrent, Iwan était mort, il y a un an, tué par Rolf. Et un peu plus loin, dans les fourrés, au fond du jardin, Elouan avait livré son ultime combat contre les assassins de Waltraud...

Pas un bruit. Hugo chuchota :

— Attends-moi ici.

Absurdement, il alla seul jusqu'à l'endroit où il avait caché les dépouilles des ennemis et des amis, une année auparavant. Bien sûr, il n'en restait pas une trace, aucun indice - pour un peu, un instant, il s'était presque attendu à retrouver les squelettes...

Il revint vers Charlie. La lune éclairait maintenant le jardin d'un halo froid. Comme ils se tenaient, devant la maison, ils formaient un duo de silhouettes bien trop aisément repérables à qui serait passé dans cette rue, à cette heure. Minuit passé.

— Allez, on se bouge !

Hugo fit trois pas vers la porte d'entrée de la villa, changée, neuve, blindée - Rolf l'avait détruite, bien sûr... Il n'y avait aucun scellé, et le garçon en ressentit un soulagement - cela signifiait qu'on avait terminé l'enquête ici, que la police estimait qu'elle avait appris tout ce qu'elle pouvait espérer découvrir, et qu'elle avait abandonné les lieux. Sur un geste pressant de Charlie, ils contournèrent le pavillon, brisèrent un volet puis un carreau qui donnait sur la cuisine, déverrouillèrent la fenêtre, entrèrent, l'un après l'autre.

Hugo alluma sa torche le premier.

*

Il reconnut les lieux, sut que la maison n'avait pas trouvé de nouveaux propriétaires. Rien n'avait changé, tout était demeuré comme dans son souvenir. La cuisine vers laquelle il avait voulu se réfugier pour se cacher de Rolf. Les canapés où il avait vu ses amis dormir, où le Féodal les avait menacés, où ils avaient abandonné le cadavre de Matthias, et Mansour dans son mystérieux sommeil, le jour du retour. Seuls manquaient bien sûr la table basse, sur laquelle il avait trébuché, et le troisième sofa, celui que Rolf avait fendu d'un coup de hache – sans doute la police l'avait-elle emporté pour expertise.

Pour le reste, évidemment, difficile de croire qu'ils trouveraient ici quelque chose, une trace, une indication, qui les mènerait vers Oksan-kras. On avait fait le ménage, la police scientifique, puis sans doute les propriétaires – il n'y avait plus un corps, évidemment, plus même une tache de sang, une preuve de ce qui s'était passé, là où la tête de l'ennemi avait roulé. Hugo s'en était douté. Il ressentit toutefois une bouffée de courage, d'optimisme – il venait de repenser à sa victoire sur le Féodal de Waltraud, son plus haut fait. Rien n'était impossible... Que fallait-il chercher, quel indice les Elfes ou les hommes de Fern avaient-ils pu laisser ?

Derrière lui, il entendit la voix de Charlie, étranglée :

— Hugo... Il y a quelque chose... Pour nous.

*

Elle tenait une sorte d'enveloppe dans les mains.

C'était en réalité un morceau de parchemin, plié en huit, scellé à la cire, qui portait au verso leurs deux prénoms : « Hugo et Charlie », en cursives tracées à la plume. On avait déposé le message sur une crédence, à côté du canapé où Mansour avait reposé.

Il éclaira l'étrange courrier, Charlie brisa le sceau, déplia la feuille. Ils la lurent, ensemble, à la lueur de la torche. Il n'y avait que deux phrases : « Oksan-kras se situe dans l'ancien réservoir municipal de la ville de Pontoise. Descendez dans le premier puisard, suivez le chemin de la rivière souterraine. »

C'était signé par l'initiale « M ».

— C'est sûrement un piège. Tu le reposes où tu l'as trouvé, et on se barre...

— Non, je le garde.

— Si tu veux, mais on file. Tout de suite. Si quelqu'un a posé ça pour nous appâter, c'est que les flics s'attendent qu'on vienne ici...

Sans plus rien ajouter, et sans un bruit (du moins l'espéraient-ils), ils repassèrent par la fenêtre ouverte de la cuisine. Cette fois, ils coupèrent à travers la haie, s'écorchant au passage, puis se faufilèrent dans le jardin voisin, et à travers les rangées de thuyas successives, ils ne ressortirent que trois cents mètres plus loin, dans une rue inconnue. Ils mirent un quart d'heure pour retrouver le scooter emprunté.

Il n'y avait aucun dispositif, apparemment, aucune nasse de la police.

Charlie sentait son cœur battre contre la poche de poitrine dans laquelle elle avait glissé le parchemin replié.

*

— Qu'est-ce que tu en penses ? Tu crois que c'est Mansour l'auteur ?

Ils étaient revenus dans la maison de Mantes, deux heures de retour durant lesquelles chacun avait eu le temps de « méditer ». Ils avaient posé le parchemin sur le couvre-lit, s'étaient assis chacun à un bout de ce lit qu'ils partageaient avec timidité. Charlie avait retrouvé la posture de la yogiste – et cela rappela à Hugo le premier jour où ils avaient découvert des traces de l'Alta, sur un cédérom piraté – avant l'aventure.

Aurait-il préféré, finalement, que ce jour ne soit jamais survenu, cette première découverte qui avait tout entraîné ? Il n'en savait rien. Et pour l'instant, il ne pouvait pas davantage répondre à son amie :

— Qui d'autre ? Si ce n'est pas Mansour, c'est la police qui veut nous piéger... Mais...

— Mais si la police cherche à nous faire croire à un message de Mansour, c'est qu'elle sait que nous ne l'avons pas enlevé, ni tué... Et si elle nous parle d'Oksan-kras, c'est qu'elle connaît l'Alta. Ça ne colle pas.

— Sauf si un ancien confrère a parlé.

— C'est possible que quelqu'un se soit réveillé quand ils ont diffusé nos portraits. Mais qui peut savoir que Mansour est vivant, à part nous ?

— Et si c'était vraiment Mansour ?

Il y eut un silence. Hugo aurait voulu y croire, lui aussi ; avoir le même espoir dans sa voix que celui qu'il sentait chez Charlie. Mais il fallait analyser, comprendre, ne pas se jeter dans un piège tête baissée.

— Si c'est lui, alors, j'ignore comment il a pu savoir que nous avions besoin de revenir sur l'Alta… Cela fait seulement cinq jours que nos portraits ont été affichés à la télé. Si des espions étaient retournés sur l'Alta pour l'avertir, et qu'il avait envoyé quelqu'un avec ce message pour nous aider, cela lui aurait demandé normalement plus de temps.

— Mais il a pu le déposer avant… Je veux dire, au cas où nous aurions envie de le rejoindre…

— C'est possible, oui. Dans ce cas, ce message peut être là depuis des mois. Et la police a pu tomber dessus. Ce qui signifie qu'elle nous attend précisément à l'endroit indiqué, même si elle ignore ce qu'est Oksan-kras.

— Qu'est-ce qu'on fait ?

Elle se reposait entièrement sur lui, pour décider. En réalité, une fois de plus, il n'y avait guère le choix :

— Dans tous les cas, je vais te redire ce que tu avais dit avant de prendre la *Xaria*… Si on ne le tente pas, on le regrettera toute notre vie. Et puisqu'on a laissé des traces d'effractions à Compiègne, on va à Pontoise dès ce matin. Avant que la police constate que nous avons mordu à l'appât qu'elle nous a éventuellement tendu…

— Maintenant ? On ne dort pas un peu ?

— Non, miss, on ne dort pas. On y va tout de suite. Tu rassembles toutes nos affaires, je nous fais un casse-croûte. Qui dîne dort…

Elle sourit, un vrai sourire sans mélange, au goût de l'aventure.

Chapitre 8

Les Clans étaient redescendus à Madani, mais des guetteurs avaient été installés sur le haut de la falaise aux prismes, jour et nuit... Et des meutes constituées d'une dizaine de Cervières sillonnaient sans cesse la route des défilés-de-Adama, la plaine de Maroine. Les Clans et leurs protectrices le savaient : les Golithes reviendraient. Les rumeurs de l'Alta disaient qu'ils étaient en train de s'unir, de reconstituer l'armée de *kraast* ; ce qu'ils étaient venus chercher à quatre cents, ils reviendraient le prendre à mille, à mille cinq cents peut-être...

Toutes les nouvelles rapportées, à ce sujet, par les espions des Clans, puis, de plus en plus, par des fuyards venus du Sud, étaient mauvaises.

Après la mort de Rolf, les Légions noires qui s'étaient toutes rangées, un temps, sous la bannière du loup, avaient retrouvé leurs vieilles vassalités. Six capitaines et deux Légions félonnes s'étaient inclinés, de nouveau, devant l'épée de Thierno ; quatre capitaines et une seule colonne combattaient sous celle d'Orbert. On avait préféré oublier les trahisons, entériner leur soumission fragile, plutôt que d'avoir à les combattre. Et les Féodaux avaient trop besoin de ces troupes formidables pour faire les difficiles : la ruine du troisième fils de Wulfran ouvrait des territoires à la conquête, aux rapines, au fer et aux flammes.

Quant aux quatre Légions de Waltraud, pour ce qu'il en restait, elles étaient terrées dans les décombres de la cité de Rolf, sans plus prendre part à ces conflits purement territoriaux - sans Seigneur, sans but, terrifiant les paysans et vivant sur le pays.

C'était le signe d'une rassurante indécision : quand les chevaliers noirs sont divisés, quand le *kraast* combat le *kraast*, c'est que nul parmi les Seigneurs, les Féodaux et les pouvoirs de l'Alta ne semble en mesure de rétablir le Sang-Noir.

Mais voilà : les quatre colonnes noires de Waltraud avaient quitté la cité en ruine voici des mois, on les avait vues se diriger vers les Marches livides, et on disait maintenant qu'elles avaient fait là-bas grand massacre et grand dol d'Urods. Chacune des Nations, des Cités avait craint qu'elles rejoignent une autre vassalité - puis chacune avait soupiré quand elles avaient campé sur la Marche. Parmi les monstres et les réprouvés, nul ne pouvait lever une ost au service du Pouvoir.

Moins de deux mois encore, et la Légion d'Orbert désertait Otilia.

Et maintenant, c'était celle de Thierno. On avait vu la première colonne, menée par ses capitaines allant têtes nues, se diriger vers l'Est ; on avait même craint pour Lexie, mais non, c'était vers la Marche qu'elle allait, elle aussi. Quant à la seconde, elle avait pris la route des défilés, était remontée très au Nord vers Madani, puis avait retraité avant sa rencontre avec les Cervières au ravin d'Hadiya. Et à présent, toutes les Légions noires étaient de nouveau rassemblées. Mais à quel service ? Pour quel suzerain ? Se pouvait-il que le *kraast*, abandonnant à jamais le Sang-Noir, se réunisse pour imposer sur l'Alta une férule nouvelle ?

*

Aliya revenait, furieuse, après les Conseils des Sept Clans.

— Ils patientent... Pour eux, il est urgent d'attendre... C'est comme s'ils craignaient de s'intéresser de trop près aux Golithes, de peur d'attirer ainsi leur attention.

— Ne t'en fais pas, ma sœur... Qu'ils le veuillent ou non, les Golithes se sont déjà intéressés à nous. Nous aurons d'autres occasions de les combattre.

— Ce n'est pas le combat que j'appelle de mes vœux, Mansour. Pas cette fois. Si le Pouvoir est vraiment de retour, il faut s'unir et se préparer.

C'était la différence, entre eux. Mansour al-Masri était une Hafida – et seules l'intéressaient les longues cavalcades sur Nidhal, le tranchoir à la main, l'ivresse. Mais Aliya était aussi Capitaine, et chef de la guerre pour les Sept Clans libres, dont le sien. Elle avait appris et mesuré que souvent, le sort du combat ne se joue pas sur le champ de bataille. Les alliances, les trahisons, les secrets, les stratégies le déterminent, qui se trament ailleurs. Naguère, dans la grotte de Shaelynn ; aujourd'hui, au sein du Conseil de Madani, ou à Fern, à Almeria, et encore dans la forêt, entre Nations elfiques ; sur l'Échine, au royaume des Nains d'Haïg.

— Le Pouvoir ne peut être de retour, mon amie, ma sœur. Le Sang coule en mes veines, et en celles de mes deux amis, qui sont loin de l'Alta. Et un quart du Pouvoir s'est éteint, à jamais, dans les veines d'un mort.

Mansour se rembrunit : il avait étranglé Matthias de ses mains. Trois ans après, cette exécution le hantait. En dépit de toutes les morts données, le meurtre froid dans la clairière d'Elfrea était sa faute – sa dette, son jugement. Le seul geste qu'il ne pourrait jamais se pardonner. Il reprit :

— Les Quatre ont dispersé le Pouvoir à jamais, ma sœur... Et nul ne pourra dorénavant réunir les Quatre, pour le rétablir. Ainsi, la prophétie de Danaël est réalisée : le Pouvoir du Sang-Noir a vécu, il s'est éteint. Voici venu le temps de la Vierge, qui apportera la paix et la prospérité, la justice et le droit.

Ils sourirent, tous deux, à sa plaisanterie. Il y avait, dans la bibliothèque de Lexie, quantité de légendes. Et chacune d'elles contredisait les autres... Il suffisait de citer ces légendes pour se rassurer ou pour se faire peur, pour espérer ou pour craindre, selon le regard qu'on portait sur son siècle...

Les prêtres et les savants du Grand Tribunal de Paix les lisaient tout le jour, pour discerner dans le brouillard des temps laquelle de ces légendes sonnait comme une prophétie. Ils étaient sages – mais vains souvent leurs oracles, car trop contradictoires : on ne pouvait tabler sur leurs réalisations qu'une fois les prophéties finalement accomplies. Ainsi allaient les croyances, universelles, des Races de l'Alta ; et chaque Race, chaque peuple, avait aussi les siennes, ses propres mythes...

Aliya, qui ne croyait qu'aux actes, reprit, plus sérieusement :

— Alors, si les Golithes se rassemblent, c'est pour autre chose. S'ils ont vraiment fait, comme tu dis, le deuil du Sang-Noir, ils vont peut-être entamer la guerre pour leur compte, ou pour leurs capitaines. Et je ne suis pas certaine que la nouvelle soit meilleure.

— Sauf si tu penses aux batailles que cela nous promet. Et s'ils n'ont pas le Pouvoir, ils sont comme tous les autres : vulnérables. Veux-tu que j'aille sur les Marches, pour me rendre compte de ce qui s'y prépare ?

Aliya secoua la tête, agacée. Son ami, son petit frère ne songeait qu'à trouver des occasions d'affrontements. À la vérité, il ne jugeait pas la situation sérieusement, il se fichait de stratégie et d'alliances comme d'une guigne. Il n'attendait qu'une occasion de défier l'ennemi.

*

La nuit que passa la Capitaine lui porta conseil. Au fond, elle le savait, Mansour al-Masri avait raison. Ce qu'il manquait aux Clans, c'étaient des nouvelles précises, exploitables, en provenance des Marches. Les Clans avaient leurs espions depuis longtemps, à Almeria et Otilia. Quelques informateurs les renseignaient discrètement sur Fern, où la lutte des pouvoirs était à son comble, depuis qu'Hedda, la Gouverneure aux cheveux blancs et à la poigne d'acier, avait rompu la Charte orale, pour régner un mandat de plus... Même dans la Forêt elfique, Aliya pouvait compter désormais, depuis la trahison des (nom caché), sur la loyauté des Connor. Depuis la clairière de Derrig Argan, où les *daras* et les *ivors* repoussaient lentement, les Jekels envoyaient régulièrement Louane vers le Nord. Elle racontait à Aliya tous les secrets des discussions à Shaelynn, du moins tous ceux qui ne concernaient pas la magie, les rites et les chants de la Race : tous les secrets de guerre.

Et la Sublime savait bien que, sans doute, au milieu des Clans libres, des traîtres informaient en retour chacune des puissances de ce qui se tramait entre Madani et Maroine. C'était, de bonne guerre, une malédiction : un secret, dès qu'il est partagé par plus de deux des vôtres, parvient toujours, finalement, aux oreilles de l'ennemi. Ce n'est qu'une question de temps, d'argent mis sur la table, d'efficacité des réseaux d'informateurs.

Mais en revanche, les Clans, pas plus que quiconque, n'avaient d'espions sur les Marches. Personne n'aurait pu utiliser un Urod à son service, du moins pour une tâche moins fruste que la bestialité, le cannibalisme, le dépeçage et le meurtre brutal. Le cerveau de ces créatures ne peut rien abriter qui soit subtil comme le renseignement ; trop petit, trop obnubilé par ses pulsions sanglantes. Et nul autre qu'un Urod, naguère, n'aurait survécu sur la Marche.

Au matin, lorsque Mansour revint sur le sujet, sa Capitaine céda donc. Très vite.

— Je crains que tu n'aies raison, au fond. Il nous faut aller voir sur les Marches. Mais jamais je ne te laisserai y aller seul...

Il la regarda, un sourire déjà malicieux sur les lèvres. Il n'avait pas pensé l'emporter si rapidement, et il devinait ce qui allait suivre.

— Non, jamais je ne laisserai une de mes Hafidas aller chercher la gloire, seule, pendant que je me morfonds à attendre l'ennemi.

— Tes Hafidas sont à ton service, Aliya. Quand partons-nous ?

— Ce soir... Mais il n'est pas utile que quiconque sache où nous disparaissons, pour les cinq jours prochains... Les chefs des autres Clans voudraient m'en empêcher.

— À tes ordres, Capitaine.

Chapitre 9

Mansour n'avait revu la Marche que deux fois, et seulement de loin, depuis leur équipée sur Burak, voilà trois ans (alors, il était une jeune femme, mais déjà sur Nidhal). Depuis, leurs guerres, leurs expéditions, leurs escortes et leurs raids les avaient menés, lui et son cervier, bien plus à l'Ouest ; ils avaient pris leur part dans l'affrontement entre Fern, les cités des deux Féodaux vivants, et celle du Féodal décapité. Mais cette fois, avec sa « compagne », sa Capitaine plutôt, ils lancèrent leurs fauves vers l'Est.

Le soir, ils arrivèrent à Maroine, se recueillirent sur le tertre des Hybrides massacrés à Hegoa-ar-Madalen ; manière de *memento mori*. Puis ils plongèrent, elle et lui, vers le Sud.

*

Ils aperçurent le *limes*, après encore deux nuits et un jour de galop bondissant. Dans l'aube, au-dessus de la muraille de bois, de pierre et de mortier qui suffisait à contenir les Urods, ils virent mourir les feux des campements, sur presque toute l'étendue visible des Marches.

— Les Golithes... Ils sont partout, dirait-on, et ils sont remontés jusqu'à Burak.

Aliya avait dit cela sans réticence, plutôt avec joie. Mansour traduisit la pensée intime de son intime sœur : l'exploit n'en serait que plus grand, ou la mort plus glorieuse.

L'étrange territoire, la lande abandonnée des dieux, des hommes et des lois, n'avait pas changé – c'était toujours cet espalier d'herbes pauvres, grisâtres, de lichens, de roches plates comme rongées par les pluies, délavées par les vents ; en terrasses successives, montant vers la lèvre étincelante du glacier.

Mais alors qu'il imaginait déjà de la gravir au milieu des combats, Aliya surprit Mansour :

— Laissons les lions, ils créeront une diversion... Il ne s'agit pas cette fois de passer à travers leurs camps, comme je le fis pour vous rejoindre à Vahan... Nous devrons demeurer dans l'ombre aussi longtemps que nous le pourrons... Pour apprendre.

Il tenta le coup, malgré tout.

— Si tu veux, je peux créer la diversion, à moi seul ; pendant que tu resteras dans le secret.

— Non, mon frère. Cette fois, il ne s'agit pas de tuer comme des cerviers, sauf quand il faudra assassiner pour obtenir le silence. Cette fois, il s'agit d'avancer comme des hyènes, ou des *vivrinx*.

Il ne put qu'approuver. Comme elle, il murmura à son cervier les consignes, sur la guerre que les fauves mèneraient sur la route du *kraast*, vers le Nord, tandis qu'eux deux progresseraient au Sud, à la limite de la Forêt elfique. Puis il se tourna vers sa Capitaine :

— Et si l'un d'eux venait à être tué ?

— Tu connais la loi des Cervières, Mansour. Si Nadir mourait, je ne serais plus rien, qu'une femme comme les autres dans les Clans libres.

Mansour détesta l'idée que son destin, sa gloire, sa vie de guerrier se joueraient loin de lui – tout comme il détestait l'idée de devenir une hyène. Il brûlait d'être une Cervière sur son cervier, de monter jusqu'à Burak et redescendre dans la fièvre des armes. Mais c'était absurde, Aliya avait raison.

Ils laissèrent leurs lions, pas très loin d'Odran-shad et de Derrig Argan, dont ils devinaient les trop maigres frondaisons ; avec ce pincement qu'a l'âme, quand on quitte l'ami, et qu'on sait que l'adieu peut être le dernier.

Puis, ils franchirent en l'escaladant le *limes*. C'était presque le milieu du jour. Du haut de la palissade, Mansour regarda les cerviers bondir, souples, vers la porte d'Arman-du, les exploits, ou la mort ? Il se laissa retomber de l'autre côté, dans la Marche.

À pied, il se sentit désarmé, amputé de lui-même...

*

Ils avaient monté très lentement, jusqu'à la fin du jour, profitant parfois de quelques buissons plus fournis, le plus souvent rampant à l'abri des roches plates. Ils voyaient de plus en plus distinctement l'ennemi, dans ses cantonnements, à quelques terrasses naturelles au-dessus d'eux. Les Golithes se sentaient forts, inexpugnables, sur ce territoire : il n'y avait ni patrouilles, ni même de guetteurs autour des campements. C'étaient des groupes d'une dizaine de tentes en peaux de *barans* tannées, blanchies à la chaux et aux acides de vinaigre, organisées autour d'un ou deux feux.

Les chevaliers noirs déambulaient entre elles, apparemment désœuvrés. Certains allaient même sans armes dans ces campements. Derrière les tentes, leurs *siffales* attendaient une pitance ; autour de leurs formidables cous, des chaînes de *kraast*, qui seules pouvaient retenir leur impatience.

De temps en temps, ils apercevaient des mouvements de plus grande ampleur, mais limités cependant - deux ou trois Golithes sur leurs montures noires, sans caparaçon, circulaient d'un campement à l'autre. Ils ressemblaient davantage à des estafettes, des courriers, sans doute, qu'à des hommes en patrouille.

— Regarde, mon frère, ils n'ont plus aucune bannière, ni armes, sinon leurs étendards noirs... Ils se sont affranchis de toutes leurs vassalités.

— Et je ne vois aucun Urod sur les Marches, ni à leur service, ni comme prisonniers. Les rumeurs disaient vrai, ma sœur : ils sont ici pour leur propre compte, et ils se sont emparés de tout le territoire.

— J'ai le sentiment qu'ils attendent quelque chose... Ou quelqu'un.

— Oui, ils regardent sans arrêt vers Burak. Crois-tu que leur nouveau Seigneur viendra par la route des Confréries, ou l'Oihan de Vahan ?

— Nous resterons ici aussi longtemps qu'il le faudra pour le savoir. En attendant, dès cette nuit, nous pourrons nous approcher.

*

Dans le crépuscule du soir, un peu plus bref encore à tomber ici, à l'Est, ils distinguèrent les premiers mouvements de vie moins militaire.

Des courses maladroites, qui se voulaient clandestines, commencèrent entre les buissons du maquis ras, d'un rocher à l'autre, par groupes de deux ou trois créatures. Elles semblaient se cacher, comme eux ; elles agissaient comme se comporte le gros gibier.

— Des Urods...

— Oui, les derniers survivants de l'espèce, apparemment..., commenta Aliya en grimaçant. Ils s'imaginent être discrets, ces imbéciles.

Presque aussitôt, il y eut un cri dans l'un des campements. Les Urods étaient repérés. Trois chevaliers bondirent sur leurs *siffales*, et se lancèrent à la poursuite des imprudents. Ils furent sur eux en quelques foulées, la suite fut horrible - les cavaliers et leurs montures, pour tromper leur désœuvrement, jouèrent de longues minutes avec leurs proies avant de les tuer.

Mansour et Aliya virent les malheureux, renvoyés de l'un à l'autre tandis que les *siffales* s'y faisaient déjà les dents, du bout de leurs longs cous. Finalement, les monstres démembrèrent leur butin, vivant...

Les hurlements de peur et de souffrance résonnèrent dans leurs oreilles, avec les rires des tueurs, longtemps encore, après qu'ils eurent cessé.

— Pauvres loques... Même des dégénérés pareils ne méritent pas cela.

La rage avait fait monter aux yeux de Mansour des larmes d'impuissance.

— Ne t'en fais pas, petit frère. Nos ombres fauves vont bientôt les venger. Il est l'heure pour elles de se lancer... Et pour nous aussi.

Dans la nuit à présent complète, ils se mirent à courir vers le haut, escaladant les terrasses, s'approchant parfois très près des campements de tentes, maintenant de plus en plus denses. Autour d'eux, ils surprenaient parfois d'autres mouvements, sans doute des Urods à la recherche de nourriture, ou d'un endroit pour se terrer le jour d'après.

Ils n'avaient pas le temps de s'en occuper. Ils gardaient les yeux fixés sur Burak, scintillant dans la nuit.

Très vite, le vacarme qu'ils espéraient pour leur dégager la route se produisit, vers le Nord – à l'exact opposé de leur progression. Nidhal et Nadir avaient lancé leur raid, et deux cerviers, même sans Cervières, font plus de tumulte qu'une pleine escouade d'écorcheurs quand ils déclarent la guerre. Ce fut d'abord le long sifflement de mort des *siffales*, dans un enclos où sans doute les lions avaient plongé par surprise ; puis des cris, des hurlements, des ordres qui claquaient ; et Mansour et Aliya purent suivre à l'oreille la progression cruelle de leurs « ombres fauves » parmi les camps, remontant elles aussi vers Burak.

La Marche céda d'abord à une sorte de panique incrédule – qui osait attaquer ? Puis il sembla que les camps s'organisaient : tout en courant, les Hafidas virent des patrouilles s'élancer, armées de torches, converger vers le lieu des attaques.

« Nidhal..., songea Mansour. Nidhal et Nadir... Il est impossible qu'ils s'en tirent dans cette nasse... et sans nous. Mais s'ils ne reviennent pas... »

Il ne voulait pas songer aux conséquences possibles de devenir une Cervière sans cervier. Il courait dans la nuit, derrière Aliya qui était plus rapide, plus leste, plus silencieuse qu'une panthère de montagne.

Chapitre 10

Ils « ré-empruntèrent » le scooter, en espérant cette fois ne pas pouvoir le ramener à bon port. Ils avaient chacun un sac sur le dos, si bien que Charlie, sous sa perruque et son casque, devait un peu se tordre, le bout des fesses posé sur l'extrémité du porte-bagages. Elle s'accrochait pour ne pas tomber. L'heure était entre chien et loup. Ils roulèrent prudemment pour éviter d'attirer bêtement l'attention de la police, furent à Pontoise en quarante minutes... Restait à trouver l'ancien réservoir municipal, si possible avant l'aube.

Hugo alla jusqu'à la place de la mairie, consulta le plan affiché sur une sucette.

Cinq minutes après, il était garé dans une ruelle adjacente, en face du réservoir, une haute bâtisse de briques apparemment abandonnée.

— Qu'est-ce qu'on fait ? On y va en courant ?

— Non, on ne se jette pas tous les deux dans la gueule du loup. Je vais y entrer, seul. J'explore un peu les lieux, et dans dix minutes, je fais mine de ressortir. Si la police est là, ils ne prendront pas le risque de me laisser filer... Si tu constates au contraire qu'ils n'interviennent pas, tu me rejoins.

— Et s'ils te prennent ?

— Dans ce cas, tu disparais, et tu retournes chez ta mère. Tu lui expliques que je t'avais enlevée, que je suis le seul coupable dans toutes ces histoires de meurtres... Autant qu'un seul de nous deux moisisse en prison. OK ?

Charlie ne répondit pas. Hugo respira un grand coup, puis se lança. Il s'efforça de traverser à pas calmes la grande place découverte devant le réservoir. Si la police surveillait l'endroit, et l'attendait, elle ne pouvait le manquer, en dépit de son pauvre grimage, et des mines qu'il se donnait : un passant désœuvré...

Quand il atteignit la porte de fer qu'il avait repérée, ouverte et qui battait au vent, il sentit quelqu'un à ses côtés. « Ça y est, je suis pris », pensa-t-il. Il se retourna vers celui qui le suivait. Il balbutia :

— Mais qu'est-ce que tu... ? Je t'avais dit de... d'attendre...

— Oui, mais je n'avais pas envie de te laisser moisir seul en prison, encore moins de t'accuser. Alors, autant venir avec toi, répliqua Charlie.

*

Finalement, le vacarme des attaques de leurs lions finit par se taire, deux heures après les premiers cris. Les deux Hafidas avaient parcouru plusieurs milliers de coudées escarpées, dans l'intervalle ; le sommet, le Col de Vahan était encore loin, mais désormais visible à l'œil nu, suffisamment pour savoir ce qui s'y tramait.

Ils trouvèrent une sorte de caverne, dans les premiers mamelons sous les écailles de *kraast* pur, sans doute non loin de l'endroit où coulait le ruisseau d'Arou-ar-Dzyon, qui deviendrait bientôt Nedeleg.

— Il nous reste une heure de pénombre, nous ne trouverons peut-être pas mieux... Dissimulons-nous ici, nous verrons demain où nous sommes, et si l'on peut tenir cette position un jour ou deux... La nuit prochaine, il n'y aura plus de diversion, nous ne pourrons monter que très peu.

« Plus de diversion... » Aliya avait dit cela d'un ton égal.

— Tu... tu crois qu'ils ont échappé ?

— Je l'ignore, et l'espère. Ils sont nos ombres, aussi fières que nous. Si d'aventure des cerviers pouvaient réussir, sans Cervières, ce sont Nidhal et Nadir.

Cette fois, sa voix l'avait trahie. Il y avait eu un doute, un conditionnel, un tremblement. Comme lui, elle ne songeait qu'à cela... Mansour ne sut pourquoi sa propre confidence jaillit à ce moment-là – l'angoisse, peut-être, ou cette ténèbre si profonde qu'ils ne pouvaient se voir.

— Mon amie, ma sœur... Si Nadir était tombé, et que tu devais rester aux Clans, je n'aurais pas le cœur à chevaucher sans toi.

— Tu le devrais, pourtant. Nidhal t'a désigné, tu te dois à la défense des Clans plus qu'à toute amitié. Moi, je chevaucherai sans toi, si Nidhal est tombé.

La réponse avait jailli. La voix, implacable, était celle des ordres. Un long silence tomba.

Mansour regrettait déjà d'avoir ouvert son cœur. C'est à cet instant qu'Aliya reprit la parole :

— Mais si Nadir est mort, je t'attendrai aux Clans, mon frère. Et je ne prendrai pas d'hommes avant que tu ne me viennes.

Dans la nuit noire, invisibles l'un à l'autre, ils méditèrent longtemps les mots qu'ils venaient d'échanger. Qui étaient une promesse. Qui étaient un péril. Qui étaient déjà trahison, dans la règle des Cervières. Car quand la guerrière a des raisons de préférer la vie à la gloire, quand elle espère autre chose, un bonheur hors de la guerre, elle se retient dans la bataille... Et alors, elle cesse d'être tout à fait ce qu'elle était.

*

Le bâtiment de briques, d'un autre âge, était plongé dans un noir complet. Ils allumèrent leurs torches et leurs frontales – pas la trace d'une présence policière.

Encore vaguement vexé, Hugo chuchota :

— Je suppose qu'il est parfaitement inutile de te suggérer d'éteindre ta torche dès que tu entends du bruit, et de tenter de fuir sans courir, dans ce cas ; pour ne pas qu'on nous entende...

— Oui, chef ! Bien, chef ! répondit Charlie, pleine d'ironie.

Au bout de dix minutes, ils avaient fait le tour des trois grandes salles. Pas un bruit suspect, pas une trace dans la poussière... Ils en venaient à croire qu'ils étaient seuls au rendez-vous de Mansour - apparemment, pas de piège policier. Hugo sentait un espoir fou monter en lui : se pouvait-il que ce ne soit pas un traquenard ? Se pouvait-il que, vraiment, l'Alta s'offre ?

Ils cherchèrent encore un bon moment, la « porte » - où était-elle ?

Ils repérèrent un escalier qui descendait vers d'apparents souterrains, prirent l'escalier très raide, en béton. L'obscurité semblait encore plus opaque, presque oppressante.

Ils débouchèrent dans une sorte de galerie, au sol nu, suintant d'humidité. Elle distribuait plusieurs salles, dont chacune était creusée d'un puits rond, circulaire, large de quatre mètres environ, qui descendait très profondément dans les entrailles de la ville. Tout au fond, on entendait, à peine distinct, le bruissement d'un ruisseau souterrain.

— Comment savoir lequel est le « premier puisard » ?

— Ben... Celui qui a écrit le message savait par où on arriverait. Cela doit être le premier, en arrivant de l'escalier...

— Tu crois ? On tente le coup ?

— Pas le choix.

— OK, miss, alors je passe le premier.

Ils revinrent à la « première » salle. Hugo s'accrocha aux barreaux de l'échelle de fer, scellée dans la brique, qui descendait le long du puits. La frontale lui révéla une seconde trop tard que le troisième barreau était pourri, mangé de rouille. Le quatrième ne devait pas être en meilleur état, car il céda immédiatement quand il voulut s'y rattraper.

Sans même avoir le temps de crier, Hugo se sentit tomber au fond du trou.

— Hugo ? Hugo ?

Charlie avait vu son ami disparaître. Elle n'avait pas de corde pour l'attacher aux premiers barreaux. Elle n'avait rien qui lui permette d'espérer remonter avec lui. C'était une voie sans retour...

— Pas le choix, ma fille...

Elle sauta dans le puits, en espérant rester au milieu du trou, ne pas heurter un mur. Le noir l'avala.

III

Nabars
(Le retour de Matthias)

Chapitre 11

Les eaux de LeWeslang naissent sur les lèvres de Burak, alors simple ruisseau glaciaire parmi d'autres, que les Nains appelaient Arou-ar-Dzyon déjà avant le temps du Royaume d'Archag. S'insinuant entre les écailles de *kraast*, le torrent enfle, gonfle, et tombe depuis le sommet de la falaise de Donon, en formant le voile majestueux qui coiffe Shaelynn, la capitale de la Nation rêvée ; la chute d'eau Nedeleg baigne la ville-cimetière, s'enrichit des eaux cobalt du lac souterrain, y reçoit également les mânes des héros de La Race, et celles des Mères, avant de se séparer en neuf bras comme autant de Nations, pour former les trois fleuves et les neuf cataractes de la Forêt elfique. Les Nations cachées et les Nations ouvertes de La Race nomment ces neuf ruisseaux (qui n'en sont qu'un) Abhainn-argan ou Bruach'-afon-lan.

Puis, les neuf bras se rejoignent dans la grande plaine d'Alsander, peu avant Lexie, constituant le fleuve que les lettrés et les prêtres de la Grande Bibliothèque de Paix baptisent Hipposagrat. Paressant sinueusement sur la grande plaine d'Alsander comme un reptile indolent, les eaux s'enflent des milliers d'affluents, de rus, de sources qui sourdent sur la riche et grasse pâture des *barans*, sur les terres humaines. Elles se chargent de pluie, ce rideau épuisant qui tombe deux jours sur trois au Sud-Ouest de l'Alta, transformant la terre en humus et l'humus en boue. Et entre Burak et la mer d'Hourya (d'où viennent ces pluies), pendant son lent voyage parmi les Cinq Races et les dix-neuf peuples, ces eaux fluviales, tantôt lourdes et boueuses, tantôt d'un bleu presque inouï, charrient dans leurs flots des créatures mortes, des esquifs incertains, et les cendres des défunts qu'y jettent les grands prêtres ; elles lavent des corps étranges, improbables, Hybrides parfois, qui s'y immergent pour un rite, une guérison, ou par simple hygiène ; elles traversent mornes, impassibles ou bruissantes les cités orgueilleuses qu'inventent les Humains.

Peu avant le large estuaire, domptées, endiguées par des hauts murs de pierre de taille, les eaux de LeWeslang semblaient dormir encore, il y a peu, dans leur lit détourné de main d'hommes, sous les ponts et passerelles lancés dans Waltraud. Mais Waltraud n'a plus de ponts, elle n'est plus. Les ruines l'ont remplacée, depuis que les armées de Fern et d'Almeria l'ont traversée deux fois, avec les Clans, dans un sens puis dans l'autre, pour y éteindre toute vie, et tout souffle, même le plus ténu. Les soldats de la coalition ont jeté depuis les ponts, dans les eaux de LeWeslang, des milliers d'hommes, soldats, chevaliers, écorcheurs, fantassins, et aussi les femmes, les enfants, les vieillards, tous ceux qui avaient accepté le joug de Rolf autrefois (ou que le joug de Rolf avait soumis sans leur assentiment). Et LeWeslang les a emportés jusqu'à la mer, abandonnant parfois quelques cadavres sur les rives.

Telle est la guerre depuis toujours, injuste et cruelle ; et telle elle demeurait pendant les guerres du Neuvième Tome.

*

Un peu plus à l'Ouest, en aval des restes longtemps fumants de la cité de Rolf, juste avant le mascaret que forme chaque marée montante dans l'estuaire et ses mangroves, le fleuve que les Nations humaines appellent LeWeslang reçoit encore un affluent, venu du Nord ; un cours d'eau discret, presque négligeable par rapport au lourd et large débit du fleuve, et dont les géographes auraient oublié jusqu'au nom s'il n'était une porte.

La rivière d'An-ar-Anh semble sourdre de terre, à quelques lieues en amont.

Et c'est précisément quand elle surgit à l'air libre, au lieu dit d'Avala-ar-Helian, que les Humains passés par Oksankras aperçoivent pour la première fois le soleil de l'Alta.

Charlie avait sauté, droite comme un i, dans le premier puisard du réservoir de Pontoise. Elle avait eu l'impression d'une chute qui n'en finirait pas - avant l'impact, saisissant, dans l'eau noire, froide, sous les fondations du réservoir... Elle n'avait à cet instant qu'une idée : retrouver Hugo. Elle n'avait qu'un réflexe de survie dans la rivière : nager. Nager, et hurler le prénom de son ami dans le grondement du ruisseau, sous la voûte de briques.

Sa frontale s'éteignit aussitôt au contact de l'eau, devenant inutile. Mais elle aperçut son ami, heureusement à quelques mètres d'elle, dans l'eau, à la faveur de la lumière que l'aube dispensait par un soupirail, dans la voûte. Hugo flottait plus qu'il ne nageait, à moitié assommé par la chute, trouvant encore le réflexe de quelques mouvements pour se maintenir à la surface, ballotté par le courant. Elle crawla vers lui, réussit à le saisir par une manche, et dans le noir redevenu total, elle maintint la tête d'Hugo hors de l'eau - puis, ainsi serrés l'un contre l'autre, ils dérivèrent comme une seule bouteille lancée à la mer...

Il n'y eut plus d'autre soupirail. Plus un reflet, une lumière.

Il n'y eut que le noir complet, comme sous la terre. Heureusement, le courant était constant, sans obstacle, il les maintenait au centre du cours d'eau, qui le plus souvent roulait presque en ligne droite.

Au bout de quelques instants, quand Hugo fut revenu tout à fait à lui, ils purent parler, accrochés l'un à l'autre. Hallucinante dérive, sous la terre. Ils cherchaient Oksankras, et s'offraient une balade aquatique dans ce qui était un réseau souterrain, davantage qu'un égout - à en juger par l'odeur très acceptable de l'eau. Leurs corps résistaient, s'habituaient au froid. Jusqu'à quand ? Et comment espérer trouver la porte dont le flot les éloignait ?

Incapables de dire combien de temps la dérive avait duré, ils réalisèrent très tard que la rivière était précisément la porte. Ils ne le comprirent que lorsque An-ar-Anh déboucha à l'air libre, à la sortie de la caverne d'Avala-ar-Helian, très peu de lieues en amont de l'endroit où elle se jette dans le lit du fleuve, pour rejoindre l'estuaire de la mer d'Hourya.

*

— Tu... Tu crois vraiment qu'on y est ?

— Oui, je crois... À moins qu'il n'existe à quatre heures de Paris une plaine fourragère, que les paysans cultivent en charrettes, avec au loin une ville brûlée, dévastée, et des galères qui glissent sur un fleuve inconnu.

Ils étaient sortis de l'eau, aussitôt après la caverne. Hugo était torse nu, Charlie avait gardé ses sous-vêtements trempés. Elle avait perdu sa chevelure blonde dès la chute dans la rivière, et tant mieux... Elle grelottait. Ils avaient l'air de deux chiots piteux. Leurs deux pantalons collaient à leurs jambes.

Mais ils ne pouvaient quitter des yeux le paysage miraculeux.

Ils avaient trouvé par accident, par une chance infinie, ce qu'ils avaient cherché. En moins d'une semaine. Là, sur le tertre d'Avala-ar-Helian, leurs regards embrassaient à l'horizon l'immense plaine d'Alsander, les ruines de Waltraud, le lit de LeWeslang où des galères remontaient à la force des rames vers Lexie, pour commercer, depuis la mer et depuis Otilia.

Charlie claqua des dents, se tourna vers son ami.

— On allume un feu ?

— Je ne sais pas... Si on nous repère, on ne sera peut-être pas les bienvenus...

— Et si on ne se réchauffe pas, je serai morte glacée dans vingt minutes. Entre la pneumonie et les prisons de n'importe quel Féodal, je choisis les prisons.

Malgré son hypothermie, elle semblait en mener plus large qu'Hugo. Peut-être parce qu'elle l'avait tiré de ce mauvais pas, dans la rivière, après leur chute. Peut-être parce que, plus que lui, elle s'était accrochée depuis cinq jours à l'idée de retrouver l'Alta.

Elle montra le paysage...

— Tu te rends compte, Hugo ?

Elle sortit d'une poche son appareil photo numérique, une petite merveille de technologie qu'elle emportait partout ; une version résistant aux bains prolongés, puisqu'elle shootait aussi en canyoning. Elle photographia ses premières « preuves »...

— La police se posera des questions, quand nous ramènerons ça en plus de Mansour... Bon, maintenant que j'ai mes photos, on se cache, si tu veux.

Ils s'arrachèrent à leur contemplation, en quête d'un endroit discret.

*

Lorsqu'ils eurent quitté définitivement le tertre d'Avalar-Helian, une silhouette d'un vert étrange, translucide, inquiétant, sortit de la grotte d'où la rivière d'An-ar-Anh jaillissait en cascade. Elle avait l'allure, et l'apparence, d'une fumée. Elle avait cependant des traits d'un vert plus pâle et plus net, comme si un visage, des bras, une armure étaient venus se dessiner sur l'impalpable même...

Dans la lumière du jour, à l'éclat des rayons, elle semblait presque invisible.

Elle glissa, comme un songe, en les suivant de loin, vers le sous-bois où Charlie et Hugo se dirigeaient.

Chapitre 12

La nuit tomba sur eux avec cette incroyable brutalité qu'elle a sur l'Alta, où les jours sont presque trois fois plus courts. Ils mâchonnaient des biscuits aqueux, aussi mous qu'un pain qui aurait macéré dans l'eau pendant des heures - ce qui était le cas.

— On dirait un peu de la nourriture elfique, plaisanta Hugo.

Charlie ne répondit rien. Elle avait les yeux dans le vague, contemplant leur désastre.

Leurs vêtements et tout le contenu de leurs sacs à dos séchaient sur un trépied en bois, qu'ils avaient confectionné avec deux branches en fourche. Heureusement, avec leurs deux couteaux multifonction, ils avaient des outils pour couper et tailler. Ils avaient aussi réussi à faire du feu en frottant du bois, l'alimentant d'abord de copeaux d'écorces, de mousses. Comme leurs ancêtres très lointains avant eux. Leurs deux couvertures de survie métalliques avaient tenu le coup. Mais tout le reste était provisoirement trempé, parfois rendu hors d'usage par le bain prolongé - provisions diverses périssables, lampes frontales, même les iPod qu'ils espéraient faire sécher - après tout, à part leurs vêtements et l'appareil photo intact, la musique était le seul souvenir de leur monde.

— Charlie ?

Au moment précis où le feu commençait de la réchauffer, Charlie sentit sa volonté lâcher soudain, comme un paquet de nerfs s'affaisse... Elle se mit à claquer des dents de nouveau, à grelotter, comme prise par une convulsion - puis elle fondit en larmes.

— Charlie, qu'est-ce que tu... ?

Elle pleurait en parlant.

— Excuse-moi... Excuse... J'espérais... tellement anxieuse d'y arriver, et je... heureuse d'être là, mais... Mais là, j'ai froid... Et je...

Elle essayait de sourire, les larmes continuaient de couler, et les sanglots... Hugo se leva, tâta de façon dérisoire leurs vêtements encore trempés, secoua la tête.

— Attends, miss, je vais te réchauffer.

Il frictionna les jambes de la jeune fille et les enroula dans une des deux couvertures de survie, après avoir délicatement fait glisser son pantalon humide - en essayant de ne pas y penser. Il voulut faire de même pour son torse, mais avant qu'il ait fait le mouvement de déployer la deuxième couverture, il la vit dégrafer son soutien-gorge pour quitter le sous-vêtement, et c'est la peau de son dos, entièrement nue, qu'il frictionna. Puis il déploya sur elle la deuxième fine protection de métal, avant qu'elle ne la referme comme un poncho, en croisant ses bras.

Il continua de frotter vigoureusement la momie d'aluminium qu'elle était devenue, incapable d'oublier l'image fugitive de ces seins haut perchés, brun caramel ; songeant aussi que sans doute il ne l'avait jamais connue si désemparée, si totalement abandonnée entre ses mains, depuis certains de leurs jeux, quand ils étaient des gamins de six ans.

Comme s'il était, en cette minute, son père, une présence rassurante sur qui se reposer.

Mais elle n'était pas une gamine, il n'était pas son père. Il était « son homme », et le rôle était franchement trop grand pour lui, trop prématuré aussi. Qu'avait-il prouvé, qui puisse lui donner confiance, pour qu'elle se réfugie contre lui ?

*

Dix minutes après, néanmoins, elle s'était réchauffée, du moins son épiderme ; il cessa ses frictions, se leva, dit :

— Je vais essayer de nous faire un abri, alimente le feu s'il baisse.

Charlie ne pleurait plus, elle était maintenant assise face aux flammes, sous les couvertures métalliques. Hagarde. Aussi immobile et résignée qu'une statue. Hugo, en s'éloignant vers le bois plus épais, se demanda s'il ne préférait pas encore les larmes à ce silence hébété.

En ramassant les fougères, larges et hautes comme des plantes oubliées du jurassique, il crut apercevoir quelque chose, une silhouette verdâtre, évanescente – un spectre, comme ceux qu'il avait affrontés (ou plutôt rencontrés), naguère, à l'entrée de la Forêt des Âmes. Que faisait ici un esprit d'après la mort ? Erraient-ils dans les bois, sur toute la surface de l'Alta ?

Il s'approcha, mais non, il n'y avait plus rien – sauf une mousse, un peu phosphorescente, qui reflétait la lune et avait pu le tromper, au pied d'une essence rare de hêtre.

Il secoua la tête, décida qu'il s'était trompé. Mieux valait ne pas en parler à Charlie, mieux valait aussi oublier les spectres, comme les Dawuds, ces démons qui l'avaient rendu presque fou de jalousie.

*

À l'orée du sous-bois, la fumée verte qui constituait le spectre brillait de l'intérieur, comme phosphorescente maintenant, dans la nuit. Trop aisément repérable. Le Golithe d'outre-tombe, qui ne les avait pas quittés des yeux pendant toute la scène auprès du feu, prit la route de l'Est, sans un bruit, glissant sur le sol. Après une heure de « marche », deux autres ectoplasmes apparurent, le rejoignirent, et ils continuèrent dans la nuit leur progression spectrale.

Chapitre 13

Sur la Marche, c'était encore la nuit. Mais elle se retirait.

Aliya et Mansour attendaient, devant leur grotte. La promesse de leurs aveux, menaçante, flottait entre eux. Ils guettaient le col et l'*oihan*, sans un mot. Finalement, presque au crépuscule de l'aube, ils aperçurent ce pour quoi ils étaient venus espionner.

Il y eut une lueur verdâtre, glauque, glacée, sur le sommet de Vahan. La nuée descendit, c'était une sorte de brouillard, dans lequel ils distinguaient des silhouettes incertaines, peut-être humaines ; ils virent que les Golithes du campement le plus haut montaient vers elles.

Les chevaliers noirs engagèrent avec les formes imprécises une conversation, brève.

— Des Dawuds..., murmura Aliya.

— Non, des spectres, ma sœur. Les premiers spectres que j'ai vus, dans la forêt, quand j'y suis descendu. L'armée de Spectres de Rolf... Ils ont fait une alliance.

Elle se tourna vers lui, questionna dans un murmure :

— Matthias ?

Mansour hocha la tête.

*

La fin de la trop courte nuit les trouva plus vaillants.

Le printemps gouvernait aussi le ciel de ce monde, l'air avait été doux durant les trois heures nocturnes ; et sous les grandes feuilles de fougères qu'Hugo avait moissonnées par brassées, ils s'étaient retrouvés comme dans un nid.

Le garçon avait à peine dormi, se relevant pour alimenter le feu toutes les demi-heures. Une fois, alors qu'il se glissait de nouveau contre elle, sous les fougères, Charlie avait bougé, s'était déroulée de sa gangue d'aluminium ; et tout le reste de la nuit (quelques poignées de minutes...), il avait reposé son bras protecteur sur son épaule ronde, sentant sa hanche nue elle aussi contre lui, mesurant les minuscules variations sur sa peau brune parfois saisie par l'air de la nuit.

Elle respirait calmement, paisible.

Lui, quand il ne songeait pas à cette jeune fille, cette presque jeune femme, abandonnée contre lui, revenait à leur situation sidérante. Puis il retournait, en pensée, à la peau de Charlie.

Il se leva le premier, le soleil entrait dans la clairière où ils avaient élu domicile. Un bon soleil, neuf et empoudré, de mai ou de juin. Il constata que quelques-unes des provisions avaient séché, même si la baignade les laisserait tout juste comestibles. Les vêtements aussi étaient en état. S'ils le décidaient, ils allaient pouvoir repartir. Tandis qu'il tisonnait deux branches mortes pour relancer encore les flammes, il entendit du bruit dans les fougères, et se retourna : Charlie s'était assise au milieu de leur nid. Elle le regardait, torse nu, cette fois sans aucune pudeur, jolie comme un fruit, l'air lumineux.

— Bonjour, mon amour...

Il sut qu'entre eux le temps de la gêne était un souvenir – du moins, selon Charlie. Un instant, il se sentit comme un sauvage au milieu d'un monde vierge, et se demanda si cela ne valait pas le coup de vivre toute une vie avec elle, ici, dans les sous-bois, sous les fougères. Mais au lieu d'obéir à cette intuition première, il se reprit. La peur de tant de joliesse, de ne pas être à la hauteur, avec son grand corps maigre et blanc ? Le désir d'être solide, d'être l'homme fort et ferme dont elle avait besoin, hier soir, quand il fallait la protéger sous des couvertures de survie ?

Il vint vers elle, l'embrassa brièvement, et dit :

— Nos vêtements sont secs, mais je pense quand même qu'il va falloir en trouver d'autres si on ne veut pas se faire repérer trop vite...

Elle sourit, passa une main dans ses cheveux. Il était hypnotisé par le spectacle de son réveil, de sa nudité fière, de sa peau ocre. Il détourna les yeux, continua de parler pour ne pas trop dévoiler son trouble :

— Sans... Sans doute ceux de l'Alta descendent-ils le long d'une corde, sans doute un radeau les attend-il, avec des torches, quand ils prennent la rivière d'Oksan-kras... Et je ne vois pas comment ils remontent le cours pour retourner chez nous... Mais ils...

— Hugo ?

— Oui, miss ?

— Je t'aime, Hugo. Merci, pour cette nuit.

Il en perdit totalement le fil de sa pensée. Il ne sut ce qu'il devait répondre, faire. Il dit, simplement :

— C'est moi qui te remercie, miss... Tu m'as sauvé la vie, dans la rivière.

Il brûlait de la prendre dans ses bras, aussi jolie, lisse et nue qu'une sauvageonne. D'enlever ses vêtements, de la rejoindre dans leur lit de fougères. Mais il ne se sentait pas prêt, il était trop tôt, il... Il avala sa salive, sentit une boule dans la gorge, se retourna vers le feu :

— Je... Je crois qu'on devrait essayer de trouver un endroit où il y aurait des gens, pour nous renseigner, se repérer et retrouver Mansour... On n'a même pas de carte...

Il lui tournait le dos. Il entendit de nouveau du bruit ; elle s'était levée. Il continua encore de fourrager les braises, parce qu'il fallait bien regarder quelque part. Quand il se retourna, elle s'était rhabillée, et ses yeux furieux lui disaient qu'il n'aurait vraiment pas dû désobéir à son mouvement premier ; qu'elle aussi aurait tellement voulu qu'il la prenne dans ses bras, là, maintenant.

Histoire de se faire pardonner, il dit juste :

— Tu étais vraiment belle, au milieu des fougères, miss...

Le sourire de son amie lui signifia qu'il marquait un point, mais que cela ne valait pas tout à fait, comme pardon plénier ; il lui faudrait obtenir une autre indulgence, et trouver d'autres arguments, pour avoir préféré s'occuper du feu de camp.

Chapitre 14

En dépit de leurs confidences, du danger aussi, et des conséquences inouïes de leur découverte, Mansour et Aliya réussirent à dormir presque tout le jour suivant, dans l'anfractuosité.

Il ne servait à rien de pousser les premières conclusions plus avant, pas maintenant : ce qu'ils auraient à comprendre et à décider, ils le développeraient, Mansour avec Aliya et Aliya devant le Conseil, plus tard, à Madani. En attendant, le corps du guerrier a besoin de repos, sa disponibilité mentale doit être totale lorsqu'il est en éveil, les membres doivent répondre à l'esprit, la moelle aux nerfs...

Ils ne furent dérangés, dans leur grotte, qu'au soir. Et seulement par trois malheureux Urods grognant de peur, qui vinrent s'y réfugier, maladroitement, avec le crépuscule. Ils leur réglèrent leur compte de trois coups de tranchoirs (deux pour Aliya, Mansour était galant) ; et les monstres, peut-être reconnaissants de tomber sans souffrances, ne hurlèrent même pas au moment du trépas. Simplement, encombrée maintenant de ces trois cadavres, leur cache devenait exiguë. Mais ils n'en virent pas d'autres, meilleure, qu'ils puissent atteindre : ils resteraient encore ici une nuit ou deux, avec leurs trois « invités », à observer, avant de redescendre.

*

Ils n'eurent en fait pas longtemps à attendre. Sitôt que la nuit fut noire, les silhouettes verdâtres réapparurent au sommet de Vahan, et cette fois, elles tinrent un conciliabule pendant presque toutes les trois heures nocturnes, avec ceux qui devaient être les capitaines des sept Légions ardentes.

Les morts et les vivants. Les Golithes passés et ceux d'aujourd'hui. Au service de qui – d'eux-mêmes, ou de... ? Mansour refusait de penser à ce qu'il voyait, de nommer l'Ennemi. Il connaissait le visage d'un des Golithes morts, d'un des esprits du lieu. Il savait, intuitivement, que c'était leur chef. Il l'avait tué, ici, de l'autre côté du col, dans la clairière d'Elfrea. L'âme de Matthias était demeurée en ces lieux, errante. Et cette âme avait bu, avant de passer, un quart du Sang-Noir.

Matthias... Non. Mansour refusait de songer plus avant. Il entrevoyait ce qui se nouait, dans l'alliance contre nature des morts et des vivants. Il devinait aussi celui que les Golithes étaient venus chercher à Madani. Mais une crainte poignante, superstitieuse, paralysait son esprit, l'empêchait encore de sauter aux conclusions d'ensemble, à ce qu'elle signifiait pour l'Alta, pour son monde, pour les Clans ou Aliya. Trois phrases l'habitaient : « Matthias est de retour. Il est revenu du royaume des Morts. Et c'est moi qu'il veut. »

*

Quand les silhouettes incertaines, lumineuses, disparurent, Aliya se tourna vers lui. L'aube était encore loin, mais déjà, c'était comme si la nuit était moins opaque – ils se distinguaient l'un l'autre.

— Bien. Nous avons ce que nous étions venus chercher, il faut que les Clans sachent... Redescendons.

— Maintenant, en plein jour ?

— Oui, petit frère, en plein jour. C'est ainsi que combattent les Cervières, et puisque c'est peut-être notre dernière guerre ensemble, puisque nous ignorons lequel de nos lions nous retrouverons vivant ou mort, je veux que nous menions cette fête dans la lumière. Celui qui survivra avertira le Conseil...

Ils cessèrent d'être des hyènes, des panthères, ou des *vivrinx*.

Ils furent des *zayalas*, d'abord. Ce fut une cavalcade insensée, ils dégringolèrent en une heure plus des deux tiers de la Marche qu'ils avaient escaladée si prudemment, durant un jour et une nuit. Il la voyait bondir devant lui, plus souple que lui encore, plus racée, plus sauvage ; incroyable de vitesse et de grâce dans l'aube ; incrédule de courir un tel risque et de penser que c'était, peut-être, la dernière de leurs ivresses.

Il y eut, enfin, au bout d'une heure, les cris espérés, à leur gauche, venus des campements les plus bas – des Golithes les avaient aperçus, ils donnaient l'alarme ; d'autres les repéraient à leur tour.

Enfin. Presque trop tard.

S'ils avaient voulu, en continuant ainsi de dévaler à tombeaux ouverts, ils auraient sans doute pu parcourir avant l'ennemi et ses montures carnivores le chemin grand ouvert vers le *limes*. Sortir de la Marche. Mais ils ne le voulaient pas, oh non, pas cette fois. Ils voulaient y goûter, une dernière, une ultime fois, peut-être. Alors, ils redevinrent des Cervières, des Hafidas.

*

Trois *siffales* tout juste harnachés, partis d'un peu plus haut, se ruaient vers le *limes* pour leur couper la route.

Ils ne cherchèrent pas à les prendre de vitesse, obliquèrent au contraire vers le dernier campement golithe, contre l'attente de tous. Avant que les six chevaliers noirs comprennent, ils étaient parmi eux.

Et dès les trois premiers gestes, Mansour sut. Sur Nadir, Aliya était insurpassable, comme née pour cela, prolongement du corps du fauve, un même sang, une même fougue, une même furie pour elle et pour le cervier. Mansour, dans leurs exploits, ne pouvait que l'approcher, la pousser dans ses retranchements, quand elle chevauchait. Elle gardait la main, accomplissait en riant ce qu'il faisait au maximum de sa tension, et retenait certains gestes de peur qu'il ne les risque – et y succombe.

Mais ainsi, à pied, à terre, en cette minute, il était le plus grand. Celui qui, encore chez les hommes, avait poussé un Elfe Noir au-delà des limites. Depuis, en trois ans, son corps et son âme avaient tellement appris, d'autres équilibres, un engagement plus grand...

Il sut aussi qu'Aliya avait un problème. Il le sut dès après les trois premiers gestes, parce que après ces trois-là, Aliya était toujours face à ses deux premiers adversaires – et que les deux siens gisaient, déjà.

« Sois le maître du temps... »

Premier geste : il y eut une passe de tranchoir, à la gorge du deuxième chevalier, tandis que des deux pieds, il avait bondi sur le torse du premier pour y prendre appui, et qu'il se tenait accroupi sur la poitrine ennemie, main gauche accrochée derrière la nuque, plié comme un chat. Une passe seulement, de la main droite, la faucheuse, la perfection du geste – vitesse, silence, mouvement millimétré – là, sur l'aorte, entre la cuirasse et le heaume. Deuxième geste : la main droite en opposition lâche le tranchoir en suspension, dans l'air, pour accompagner, plutôt que parer, le coup de masse d'armes que le premier chevalier, celui sur lequel il s'était accroché et s'appuyait, tentait de lui porter. En utilisant la force de l'adversaire et en l'emmenant plus loin que ce dernier ne l'avait prévu, il étendit le bras droit du frappeur vers le sol, entraîné par la masse d'armes qui manquait sa cible ; il le déséquilibra et l'empêcha d'agir. Troisième geste : au même instant, la main gauche accrochée à la nuque de l'adversaire lâchait sa prise et saisissait le tranchoir en suspension, au vol, droite-gauche, puis frappait à l'aveugle, derrière sa propre épaule droite, sur l'épaule de l'adversaire – « résistance limitée au troisième geste », comme prévu...

La résistance de la chair, puis de l'os : la jointure de l'armure avait à cet endroit précis été étirée, puis ouverte par le deuxième geste. Le bras armé qui tenait la masse tomba à terre, séparé du tronc.

« Tu es le maître du temps... N'en perds jamais... »

Les pieds de Mansour poussaient en même temps sur la poitrine pour bondir déjà ailleurs.

Le plus stupéfiant n'étant sans doute pas qu'en neuf secondes, deux chevaliers golithes soient à terre, l'un amputé du bras qui maniait l'arme, l'autre égorgé pour le compte ; le plus stupéfiant était que le chorégraphe de leur mort soit déjà ailleurs.

« Ne ramasse jamais une arme... Ne perds aucun temps. Tu es le vent, la mort... »

Quinze secondes. Les anciennes antiennes, du temps où il était al-Masri, lui revenaient en tête. Il courut vers les deux Golithes encore inoccupés – il se présenta à mains nues, négligeant de reprendre le tranchoir planté dans l'épaule.

« Il est le poids, il est la force centrifuge. » Vingt secondes. Le fléau d'armes tournoyait au-dessus de la tête du troisième Golithe, lui conférant une allonge infiniment supérieure. « Feinte sa force, sois au centre... » Il plongea. Les jambes avaient poussé vers l'avant. Les vertèbres s'enroulaient. Les yeux disaient précisément où il était. Le cerveau ordonna de se relever, sur l'autre, contre l'autre.

Il se retourna, se plaqua, le dos contre le plastron de l'adversaire dont la masse tournoya encore, dubitative, un tour inutile...

« Ils sont lents, tu es la vitesse... Prends les armes sur lui... »

Comment la main droite du Cervier put-elle en un instant dégainer l'épée au côté gauche du Golithe, dans son dos ? Comment l'esprit sut-il avec une telle précision qu'il y a, entre la protection du bras et celle de la hanche, à l'aine droite, un espace, un jeu, pour que le bras puisse bouger ? Comment la main gauche sut-elle se saisir en un passe-passe de l'épée volée, puis, tandis que le

Cervier se retournait, être si ferme et précise à la fois, enfoncer l'arme ennemie jusqu'à la garde, de haut en bas, à travers ce jeu de l'armure, portant une estocade qui traversa le corps, y entrant sous le bras droit et allant, en biais, à travers les organes, jusqu'à la cuisse gauche ?

Vingt-trois secondes.

L'esprit déjà était ailleurs, ne perdant pas le temps de retirer l'arme, de repousser le corps – il tomberait à son heure, inerte – dans deux secondes.

« Deux secondes sont une heure, une vie... »

À cet instant, celui qu'il venait de transpercer le masquait à celui qui restait. Le quatrième Golithe vit son camarade tomber – il ne sut pas éviter l'inévitable distraction, il regarda le corps sans vie s'effondrer. Diversion fatale. Il aurait dû méditer – le guerrier médite en combattant, l'esprit récite : « Deux secondes sont une vie... »

Vingt-cinq secondes. Une flèche à pointe fine avait jailli du carquois de Mansour, dans ses mains. Elle traversa la visière du bassinet avant que le Golithe relève les yeux vers lui. Elle frappa précisément là où la visière était trouée pour ménager une vision. Une flèche aussi ferme que si la corde de l'arc l'avait projetée – il l'utilisa poing serré comme une dague, piqua trois fois à l'intérieur de la visière, avec une sorte de légèreté irréelle, puis fouailla un peu, lâcha l'arme.

Il était déjà ailleurs.

« Tu es la mort donnée, ils sont la mort reçue... »

Aliya avait tué un de ses adversaires, entre-temps ; elle n'eut pas le temps de porter sa deuxième attaque, le deuxième Golithe n'eut pas le temps de la parer. Parce qu'un Cervier, trente secondes après son premier geste, était sur le dos de *kraast* du cinquième ennemi. Parce qu'une dague de *kraast*, prise sur le quatrième ennemi, s'insinuait contre la gorge du cinquième, trouvait le point faible, vital, puis tranchait.

— Partons avant qu'ils soient trop nombreux...

Il avait parlé en chef. Sa dernière victime avait à peine encore eu le temps de tomber.

*

— On les évite ?

— À terre, je ne suis qu'une moitié de moi-même...

— Je sais. Tu es le vent, je suis la mort.

Elle le regarda, bizarrement. Elle ne reconnaissait pas en cet instant l'étrange garçon barbu, éclaboussé de sang, froid comme un métal. Sans aucune ivresse, sans plus rien du joueur.

— Donc, on les évite... Mais pour ça, on s'occupe du premier.

Ils se ruèrent dans la pente, vers les trois *siffales* qui les attendaient avec leurs cavaliers, au pied du *limes*. Deux flèches jaillirent en même temps de deux carquois, deux arcs courts tirèrent, cinq fois, touchèrent dans sa gueule ouverte le premier des *siffales*. Seul point vulnérable. Le pachyderme râla, bruit de sang dans la gorge, les têtes des deux autres carnivores se tournèrent étonnées un instant vers celui de leur espèce.

« Un instant, c'est tout... La mort est un jeu qui se joue dans l'instant. »

Au jeu de la vitesse, Aliya était en cette seconde aussi forte que lui. Dans cet instant donné, offert, ils plongèrent chacun sous l'une des deux bêtes harnachées et indemnes, roulèrent vers l'avant, hallucinante partie de tourné-boulé dans la pente, entre les pattes des monstres, puis derrière eux. Bondirent sur leurs pieds après un ultime salto. Derrière les *siffales*. Devant le mur.

Mansour enregistra le bruit que fit leur énorme victime, en s'effondrant, la gorge transpercée par leurs cinq flèches. Ses mains pendant ce temps, et ses jambes, accomplissaient autre chose – escalader le mur comme une araignée. Son esprit était encore ailleurs : se retourner, décocher d'autres flèches, dans d'autres gorges, pour couvrir Aliya.

Ses yeux la virent franchir le *limes*, plonger.

Ses mains sentirent qu'il atteignait le sommet. Ses jambes poussèrent.

Alors, alors seulement, dans sa gorge serrée par l'angoisse, naquit encore autre chose – un rire. Un rire sans joie, seulement soulagé.

Aliya était sauvée.

Chapitre 15

Ils descendirent depuis leur petit bois jusqu'à LeWeslang, courant presque dans les hautes herbes, leurs sacs sur leur dos. Déjà à cette heure matinale, les barques à fond plat qui font l'aller et retour depuis l'estuaire jusqu'à Lexie remontaient le long des rives du fleuve. À leur vue, quelques hommes sautèrent de deux grandes embarcations dans les eaux saumâtres…

Quand Hugo et Charlie atteignirent les rives, ces marins les attendaient, inquiets et excités. Hugo et Charlie, qui auraient préféré la Métig de la clairière de Derrig Argan, s'étaient attendus dès le début qu'il s'agisse d'êtres humains – ni ceux de la Race, ni les Hybrides n'utilisent de bateaux. Ce qu'ils n'avaient en revanche pas anticipé, c'était la totale incompréhension qui régna – la première fois qu'ils étaient passés sur l'Alta, leurs avatars parlaient les différentes langues de ce monde.

Mais eux, débarqués corps et âmes, n'en comprenaient aucune.

*

Tant bien que mal, communiquant par gestes avec les nautiers, ils parvinrent à saisir qu'il y avait un débarcadère, en aval, vers l'Ouest ; juste au niveau où la marée remontante porte les bateaux venus de la mer, avant la grande vague du mascaret qu'ils ne peuvent franchir. C'est là que les commerçants d'Otilia débarquaient leurs richesses. Là que les caravanes venues d'Almeria ou de Fern venaient les acheter, tandis que les galères de Lexie s'arrêtaient, en amont du mascaret, et que leurs commerçants descendaient jusqu'au comptoir de la mer d'Hourya pour s'approvisionner.

Heureusement, ces derniers jours, ils s'étaient remémoré en détail la carte de l'Alta. À défaut de comprendre le reste autrement que par mimes, ils percutèrent sur les noms de lieux. Les nautiers leur expliquaient dix fois les mêmes choses, en riant, en criant de plus en plus fort, comme s'ils les croyaient sourds ; avec les mains, force signes. Progressivement, Hugo et Charlie reconnurent quelques mots, presque des phrases entières. Les hommes qui avaient débarqué sur l'Alta voici des siècles avaient parlé un « français » ancien, sans doute, puisqu'ils étaient arrivés depuis Oksan-kras. Mais ce « français » avait manifestement dérivé en une tout autre direction que le leur propre, s'était mâtiné, et sept siècles avaient suffi pour les rendre, l'un à l'autre, presque inintelligibles.

Les commerçants de la barque à fond plat voulaient manifestement les embarquer avec eux jusqu'à Lexie – peut-être pour exhiber là-bas leur étrange rencontre, peut-être pour demander l'avis des prêtres sur ces bipèdes venus d'un monde inconnu, parlant un idiome mystérieux, portant des vêtements aux couleurs, aux matières, aux coupes étranges. Quand ils comprirent que Charlie était une jeune femme, malgré ses cheveux courts et son pantalon de sport, ils éclatèrent de rire, se montrèrent ses formes sous le blouson de Goretex, dessinèrent dans l'air les courbes explicites d'une vénus hottentote.

Leur intérêt redoubla encore, comme une confirmation que leur trouvaille était unique.

La conversation reprit, mais entre deux échanges, Hugo et Charlie se précisaient la décision qui s'imposait : ils n'avaient aucune raison de perdre du temps à aller jusqu'à Lexie. Mieux valait rejoindre le débarcadère, et remonter directement vers le Nord, si possible vers Fern, par la route côtière. Puisque leur tâche consistait à retrouver Mansour, c'était la meilleure direction.

Mansour avait choisi de rester au milieu des Clans libres. Et les Clans vivaient loin, vers le Nord. À Fern, la Cité libre, on saurait leur indiquer la route des Clans libres – et ils n'avaient pas de raison d'éviter Fern : Hedda, la gouverneure de naguère, devait en avoir terminé de son mandat d'airain.

*

Au débarcadère, ils furent l'objet de la même curiosité.

Les rires et le désir de toucher Charlie, ses cheveux, son pantalon, le saphir fiché dans son nez, semblèrent d'autant plus puissants que, cette fois, il y avait des femmes dans le petit groupe qui rapidement les entoura.

Hugo vit le visage de son amie s'allonger. Entre deux « discussions » avec leurs interlocuteurs, il lui lança :

— Ne t'en fais pas... Ici, on est sur le territoire des Féodaux. Dans les Clans libres, on sait bien que ce sont les femmes qui portent la culotte, quand il s'agit de guerroyer.

Elle se rasséréna, songeant sans doute aux chevalières de Fern, aux Sloanes de la forêt, aux Cervières des Clans. Seul le Grand Ouest de l'Alta cantonnait les femmes à la robe et aux soins du foyer.

— Bon, qu'est-ce qu'on fait ? On prend cette caravane ?

— Pas le choix, miss... Ils remontent vers Almeria, puis vers Fern. J'aurais préféré éviter la ville du Féodal, du moins tant qu'on ne connaît pas les alliances nouvelles... Mais on ne peut pas prendre le risque de remonter seuls vers le Nord, sans carte et sans boussole.

— OK, mais pas question que je marche du côté des bonnes femmes... Et tu expliques aux gars qui mènent la caravane qu'ils arrêtent de me tripoter les cheveux en rigolant.

Elle avait dit cela d'une voix parfaitement calme, comme si elle parlait de la pluie et du beau temps, mais Hugo comprit qu'elle enrageait.

*

La caravane était composée d'une quarantaine d'hommes, près du double de femmes, de grappes d'enfants tourbillonnant, et d'une grosse vingtaine de montures, des animaux étranges entre le buffle et le chameau – le mufle et les cornes du premier, formidables en apparence, mais creuses, servant surtout à la flottabilité quand ils traversaient un cours d'eau dans un gué profond ; et la hauteur de jambes, le pas d'amble, les genoux cagneux, le même système de bosses graisseuses sur le dos que les seconds... Ces *nabars*, d'un brun sombre, semé de taches presque rouges, semblaient inépuisables, et leurs conducteurs tout autant.

Très vite, en échangeant des phrases où ils attrapaient quelques mots, les nouveaux venus comprirent que ces hommes, ces nabarites, menaient les bêtes, et faisaient sans cesse l'aller-retour d'Almeria jusqu'au débarcadère par la route côtière. La mer d'Hourya était peu praticable, il n'y avait pas de port pour aborder, plus au Nord... Et la côte était le meilleur moyen d'éviter les pluies diluviennes, fréquentes sur Alsander en toutes saisons.

Mais les commerçants ne formaient que le tiers de leur troupe, les autres étaient des habitants du Sud, en train d'émigrer vers le Nord – pour le dire simplement, des habitants d'Otilia qui fuyaient la férule d'Orbert pour se mettre sous la protection de Thierno. Pour eux, comme pour Charlie et Hugo, la route d'Almeria allait être une découverte. Pasteurs, vignerons ou petits commerçants, ils n'avaient jamais quitté le grand port du Sud, ou les terres qui l'entouraient. Ils étaient excités, et inquiets, de ce périple dont ils avaient accompli plus de la moitié en bateau, et qui serait l'aventure de leur vie.

Ce n'était pas l'appât du gain ou la fièvre de la nouveauté qui les poussait ainsi vers le Nord. C'était la guerre.

Hugo se lia d'une forme d'amitié, pendant les cinq jours de leur marche, avec un des émigrants de la caravane, Karmel, un homme de petite taille, mais d'une vigueur physique sèche, impressionnante, les nerfs et les muscles sur les os. Ils finirent par se comprendre un peu, par signes et avec quelques poignées de mots, vaille que vaille : c'était un cultivateur, naguère l'un des meilleurs vignerons d'Otilia, un métayer d'Orbert.

— Il dit que les Golithes du Féodal ont quitté la ville, voilà quelques semaines, en colonnes ardentes, et qu'ils ont tout incendié sur leur passage. Malheureusement pour lui, sa vigne était sur leur chemin... Craignant la colère de son maître, il a préféré s'embarquer avec toute sa famille...

— Mais normalement, Orbert n'aurait-il pas dû précisément le protéger ?

— Il dit que si, mais que la parole d'Orbert ne vaut rien, que seule sa cupidité et son avidité le guident. Et il dit qu'Orbert ne protège que ceux qui lui rapportent. Sans vignes, il ne pouvait plus compter sur l'épée et les troupes de son Féodal pour le protéger, quand les Golithes reviendraient assiéger leur ancien maître.

— Il sait pourquoi les chevaliers noirs ont quitté la ville ?

— Il dit qu'il l'ignore, mais que des rumeurs courent, et que les chevaliers du Sang-Noir ont également quitté Almeria, pour rejoindre les survivants des Golithes de Waltraud. L'armée des Légions ardentes serait en train de se reformer.

— Il n'aura donc pas davantage de protection au Nord...

— Si, il l'espère... Thierno enrôle pour ses cultures et ses armées, et tous les émigrés du Sud sont les bienvenus. Apparemment, le Féodal d'Almeria annonce qu'il va bâtir l'ost la plus nombreuse que l'Alta ait connue, il a aussi besoin de charpentiers, de maçons pour étendre ses murs... Karmel espère qu'il pourra servir sans combattre.

— Et pourquoi ne cherche-t-il pas plutôt à rejoindre Fern ?

Hugo éclata de rire.

— Je lui ai posé la question, miss, mais sa réponse ne va pas te plaire... Il m'a indiqué que là-bas, tous les hommes sont fous, parce que ce sont les femmes qui gouvernent et décident. Et que lui vivant, jamais sa femme ne gouvernera son foyer.

— Quel pithécanthrope ! Écoute, il faudrait que tu lui demandes, demain, s'il sait pourquoi les Golithes se regroupent, s'il y a un nouveau suzerain de Sang, et lequel...

— Je lui ai déjà demandé, tu imagines... Mais il n'a pas l'air franchement au courant des intrigues politiques de l'Alta... Il ignorait même l'histoire de la Confrérie... Quant à celui que servent les Golithes désormais, il ne sait qu'une chose : ce n'est ni le Féodal d'Otilia, ni celui d'Almeria.

*

Tous les soirs, ils avaient entre eux ce genre de dialogues, sorte de rapports sur les conversations qu'Hugo avait le jour, en marchant, avec Karmel ; et suggestions de Charlie, pour les interrogatoires du lendemain.

Il n'était en revanche pas possible, pour la jeune fille, de se mêler au jeu des questions-réponses. L'une des deux épouses de Karmel lui jetait depuis le début des regards courroucés, furibards même, dès qu'elle approchait du vigneron. Manifestement, les femmes avaient très vite décidé, entre elles, que cette jeune fille était une traînée, avec ses cheveux courts, ses pantalons, son absence de progéniture à dix-sept ans passés ; et surtout avec sa façon de se mêler aux hommes pendant la marche vers le Nord, au lieu de rester à sa place, parmi les épouses et les mères. De ce fait, tous les hommes migrants fuyaient sa compagnie, pour éviter les représailles de leurs compagnes.

Quant aux conducteurs des *nabars*, ils avaient à peu près la même opinion sur la mystérieuse jeune femme, sinon de semblables préventions ; c'est Charlie qui devait éviter cette fois leur voisinage, parce qu'ils ne manquaient pas de tenter leur chance avec cette fille étrange, ils se permettaient des gestes grossiers, voire entreprenants, ou jetaient entre eux des plaisanteries qu'elle ne comprenait pas, mais dont elle savait que sa vertu apparemment peu estimable était l'objet. Plusieurs fois, Hugo dut intervenir pour signifier que Charlie n'était pas une fille dont on pouvait se servir ; qu'il la protégeait. Les hommes lui renvoyaient alors des railleries, d'où il ressortait que puisqu'elle n'était pas grosse de lui, puisqu'il n'avait pas été capable à leur âge de la mettre enceinte, c'est qu'elle était à tout le monde.

Au bout de quatre jours de ce traitement, qui allait en se dégradant quotidiennement, la jeune fille et son « homme » avaient littéralement les nerfs à fleur de peau, et commençaient de penser que cela déraperait forcément avant l'arrivée. Il restait deux soirs, et deux journées de marche. Cela faisait déjà plusieurs nuits qu'ils ne dormaient qu'à tour de rôle, parce que Hugo s'était réveillé, une nuit, au moment où un des nabarites s'apprêtait à concrétiser ses intentions sur Charlie endormie. Il avait suffi à Hugo de gueuler comme un putois, cette fois-là. Mais il n'était pas sûr d'avoir le dessus, physiquement, surtout sans armes. Et il craignait particulièrement pour les dernières veillées, quand les caravaniers réaliseraient qu'il ne leur restait que peu d'occasions pour profiter de la mystérieuse étrangère dévergondée.

Il devenait urgent de quitter le groupe ; de toute façon, dès le départ, ils avaient décidé de le faire avant d'entrer dans Almeria, et puisque la route des caravanes était facile à suivre...

– OK, on se laisse glisser en queue de groupe, comme si on avait du mal à marcher. Et c'est toi qui commences à boiter, Charlie. Vas-y, maintenant, ma belle.

La jeune fille obtempéra sans un mot. En vérité, dans son état, elle n'avait pas grand mal à feindre l'épuisement. Le retour sur l'Alta était pour elle une suite de déconvenues, au milieu de cette caravane dont elle devenait à chaque heure un peu plus le souffre-douleur ; elle n'avait qu'une envie, quitter cette compagnie ; et elle était effectivement au bout du rouleau... Quatre jours qu'elle serrait les dents, sous les quolibets, de plus en plus seule. Elle se sentait carbonisée, physiquement. Elle avait commencé à tousser, une toux déchirante, dès le surlendemain de leur bain glacé, trop prolongé ; et maintenant, des fièvres la brûlaient certaines heures, une sueur de suaire lui coulait dans le dos l'instant d'après. Mais elle l'avait caché – parce qu'elle ne voulait surtout pas montrer des signes de faiblesse à ces brutes...

Elle avait été seule, le plus souvent.

Dès le premier soir, ils avaient décidé avec Hugo qu'il fallait qu'il s'occupe d'elle le moins possible : c'était aussi un signe de faiblesse aux yeux des nabarites – ils avaient beaucoup ri et imité en minaudant les manières d'Hugo, aux premières haltes, quand il s'asseyait près d'elle, lui parlait doucement en lui caressant les cheveux. Chez les caravaniers, la seule manière virile devait être le « marche ou crève », et avec les femmes, une considération de sangliers. Pour rester un « protecteur » crédible, donc redoutable, Hugo avait dû se montrer dur, lui parlant très peu, affichant une compassion distante...

Mais cette fois, quand elle eut été quelque peu distancée, Hugo s'arrêta, expliquant à Karmel qu'il allait l'attendre, parce qu'elle était au plus mal. Il feignit de signifier qu'elle devenait un boulet pour lui, qu'il allait lui falloir s'en débarrasser. Il parlait à voix très haute...

Les deux caravaniers les plus près de lui s'approchèrent, approuvèrent en plaisantant, et lui lancèrent leur énième allusion sur le fait qu'ils pouvaient en offrir à Hugo un bon prix. Dès ce soir. La répugnance au cœur, le garçon laissa entendre qu'il fallait en discuter à la veillée, puis commença d'entrer en marchandage. Pour l'instant, le prix qu'il demandait pour son amie était très élevé ; mais bon, on pouvait s'arranger, si c'était pour une nuit, laissait-il entendre. Exactement comme Charlie lui avait suggéré de le faire, hier :

– Si tu commences à parler de me vendre, ces porcs oublieront de se méfier de toi... Et cela évitera qu'ils essayent de te tuer pour m'avoir.

Elle avait raison. Les propositions d'Hugo parurent enthousiasmer les caravaniers... Leur sordide intérêt, la perspective d'obtenir pour eux, et dès ce soir, au vu et au su de tous, la jeune étrangère que tous les nabarites guignaient, éteignirent tout à fait la méfiance qu'aurait dû concevoir l'un des deux – le plus intéressé par Charlie, et la principale victime de leur comédie : Matmon, le propriétaire des *nabars*.

Au moment de s'arrêter pour attendre celle qu'il leur monnayait, Hugo tenait en bride l'une des bêtes de Matmon, qu'il menait d'une main désormais experte. Et ce matin, quand il l'avait bâtée, il s'était assuré que l'animal portait des ballots de vêtements à vendre sur les marchés, des provisions de bouche, et même, ressource qu'ils n'avaient osé espérer, quelques armes achetées aux forgerons du Sud.

Chapitre 16

Ils ne s'étaient partagé que de brefs encouragements, dans leur course sans trêve, depuis la palissade. Ils ne s'étaient pas dit un mot sur ce qui s'était produit, là, dans le campement : Mansour qui tuait l'esprit ailleurs, Aliya qui tuait trop lentement. L'absence de toute ivresse, entre eux...

Ils retrouvèrent Nadir et Nidhal moins d'une demi-heure après. Vivants, et sans blessures, sinon quelques estafilades, des écorchures de fléaux, de haches, des morsures de *siffales* – rien... Ce furent plutôt les cerviers qui les retrouvèrent, d'ailleurs ils avaient maraudé depuis leur expédition voilà deux nuits, le long du *limes* ; ils guettaient leurs maîtresses, ils les avaient suivis au flair.

Mansour enserra Nidhal par l'encolure, enfouit son visage dans la crinière, le flatta, lui murmura des paroles de fierté, de soulagement. Aliya faisait de même avec sa monture. Était-ce pour que leurs regards ne se croisent pas ? La joie qui aurait dû présider à ces retrouvailles, qui disaient que tout pouvait continuer, eût été un mensonge ; le Victorieux comme la Sublime savaient au contraire qu'une menace avait pris corps, dans l'affrontement sur la Marche. Non, désormais, plus rien ne serait comme avant.

Même Nidhal et Nadir durent le percevoir, qui rugirent nerveusement, se dégagèrent. Dans une sorte d'urgence empruntée, on repartit.

*

À cru, ils sentaient tous deux la fauve puissance, sous eux - celle qui leur avait manqué, sur la Marche. Ils lancèrent leurs lions à toute vitesse vers le Nord et Maroine. Mansour, en quelques bonds, se laissa distancer. Alors seulement, il reprit le monologue :

— J'ai eu peur de la perdre, Nidhal. Peur à en crever... Et j'aurais tué le monde entier, sans un mot, pour la sauver. Mais sans joie...

Le fauve ronronnait, en bondissant, la bave aux lèvres, soûlé de vitesse.

— Et elle, elle était comme hésitante, empêchée... A-t-elle eu peur de mourir ? Peur de renoncer à ce qui s'offre, au meilleur ? Ses gestes étaient lents, trop lents...

Le visage de Mansour, crispé sur le cou de son fauve, avait la dureté et l'impassibilité de la pierre. Seule la bouche continuait de ruminer.

— Je n'aurais pas dû avouer mon amour dans la nuit, Nidhal. Et elle n'aurait pas dû répondre. Maintenant que nous savons, il n'y aura plus de joie, plus d'ivresse, plus de défis, tu comprends... Simplement la terreur de pouvoir tout perdre.

Le galop leur évita de devoir en parler, jusqu'à Maroine ; puis, après le salut au tertre des Hybrides, ils ne firent pas de pause et continuèrent jusqu'à Madani, à la même allure.

On les vit arriver - les guetteurs de la falaise -, on les attendait. Ils le comprirent, de loin, eux aussi.

Au pied du mur rouge de Madani, au lieu de l'agitation habituelle du matin, avec ses premières activités pastorales, le va-et-vient de chacun, ils débouchèrent devant un comité d'accueil - les youyous des Cervières ; mais aussi, mais surtout les conseillers du Conseil des Sept Clans, réunis en arc de cercle, une vingtaine de silhouettes immobiles qui semblaient pourtant impatientes ; et encore la haute stature familière de Jeson, le Centaurien, à côté d'eux, puissant géant barbu, cheveux blancs, poitrine calligraphiée, bardé de cuir et de bronze, corps et pattes de cheval de guerre.

Ils distinguèrent les yeux tendus, les visages inquiets, les mines graves.

— Il s'est passé quelque chose, Aliya.

— Oui, quelque chose...

Sans en dire davantage, elle donna des talons, prit une courte avance. Il la vit, à cent coudées devant lui, sauter de son cervier, courir vers les conseillers. Il bifurqua, décrivit une large courbe sans quitter sa vitesse, dans la poussière de vent ; Nadir les rejoignit, tandis que sa cavalière entamait déjà la conversation avec les conseillers ; ils galopèrent ainsi, le lion derrière le lion et son Cervier, encore une minute, deux, avant de rejoindre les Hafidas près des enclos.

Leur place n'était pas parmi les sages et les chefs de leur peuple. Leur place était celle des simples guerriers, qui demandent le repos.

IV

Thierno
(L'âme des guerriers)

Chapitre 17

Dès que la caravane eut disparu derrière le monticule boisé qu'ils avaient repéré, les deux retardataires débâtèrent en hâte le *nabar*, enfilèrent chacun une des tuniques larges aux couleurs de terre sur leurs vêtements, une ceinture, bourrèrent leurs sacs de tissus et vêtements qu'ils pourraient peut-être monnayer, de provisions. Ils prirent chacun trois des étranges couteaux longs, d'une courbure presque arabisante, dans leur gaine de cuir.

Charlie aurait voulu brûler tout, et tuer la bête, pour que le marchand, l'acheteur de femmes, ne retrouve rien. Hugo la persuada en deux phrases de n'en rien faire.

— On balance tout, on disperse, et on file... Matmon voudra récupérer son bien, et cela lui fera perdre le temps dont il aurait besoin pour nous retrouver...

Il coinça sous le bât du *nabar* une branche d'épineux qu'il avait coupée. Ainsi, blessée au ventre, la bête de somme commença de ruer, puis entama un lourd galop sur la piste, en rebroussant chemin, vers le Sud.

— Il ne s'arrêtera pas de sitôt... Peut-être penseront-ils qu'on est repartis vers le débarcadère, ou peut-être voudront-ils le récupérer, plus que nous.

Charlie, les yeux brûlants, ne disait mot.

— Maintenant, tu te sens de courir, miss ? On reste sur la piste jusqu'aux premiers rochers, et on file plein Est pour contourner ce monticule, sans laisser de traces.

Ils coururent pendant près de deux heures, ne s'arrêtant que lorsque les quintes de toux de Charlie l'obligeaient à faire une pause, et à cracher, pliée en deux, parfois même à quatre pattes, pour reprendre son souffle. Normalement, c'était elle la sportive du duo, celle qui aurait dû mener la fuite, surtout dans ce réseau de collines escarpées. Ils le savaient.

Lors d'une halte, la toux fit l'effet d'un feulement de jeune fauve. Hugo dit :

— Tu es vraiment en train de choper une pneumonie, miss... Et on ne trouvera aucun toubib sur l'Alta. Il faut qu'on rentre.

— Comment veux-tu qu'on retourne d'où l'on vient ? On ne sait pas emprunter la rivière dans l'autre sens, et dès ce soir, on aura les vingt nabarites de Matmon à nos trousses... Il faut qu'on retrouve Mansour, Hugo. Parmi les Clans, quelqu'un nous ouvrira l'accès au chant des Elfes. Ils guérissent tout...

Elle avait dit cela avec une conviction quasi mystique. Le jeune homme tressaillit : il avait presque oublié la fascination qu'avaient exercée sur elle les Céridwens, lors de leurs précédents séjours. Mais ce n'était pas l'heure d'y réfléchir. Fuir, juste fuir. Ils couraient déjà, de nouveau.

*

Mansour maniait le couteau à graver lorsqu'elle le rejoignit. Il écrivait sur le corps de Nadir, après celui de Nidhal : ils avaient traversé la route du *kraast* au milieu des Golithes, ils étaient montés jusqu'à Burak et en étaient revenus, semant l'effroi parmi les *siffales*, broyant le *kraast* sous leurs crocs – qu'on l'entende !

— Et toi, écriras-tu ce que tu as accompli, ce matin ?

Aliya, plantée face à lui, les jambes écartées dans la poussière, bras croisés, le dévisageait sans pudeur. Avec une sorte d'insolence provocatrice. Il vérifia autour de lui : ils étaient seuls. Les autres Hafidas chantaient et buvaient autour du feu, hors de portée de voix.

— Écriras-tu qu'un seul guerrier a tué cinq chevaliers noirs en moins d'une minute, presque à mains nues ? Et qu'il l'a fait pour celle qu'il aime, mais sans joie ; et en doutant d'elle, et de sa force, au point de lui retirer ses propres proies ?

— Et toi, mon amie, ma sœur, que pourrais-tu écrire ? Que sans cesse, tu me regardais, pendant mon assaut, au lieu de regarder ton adversaire. Que tu craignais pour moi, pour toi aussi peut-être, et que pour la première fois, la peur a ralenti le bras d'Aliya la Sublime ?

Un silence. Il avait répondu sans aucune acrimonie, sans reproches, avec dans son constat davantage de détresse qu'elle n'en avait mis dans le sien. Elle ne parut pas surprise. Elle avait compris, elle aussi. Dialoguait-elle avec Nadir ?

— Non, je ne l'écrirai pas... Car nul ne doit le savoir, c'est la loi : une Cervière ne peut continuer de combattre, et aimer. Elle aurait trop à perdre... Cette loi, elle ne doit jamais la transgresser, de peur de mettre toutes ses sœurs en danger.

— Nous en sommes là, pourtant, n'est-ce pas ?

Il y eut, dans les yeux d'Aliya, une nuance incertaine, apeurée ; puis un reproche. Oui, ils en étaient là. Et elle lui en voulait. D'avoir dit son amour, sans doute, l'autre nuit. De lui avoir presque forcé la main, pour qu'elle lui réponde. De dresser froidement, surtout, le constat de leur impasse... Certainement, elle lui faisait le reproche de tout cela, mais sa bouche dit autre chose :

— Non, nous n'en sommes plus là, Mansour al-Masri.

Il sursauta, qu'elle l'appelle ainsi par son nom complet était tellement inhabituel...

— Nous n'en sommes plus là, car mes Cervières ont plus que jamais besoin de leur Capitaine. Et quant à toi, tu ne pourras plus, désormais, galoper avec nous. Tu en as fini avec la guerre, mon frère, pour quelque temps...

Il la regarda, interdit. Elle voulait le chasser, le bannir ? Pour pouvoir continuer de combattre ?

— Comprends-moi, petit frère. Je ne t'exile pas, et je préférerais renoncer à la guerre moi-même que de t'en priver, en d'autres circonstances... Tu es celui que j'aime, et ce matin, tu m'as surpassée. Je devrais m'effacer, t'attendre dans les Clans, puisque ma peur pour toi paralyse mon bras... Mais Fern te réclame, et Fern veut entrer en guerre contre nous, si nous ne te livrons pas... Les conseillers hésitent. Quant à moi, j'ai dit que je te protégerais, de Fern et de toi-même... Contre ton gré, s'il le faut.

*

Voilà ce qui se passait, et quelles nouvelles apportait Jeson. Les espions de Fern avaient appris, eux aussi (Dieu sait comment), que les Golithes avaient pactisé avec leurs morts. Et mieux que les Clans, encore, ils avaient compris : celui que recherchaient les chevaliers noirs, c'était Mansour, Mansour al-Masri, le deuxième des Quatre. Matthias d'outre-tombe voulait son sang, son âme. Et puisque le nouveau Suzerain de Sang était un spectre, il voulait Mansour mort, et sans qu'une goutte de son sang soit versée – pour que l'ectoplasme du Victorieux soit emmené à son tour dans la Forêt des Âmes, où Matthias le Fantôme boirait au sang impalpable de Mansour le Trépassé.

C'était contre nature, effrayant, infernal ; comme une magie noire. Mais c'étaient les ordres qui circulaient parmi les capitaines golithes :

« Emparez-vous de lui, amenez-le vivant, ou étranglez-le, mais qu'aucune goutte de son sang ne soit versée... Car son sang est pour moi. »

Alors, Hedda avait ordonné, et ceux de Fern avaient transmis ses injonctions à Jeson, pour qu'il les apporte devant le Conseil des sept Clans : qu'on livre Mansour à Fern ; que là, il soit exécuté, et que son sang soit répandu sur toute la plaine, que la terre le boive. Car ainsi, quand son âme rejoindrait les âmes errantes, elle ne serait plus une menace pour l'Alta.

— Hedda a raison... C'est un moyen simple et sûr d'éliminer la menace, Aliya.

— C'est de ta vie, de ton sang que je parle, petit frère.

— Oui. Et peut-être devrais-je accepter qu'il soit versé, pour que la guerre ne reprenne pas sur l'Alta, de tous contre tous.

— Il est trop tard pour cela. Fern nous menace d'ultimatum, et les Clans ne peuvent l'accepter. Fern ordonne, nous ne saurions obéir... Et le Capitaine de guerre des Clans refuse qu'on obtienne la paix, au prix du sacrifice de l'un des siens. Je ne veux pas qu'un seul meure pour tout le peuple.

Mansour ne répondit pas, mais pour la première fois, il douta de son Capitaine. À cette minute, il ne savait plus ce qui gouvernait l'esprit d'Aliya : était-ce la noblesse de son âme, l'amour de son cœur, la fierté de son bras ?

Oui, les lois avaient raison : quand l'amour se mêle de la guerre, même les plus grands guerriers ne peuvent plus la mener, sans troubles.

— Tu te tais, petit frère ?

— Oui... Je ne sais si je dois me rendre à ce rendez-vous, le dernier pour moi... Retrouver celui que j'ai étranglé à Elfrea, le retrouver dans la Forêt des Âmes, au milieu des spectres. Et solder tous les comptes, une dernière fois.

— Tu veux... mourir ?

— Nous mourrons tous, Aliya. À notre heure. Et je ne veux pas que la mienne soit une menace pour l'Alta. J'ai sauvé ce monde du Sang-Noir, il ne doit pas y replonger...

Il avait bombé le torse, presque inconsciemment ; sur sa poitrine, les calligraphies racontaient Elfrea, et comment il avait éteint la malédiction de Wulfran.

— Et puis tu as promis, j'ai promis... Je suis venu ici en prisonnier consentant, jurant de me livrer si je devenais une menace pour l'Alta.

— Que sont ces promesses passées, devant ce que tu es devenu ? Ton sang ne sera pas répandu sur la plaine, Mansour al-Masri. Les Clans te cacheront, au prix de la guerre s'il le faut... Nous t'emmènerons loin de tous, hors de portée des Golithes, des tueurs de Fern, ou de quiconque. Et sans ton sang, le Pouvoir du Spectre restera un rêve, une illusion.

— Es-tu sûre que c'est la juste décision, Aliya ? En es-tu sûre ? Ou écoutes-tu ton cœur, ton amour, qui trouble l'esprit du chef ?

— Tais-toi, maintenant ! J'ai dit ! Et je suis ton Capitaine, Hafida !

Aliya détourna les yeux.

Chapitre 18

Quand le jour se leva, sans s'arrêter, Charlie et Hugo bifurquèrent, guidés par le soleil vers le Nord-Est. Après une heure de marche rapide (ils avaient le souffle trop court pour continuer de courir, et espéraient avoir mis plusieurs lieues entre eux et Matmon), ils s'aperçurent que les collines qui moutonnaient, au Nord du massif dont ils avaient profité pour se cacher, étaient plus basses que celles où ils s'étaient réfugiés : cette altitude déclinante leur ouvrait la vue vers un panorama de plaines, de nouveau. Et vers Almeria.

Ils continuèrent, entre marche et course, vers le mamelon suivant, le dernier à sembler réellement escarpé. De là, ils embrassèrent l'ensemble du paysage.

Almeria, la ville de Thierno, était une ville immense, qui évoquait irrésistiblement un château de sable, comme en édifient les enfants sur la plage, quand ils s'aperçoivent sans cesse, au fil de la journée, qu'ils ont davantage d'espace à occuper dans leurs architectures... Même couleur jaunâtre des murailles. Même façon, plutôt que de s'élever en hauteur, d'avoir étendu son emprise, multiplié ses enceintes. Ils en comptèrent au moins six, concentriques, entre lesquelles l'espace de plus en plus large des terres comptait des champs, des rivières, et même pour les dernières des forêts ; et dans chacune, ce qui ressemblait à des hameaux, mais aussi, çà et là, des donjons, des redoutes, des camps militaires.

Et partout encore, des routes, comme une toile d'araignée partant du centre vers chacun des points les plus éloignés de l'ultime muraille. Oui, c'était la deuxième comparaison qui s'imposait : celle d'une toile d'araignée.

Sans doute cette curieuse et presque aberrante architecture correspondait-elle à une croissance harmonieuse de la ville, dont les murs avaient englobé progressivement tous les hameaux environnants, tissant de nouvelles enceintes comme l'épeire sa toile. À moins qu'il ne s'agisse d'une tactique de défense : ceux qui voudraient investir la ville devaient franchir tant d'enceintes, et encercler un territoire si vaste, qu'il était pratiquement impossible de l'assiéger entièrement, lui laissant toujours la possibilité de s'approvisionner. Tandis que la cavalerie de Thierno, venue de l'intérieur, pourrait toujours concentrer la défense sur le point attaqué, *via* son réseau de pistes.

Hugo, perdu dans sa contemplation, siffla :

— Je comprends mieux ce que me disait Karmel... La réputation de Thierno est d'offrir la protection égale à tous ceux qui se placent sous son joug, et de leur garantir la sécurité... Regarde : son propre donjon n'est pas plus haut que ceux qui s'élèvent contre presque chacune des enceintes...

— N'empêche qu'il s'enrichit sur le dos de tous ses laboureurs, et qu'il avait des colonnes golithes à sa solde, ton nouveau héros... Et tu remarqueras que le centre de la toile, c'est son château. Vachement modeste !.

— Ne t'emballe pas, Charlie... Je ne suis pas en train d'envisager de me mettre sous la protection d'un Féodal. Mais je constate que certains sont moins stupides, dans leur art de gouverner. Sans compter qu'il refuse l'esclavage, lui. Tiens, regarde, là-bas...

Hugo montrait une grande route sableuse, loin d'eux vers l'Ouest désormais, mais située comme eux au Sud de la ville : ils avaient laissé presque tout le massif de collines entre eux et elle.

— La route des caravanes... S'ils ont continué sans nous donner la chasse, Karmel et les siens doivent être arrivés à bon port. Et manifestement, mon vigneron n'est pas le seul à chercher la protection du Féodal.

Effectivement, on voyait sur cette piste des centaines, peut-être des milliers de silhouettes, qui toutes convergeaient vers les murs d'Almeria, à l'exception de deux ou trois cortèges, sans doute des caravaniers comme leurs nabarites. Charlie toussa, de nouveau, douloureusement, puis dit :

— Moi, ce qui m'ennuie surtout, c'est que je ne vois pas de piste semblable vers le Nord-Est. Et j'imagine qu'il ne va pas être extrêmement simple de passer à côté d'Almeria.

— Oui... Ils se préparent manifestement à la guerre, mais contre qui ? Les Golithes ? Ou nos anciens amis ?

*

La guerre ? Toute la plaine, du côté des dernières murailles de l'Est, était l'objet de mouvements impressionnants, préparatoires. Des colonnes de fantassins, de cavaliers, des machines de combat y évoluaient. D'autres cavaliers, au-delà même des murailles, partaient et revenaient régulièrement depuis le Grand Est, tandis que plusieurs incendies fumaient, dans les quelques bosquets qui parsemaient le bocage et les champs en dehors des murailles. Des ouvriers travaillaient sur les ponts, la plupart des pâtures avaient brûlé, noires de suie, désormais.

— J'imagine qu'ils font place nette, ils dégagent un glacis, pour permettre à leurs machines de creuser des ravages dans les rangs ennemis... Et si tu regardes bien, tu verras qu'à l'intérieur des murs, tous les champs de l'Est ont déjà été moissonnés, et qu'on n'y voit plus de bétail... Ils s'attendent à une attaque, sans doute imminente, venue du Levant. Leurs patrouilles de cavaliers doivent régulièrement aller y voir, pour prévenir toute surprise...

— Et nous, on va précisément devoir passer entre elles pour aller plus au Nord, vers Fern.

— Tu viens de fixer le programme. Et je crois qu'on ferait mieux d'attendre la nuit. C'est la pause, miss... Tu vas essayer de dormir.

Ils se cachèrent dans des buissons, espérant qu'aucune des patrouilles de Thierno n'aurait l'idée de galoper jusqu'en haut de ce promontoire. Hugo faisait le guet, Charlie s'allongea sous un *keziah*, son ballot de tissus volés en guise d'oreiller et de couvertures.

Deux ou trois fois, en entendant les quintes de toux âcres la secouer dans son sommeil épuisé, Hugo songea que son rêve de vie sauvage, dans le petit bois, le premier jour de leur arrivée sur l'Alta, était sans doute une intuition à laquelle ils auraient dû s'accrocher : elle était belle ce matin-là, rayonnante de santé, encore ; ils n'étaient plus des meurtriers en fuite, alors, et pas encore des fuyards, voleurs de caravaniers, condamnés à passer clandestinement entre les patrouilles de Thierno dans un monde en guerre. Dans le petit bois, sans doute auraient-ils pu se reposer, goûter chaque journée neuve, compter sur l'été naissant pour guérir la toux de Charlie. C'était il y a six jours. Pas sûr qu'en choisissant de partir aussitôt, au lieu de profiter de leur nid, ils aient fait le bon choix. Six jours pour tout gâcher : l'image de Charlie, ce matin-là, revenait sans cesse – pourquoi ne l'avait-il pas prise dans ses bras, ne l'avait-il pas rejointe dans leur couche, comme elle l'espérait ? Cela, au moins, leur aurait fait un beau souvenir, aujourd'hui.

Quand le soleil de la journée eut presque accompli sa boucle, deux heures plus tard, il abandonna la dormeuse, revint jusqu'au sommet de la colline pour repérer le chemin nocturne qu'ils allaient prendre. Il repéra une rivière qu'ils pourraient suivre pendant les premiers kilomètres, qui filait droit vers le Nord à travers le glacis calciné. Puis, il faudrait bifurquer en diagonale, vers le Nord-Est, quand ils croiseraient la route et le pont qui la franchissait. Jusqu'aux deux grands bosquets d'arbres qu'on apercevait, loin, là-bas ; sans doute une forêt d'élevage. Avec un peu de chance, ils pouvaient parcourir toute la course en trois heures. Et à condition de ne pas rater ces quelques arbres, à condition aussi que les soldats de Thierno ne décident pas de les incendier demain, ils s'y planqueraient toute la journée, puis repartiraient à la nuit tombante, toujours vers le Nord-Est... En courant autant qu'ils le pourraient, ils auraient traversé en deux jours l'immense *no man's land* que dégageaient les armées du Féodal.

Mais Charlie en aurait-elle la force ? Ne valait-il pas mieux attendre encore une nuit et un jour, la laisser dormir, rassembler le peu d'énergie qui lui restait ?

Une brindille se rompit avec un bruit sec derrière lui. Il se retourna, le coutelas sorti de sa gaine, déjà.

Charlie était à deux mètres :

— Ne t'en fais pas, ce n'est pas Matmon, c'est juste ta protégée... Sur qui tu as oublié de veiller pendant quelques instants, et qui s'inquiétait.

— Fais ta maligne, miss... Si ton fameux protecteur n'avait pas veillé sur toi, tu serais en ce moment entre les pattes de Matmon, ou pire.

Elle grimaça, mais continua sur le même ton ironique :

— Bon, mon champion continue d'admirer le paysage, ou on y va ?

— La nuit tombe, on y va.

Pas de question à se poser. Elle paraissait presque en forme, en cet instant, et chaque jour d'attente augmentait les risques.

Chapitre 19

Les deux premières heures se déroulèrent presque sans encombre, si sans encombre signifie avancer courbé en deux sur un territoire hostile, se jeter dans la cendre dès qu'on entend un bruit de galop, manquer deux fois se faire piétiner par les cavaliers qui recherchent des intrus en ignorant qu'ils sont juste là, sous leurs sabots. Les patrouilles de cavalerie étaient encore plus nombreuses, de nuit. Une mauvaise donne, des mauvaises cartes, encore ; mais ils n'en avaient pas d'autres.

Ils finirent par courir dans le lit encaissé du ruisseau, presque à sec, ce qui leur permettait de se tenir debout et de limiter les risques d'être hachés menu par les sabots des hommes de Thierno (et ils avaient constaté que le caparaçon des chevaux de guerre du Féodal comprenait, aux jarrets, deux longues lames d'acier trempé, ce qui enflammait leur imagination en matière de hachis...). La lune était montée, ils voyaient maintenant le maigre ru serpenter entre les pierres, les cailloux... Cela limitait les risques de faire du bruit. Quand une patrouille s'annonçait, ils plongeaient dans la boue

Enfin, aux deux tiers de la nuit, alors que Charlie venait de s'arrêter une nouvelle fois, la main sur la bouche pour étouffer sa toux, ils aperçurent le pont de pierres blanches ; ils ne l'aperçurent hélas que trop bien – et de trop loin, éclairé qu'il était par les torches de deux hommes qui venaient d'y prendre leur tour de garde, comme des vigilants.

— Et merde, ça, c'était pas prévu ! Bon, il faut qu'on s'en approche le plus possible, pour prendre ensuite la bonne diagonale... Sinon, on risque de rater les deux bosquets, et de se retrouver à découvert dans une heure, quand le jour va se lever.

– À tes ordres, mon Féodal.

Charlie semblait puiser dans ce ton moqueur l'énergie qui lui avait fait défaut au cours des jours précédents. Comme si tout ça était finalement un jeu, à peine mortel. Même Hugo s'en sentait rassuré, intimement. Alors, va pour l'ironie...

Ils avancèrent encore quelques minutes dans le ruisseau, vers les torches, puis, de peur qu'un galet ne finisse par rouler sous leurs pieds, ils quittèrent le lit pour la rive Est, et rampèrent dans la poussière et la cendre encore chaude des incendies de terre brûlée pratiqués par Thierno. Centimètre par centimètre. En espérant que les hommes du pont allaient relâcher leur attention.

Mais les gardes n'avaient pas l'intention de dormir. Hugo regardait sa montre toutes les minutes : ils perdaient du temps, trop de temps.

– Tant pis, on se lève, miss. On court dans la nuit. Et on prie pour retomber sur la bonne piste.

Pendant les trois quarts d'heure suivants, la course parut plus hallucinante encore à Hugo, de quêter à tâtons sur ce terrain inconnu les repères qu'il avait voulu mémoriser depuis le sommet. Charlie le suivait dans ses zigzags permanents, à la recherche de la bonne trajectoire. Heureusement, de ce côté-ci de la rivière asséchée, les patrouilles de cavaliers armés semblaient infiniment moins nombreuses.

Mais l'aube se leva quelques poignées de minutes trop tôt ; et ils s'aperçurent, à ses toutes premières lueurs, alors que l'encre de Chine du ciel virait au violet, qu'ils avaient dérivé bien trop à l'Est : le bouquet d'arbres qui devait leur servir de refuge pendant une journée était visible, mais loin, infiniment loin, à deux ou trois kilomètres peut-être. Ils allaient devoir foncer dans cette direction, qui était aussi celle d'Almeria, sur un terrain parfaitement nu.

– Espérons qu'ils auront le soleil levant dans la figure...

– Et qu'ils ont oublié leurs lunettes de soleil.

— Ouaip...

Ils se mirent à courir comme des dératés, entendirent presque à mi-chemin un cri, puis deux autres : les sentinelles du pont les avaient repérés et hurlaient, à la garde.

— Le temps qu'une patrouille sorte des murs et vienne jusqu'à nous, on aura peut-être le temps de se planquer.

— Cours, ne m'attends pas...

Charlie avait hoqueté derrière lui, un peu trop loin ; il se retourna pour voir si elle suivait. Mais alors, il comprit que le cri des gardes ne s'adressait pas aux défenseurs de la ville : une troupe qui avait dû s'engager assez loin durant la nuit, dans les reconnaissances, revenait vers eux à bride abattue depuis l'Est. Une patrouille de chevaliers aux casques clos, précédés par un cavalier dont l'armure était entièrement noire de *kraast*, et dont la monture était une bête énorme ; aux flancs étrangement gras, comme un tonneau ; mais au long cou de serpent, et au mufle d'une cruauté sans rapport avec l'hippopotame qu'elle évoquait vaguement.

— Un *siffale*... Cours, Charlie...

La jeune fille commit au contraire l'erreur de se retourner, à son tour. Elle buta sur une pierre. De toute façon, sans cette chute, à l'allure qu'avaient les cavaliers, ils auraient été sur eux l'instant d'après. Mais là, Hugo n'eut même pas le temps de la rejoindre avant le *siffale*. Tandis qu'il courait vers elle en dégainant son couteau recourbé, il vit le groin de la bête plonger une première fois. Charlie roula comme un chat. Il vit distinctement, dans un ralenti de cauchemar, le cou de l'animal se redresser, comme un naja va se détendre encore. Les babines noires se dégagèrent sur des gencives sanglantes, la rangée des dents carnivores d'un ivoire étincelant dans la bave brilla, le cou plongea.

— Charliiiie !

C'est alors que le miracle se produisit. En roulant, puis en se retrouvant par terre, sous le monstre, les mains de la jeune fille cherchaient une pierre, une arme, quelque chose. La dextre tomba sur son appareil numérique, qui venait de glisser de sa poche.

Au moment où le mufle du *siffale* allait mordre ce ventre chaud, Charlie dégaina presque en réflexe, appuya sur le déclencheur - dans la lueur incertaine de l'aube, l'appareil lança sa série de trois flashes éblouissants. Et le monstre, surpris, rompit son attaque, se cabra en poussant ce sifflement de serpent froid - les deux pattes avant levées très haut, tandis que son cavalier, éjecté du caparaçon, chutait lourdement à terre.

Ces quelques secondes providentielles suffirent.

Hugo était à hauteur, maintenant, et le ventre découvert du *siffale* cabré offrait le seul point faible dans son armure de *kraast*. Il plongea son coutelas, sans réfléchir, jusqu'à la garde et même au-delà, dans cet estomac. L'arme effilée puis sa propre main entrèrent dans les chairs brûlantes. Il remonta, attrapant son poignet droit avec le gauche pour se donner de la vigueur, et fendit le ventre sur près d'un mètre de long, tandis que le *siffale* cabré lançait un second sifflement plus horrible.

La peau s'ouvrit, des entrailles se déversèrent.

Inondé du sang d'un noir brillant, il sortit enfin son arme du ventre - le prédateur, mort sur le coup, retombait... sur lui ! Il n'eut que le temps de rouler dans la cendre du sol.

*

— Hugo !

Il ferma un instant les yeux, après avoir vu que Charlie bougeait, se relevait sur un genou. Brutalement épuisé, vidé. Des hurlements, des vociférations, des hennissements autour d'eux. Il rouvrit les yeux. Les autres cavaliers avaient sauté à terre et les entouraient, les fléaux d'armes tournoyaient, les haches caressaient le sol avant de mordre.

Il y eut un cri dans une langue hideuse, germanique, derrière le rideau d'armures. Un des chevaliers, qui allait tête nue (mais aurait dû porter un heaume, vu sa face immonde et l'état de ses dents), s'adressa à eux dans un parler saxon qu'ils ne comprirent pas, peut-être parce qu'il crachait ses mots comme un aboiement.

Les autres s'écartèrent en s'inclinant respectueusement.

Le Chevalier noir de *kraast*, celui que son *siffale* avait désarçonné, s'avançait vers eux. Son armure n'était pas entièrement noire, elle portait des parements d'argent.

— C'est... C'est un Golithe...

— Non, miss... À ce que j'ai compris de leurs cris, on a encore tiré le gros lot, version pactole local... C'est Thierno, le Féodal lui-même, que tu as mis par terre.

Hugo était encore les fesses dans la cendre, et Charlie à genoux ; ils jugèrent opportun de se relever. Les armes tintèrent. Ils levèrent haut les mains, pour montrer qu'ils étaient à la merci de l'escorte, et n'avaient nulle intention d'attaquer le Féodal. Ils inclinèrent la tête.

*

L'homme, qui mesurait près de deux mètres de haut, et portait une armure qu'aucun type normal n'aurait dû pouvoir déplacer, souleva la très large visière de son bassinet. Ils aperçurent son visage, dans lequel Hugo reconnut trait pour trait celui de son cadet, Rolf – un peu de cruauté en moins, une indiscutable intelligence en plus. Sinon de la noblesse.

Charlie dit de sa voix égale, celle qu'elle utilisait pour avoir l'air de rien en cas d'immense tension :

— J'ai une idée, je crois... Tu me laisses la tenter, tu ne dis rien, surtout.

— Ça tombe bien, moi je n'en ai pas, répondit-il, en espérant que sa voix ne tremblait pas.

— *Domine, audi quod Virgo dicere debet*[1]..., l'entendit-il dire à voix haute.

Et comme il avait laissé tomber le latin à son entrée en seconde, il ne comprit pas un traître mot de l'échange qui suivit, et qui dura presque dix minutes, en phrases brèves,

1. « Seigneur, écoute ce que doit dire la Vierge » (latin classique)...

puis de plus en plus longues... Parfois répétées, épelées presque. Mais du moins, en latin, le Seigneur d'Almeria et la jeune fille de Paris se comprenaient-ils apparemment.

*

À la fin, Charlie dit, cette fois en français :

– OK, ça a l'air de marcher... Hugo, tu vas lentement, très lentement, ramasser mon numérique, tu allumes l'écran pour qu'il voie la dernière photo que j'ai prise, et tu le lui apportes... Très lentement. Et surtout, sans appuyer de nouveau sur le déclencheur.

– Qu'est-ce que tu... ?

– Fais ce que je te dis, bon sang. Tu es censé être mon serviteur dévoué, là.

– OK.

Il s'exécuta, la main bien à plat, présenta l'appareil côté écran au Seigneur d'Almeria, en mettant un genou à terre et en courbant la tête. Les yeux rivés au sol, il ne pouvait voir sa réaction. Un long temps de silence, presque interminable. Puis il entendit son rire :

– Hiw hiw hiw...

Cet incroyable rire de fille hystérique qui, déjà une fois, l'avait surpris quand il l'avait entendu sortir de la gorge de Rolf. Rolf, le cadet, à qui il avait tranché les tendons, autrefois. Cette fois, de nouveau, il était aux pieds de l'ennemi, l'ennemi était vulnérable, et il allait...

Charlie dut lire dans ses pensées. Elle dit de sa voix-qui-n'avait-l'air-de-rien :

– Tu ne tentes rien, tu n'y penses même pas... Ici, il est immortel. Et je suis en train d'échanger les images de mon numérique contre une escorte pour Fern.

Il répondit, sur le même ton, le genou toujours en terre :

– Pourquoi il ferait ça ?

– Je t'expliquerai.

Le dialogue en latin reprit. Longtemps encore, longtemps... À un moment, il sentit que Charlie s'approchait, prenait le numérique, et il vit qu'elle s'éloignait un peu avec le Féodal.

— Ne bouge pas, reste ainsi.

Hugo commençait sérieusement d'avoir des crampes, dans son attitude servile. Et il regrettait d'avoir séché sur les versions latines.

Chapitre 20

L'ambassade était prête. Il y avait Jeson, le Centaurien, le garant de la promesse ; il y avait trois conseillers, les plus chenus parmi ceux du Conseil des Sept Clans. Il y avait Aliya, surtout, Aliya et toutes ses Hafidas, pour que Fern sache ce que Fern risquerait, si elle lançait la guerre.

Toutes les Hafidas ? Non. Il en manquait « un ».

Mansour marchait depuis le matin, autour des enclos, cherchant des traces sur le sol. Hier encore, il lui suffisait de songer au combat, pour que Nidhal apparaisse – bondissant, impatient. Mais dans l'aube, le lion-cervier demeurait invisible, malgré ses appels, ses cris.

L'ambassade était prête à partir, or Aliya sauta de Nadir, et courut vers lui, sous le regard réprobateur des conseillers, de quelques-unes de ses guerrières.

Désormais, les relations de la Capitaine et de son lieutenant étaient un problème ; un sujet de reproche, de rancœur. Les langues s'étaient dénouées, dans tous les campements. Les médisances, les ragots avaient circulé d'une grotte à l'autre sur la falaise rouge, les doutes s'étaient exprimés à mi-voix, à demi-mot, entre les conseillers, dans chaque Clan à la veillée : se pouvait-il que, pour une fois, la Sublime les entraîne dans la guerre par erreur ? Ou pire, par amour, le sentiment le plus égoïste qui soit, s'il en vient à préférer la mort de tous à la mort d'un seul ?

Aliya le savait. Elle entendait la rumeur autour d'elle. Même ses Cervières murmuraient que peut-être, peut-être Aliya avait violé leur loi. Et seul, Jeson avait osé tonner

– prendre sa défense à voix très haute, devant leurs feux de camp :

— J'ignore si Aliya aime, mais qu'elle aime ou pas, c'est notre fierté qu'elle défend. Si nous livrons l'un des nôtres, et parmi nos héros l'un des plus grands, quel goût aura ensuite notre tranquillité ? Et combien de temps croyez-vous qu'elle durera ?

Aliya n'avait pas répondu aux reproches qui enflaient, s'en souciant comme d'une guigne. Lorsqu'elle sauta à terre et vint vers Mansour, alors que l'ambassade s'apprêtait pour le départ, tous les regardaient, et elle le savait.

*

Mansour ne voyait qu'elle.

Il sentait dans son dos des centaines de paires d'yeux qui ne les quittaient pas, mais il n'en avait cure. Il savait qu'ils étaient au centre de tous les doutes, qu'il était le motif du scandale et de la défiance ; il savait qu'Aliya avait perdu, avec lui, à cause de lui, le crédit de certains, la loyauté de ses Cervières, peut-être même son capitanat, d'ici peu. Si la guerre contre Fern se révélait une folie. Mais en cette minute, cela ne comptait plus.

Il entendait les paroles d'Aliya s'incruster dans son esprit, comme une gravure dans la pierre. Il lui semblait voir danser les mots qu'elle prononçait, devant ses yeux. Pires que la mort. Il s'entendait lui répondre, prononcer des phrases terribles.

— Nidhal n'est plus, il a rejoint les cerviers qui ne rugissent plus pour les Clans, loin, très loin, dans les montagnes du Nord. N'essaie même pas de le retrouver, Mansour, tu perdrais ton temps. Et maintenant, pars à ton tour, pars vers le Nord, quitte les Landes franches où Fern et ses sicaires pourraient te retrouver. Pars seul, sans yeux et sans oreilles pour savoir. Rejoins les cavernes de Gascalon, aux frontières des Royaumes nains, ou pars vers Sarpanter, et attends, dans le silence, que nos guerres soient finies.

— Elles ne le seront jamais, Aliya, tu le sais. Les spectres ne meurent pas, Matthias m'attendra.

— Mais les Golithes meurent, eux. Avec ou sans Fern, nous les taillerons en pièces. Et alors, alors quand j'en aurai fini, je saurai te retrouver. Dans quelques mois.

— Je ne t'attendrai pas, Aliya. Tu me prives de l'ivresse, tu me prives de la guerre. Tu livres nos Clans à la violence, à cause de moi, et tu prétends que je ne devrais pas y tenir ma place ?

— Tu n'en as plus. Sans son cervier, la Hafida n'est plus rien.

— Alors, je ne suis plus Cervière, et ne te dois plus rien. Mais je reste celui que j'étais avant de te connaître, Aliya. Je suis Mansour, Mansour le Victorieux.

— C'est comme tu voudras, mon ami, mon petit frère. Tu ne m'attendras pas... Même si je tente de te sauver, malgré toi.

— Quel amour priverait l'aimé de son ivresse ? Tu ne m'aimes pas, Aliya. Et moi, je ne t'aime plus.

Le voile de tristesse, infini, qu'il vit passer sur le visage de la Sublime ne l'arrêta pas. Il fit le geste qui est celui des inféodés, des récalcitrants, des affranchis. Il gifla son chef, le suzerain qu'il quittait. Une gifle brève, symbolique, un soufflet, qui ne blessait pas le corps ; mais qui détruisait en un claquement leurs deux âmes.

Il entendit, derrière lui, tout Madani qui sursautait, sous la surprise et l'affront. Alors, il se retourna vers les Clans, tournant le dos à celle qu'il avait passionnément chérie, et cria :

— Que tous les Clans m'entendent... Cette guerre, je ne veux pas que vous la meniez en mon nom. Je ne suis plus rien pour Aliya, pour Nidhal, ni pour quiconque. Et quiconque d'entre vous me livrera à Fern pour faire cesser la guerre ne vous trahira pas. Je me retire de votre protection, je me refuse à vos lois, je suis seul... Un banni... Je suis Mansour, Mansour le Victorieux.

*

Ils chevauchaient depuis une demi-heure ; le type à l'affreuse gueule tête nue qui avait aboyé sur eux, tout à l'heure, allait sur leurs talons. De temps en temps, le Chevalier aux Mauvaises Dents lançait un galop, les rejoignait, et passait devant eux, pour leur indiquer une nouvelle trajectoire, sur la lande. Puis, il retombait au trot, au pas, et se laissait de nouveau dépasser, jusqu'à la prochaine bifurcation - signe de soumission.

Mauvaises Dents devait être content, du moins, de ne pas avoir été l'un des deux vassaux obligés par leur féal de céder deux chevaux à Hugo et Charlie. Lui avoir confié cette escorte était au contraire un signe de confiance, de la part de son Féodal...

— Bon, et maintenant qu'on est hors de vue, tu m'expliques ?

— Simple comme bonjour, mon protecteur. Quand je t'ai vu tuer le *siffale*, mon regard est tombé sur mon numérique, que j'avais toujours en main... J'ai vu que j'avais chopé un joli cliché de cette saloperie...

— Et ?

— Et j'ai repensé en un éclair aux récits rapportés par les anthropologues, qui racontaient que les sauvages étaient terrifiés par les photos. Les chefs des tribus refusaient de se faire photographier, parce que les photos volent l'âme des gens. Donc, j'ai dit à notre ami Thierno que j'avais tué son *siffale* d'un coup d'éclair, que j'étais la jeune Vierge de la légende, que je lui avais volé son âme, et que mon serviteur n'avait fait que terminer le travail... Forcément, il m'a crue : pour un type qui se vante d'être un seigneur de guerre, ça la fichait mieux que d'avoir été désarçonné par un serf et une gamine.

— Attends, je ne pige pas... Quelle jeune Vierge ? Quelle légende ?

— Un truc qui circule sur l'Alta, depuis la fin de la guerre du Huitième Tome. À propos de Danaël et de son retour. Certains disent que quand le Pouvoir du Sang-Noir aura été éteint, dispersé à jamais, Danaël enverra une jeune Vierge, et qu'elle désignera à Lexie, devant le grand tribunal, celui parmi les hommes qui régnera sur les trois villes de l'Ouest, et celui parmi les Elfes qui fondera la Nation rêvée de Shaelynn. Alors, les hommes et La Race vivront réconciliés.

— Comment as-tu entendu parler de cela, miss ?

— Je te rappelle que j'ai été une Céridwen. Entre les chants, Bleunienn m'a initiée à toutes les mythologies de l'elfique nation, et à celles des hommes. C'est parfois aussi utile que de suivre des cours de latin, tu vois...

Il ne releva pas l'allusion.

— Et il a cru que tu étais la fille de la légende, juste à cause de ton appareil photo ?

— Attends, j'avais quand même eu le pouvoir de peindre son *siffale* de guerre en moins d'une seconde, au moment de sa dernière attaque... Mais s'il m'a crue, c'est surtout à cause de son orgueil. Je lui ai dit que je venais d'Otilia et que j'allais vers Fern, pour y convaincre les seigneurs humains de se rendre au tribunal de Lexie. Je l'y retrouverais, lui aussi, à la prochaine lune, parce qu'il était celui que Danaël avait choisi pour gouverner parmi les hommes.

— Mais jamais Orbert n'acceptera de...

— Bien sûr, c'est pour cela d'ailleurs qu'Orbert m'avait chassée, ne me laissant la vie que par crainte de ma magie. Car, c'est bien connu, la Vierge peut tuer les Immortels, avec son appareil numérique...

Une pause, un clin d'œil. Ses yeux brillaient de malice, elle ne quittait pas Hugo du regard.

— C'est d'ailleurs ce que j'ai fait, pour Rolf, voici trois ans de l'Alta... Au fond, qui pourrait sérieusement penser que c'est un Madoc qui a tué le Grand Féodal ?

— Eh, mais c'est...

— Ton exploit ? Prouve-le, mon champion !

Elle éclata d'un rire joyeux, fière du tour qu'elle venait de réussir.

— Bref, tu lui a promis que, sur ordre de Danaël, tu photographierais Orbert après Rolf, et qu'il resterait le seul parmi les Immortels ?

— Bingo ! À condition toutefois que les prêtres et la nouvelle gouverneure se soumettent à son autorité. C'est pourquoi il devait me fournir une escorte jusqu'à Fern...

— Et quand tu l'as pris à part avec ton appareil, qu'est-ce que tu lui as montré ?

Elle se troubla, se rembrunit.

— Quelque chose qui ne va peut-être pas te plaire, Hugo... Mais qui a achevé de le convaincre.

— Raconte.

Elle sortit l'appareil de sa poche, le manipula, approcha sa monture suffisamment près pour pouvoir le lui passer. Il prit l'appareil, regarda l'écran : il y avait une photo de la tête de Rolf, coupée. Une autre, de son corps exsangue. Une troisième, une quatrième, de Matthias, sur son canapé... Deux autres de Mansour. Les photos défilaient. Il se reconnut, ensuite, lui-même, dans son sommeil de *XariaEnea*...

— Qu'est-ce que... c'est que ?

— J'ai pris ces photos en t'attendant, lorsque je suis revenue de notre voyage en Confrérie... Je crois que j'avais besoin de... me convaincre... et me souvenir...

— Mais pourquoi gardes-tu ces... horreurs ?

— Parce que c'est ce que nous avons fait, Hugo. Nous. Et que nous ne devons jamais l'oublier.

Une pause, sidérée. Au fond, ils n'avaient jamais parlé du meurtre de Rolf, de celui de Matthias. De tous ces morts qu'ils avaient semés dans leur exploit. De leurs remords et de leur orgueil. Hugo ne connaissait pas cette part noire, hantée, qu'il entrevoyait dans l'âme de son amie. Pas plus qu'il ne savait ce qu'elle avait vécu, avec les chants des Céridwens, pas plus qu'il n'avait su les légendes sur la Vierge, sur le reste...

Il se sentit plein d'amertume, trompé. Un seul reproche lui vint immédiatement :

– Et... Et si la police nous était tombée dessus... Ces photos, c'étaient des preuves contre...

– Contre moi, oui. Je sais. J'aurais assumé, s'ils m'avaient prise avec l'appareil, j'aurais juré être la seule meurtrière, preuves à l'appui...

– Tu ne m'en as pas parlé.

– Non, et toi, tu ne m'as pas parlé du site LE SANG-NOIR, du livre de Mallaury, de tout le reste... Nous nous sommes arrangés chacun de notre côté, avec nos souvenirs, il me semble.

Il n'y avait plus rien dans sa voix de la fierté joyeuse d'il y a quelques minutes. Juste le poids d'une année de doutes qu'elle avait, apparemment, traversée seule.

– En tout cas, ces photos ont achevé de convaincre Thierno. Qui d'autre qu'une magicienne pourrait garder plusieurs peintures de l'âme de Rolf, après sa mort ? Et d'autres tableaux représentant le Golithe étranglé, parmi les Quatre ; et encore le « frère d'Aliya ».

– Le... quoi ?

– Le frère d'Aliya. C'est ainsi qu'ils appellent tous Mansour al-Masri, sur l'Alta. Apparemment, en un an, notre ami a fait son chemin... Selon Thierno, il serait à peine moins redoutable que toi.

– Moi ? Mais qu'est-ce que tu as...

– Plains-toi... J'ai rajouté un personnage à la légende de Danaël : le saigneur de la Vierge... Tu es mon écorcheur personnel, celui qui exécute les corps quand j'ai volé les âmes. Et donc, si j'en crois les anciens, je ne devrais même pas te remercier de m'avoir sauvé la vie, en tuant cette saloperie de *siffale* – tu n'as fait que prendre son sang, comme pour Rolf, en réalité ; chaque fois, c'est moi qui fais tout le boulot...

Elle rit, un rire clair, un peu moqueur.

– Cependant, la légende dit aussi que la jeune Vierge de Danaël est magnanime, donc je te remercie, mon Hugo... Et je t'embrasserais bien, mais ça risquerait de surprendre un peu notre compagnon de route, de la part d'une Vierge légendaire...

Elle s'esclaffa de nouveau, sans plus aucune ironie – juste la gratitude d'être vivante, d'avoir su passer cette épreuve, et d'y avoir survécu, avec lui ; grâce à lui.

— ... En attendant, pour ce qui est d'éliminer notre escorte du moment, ce serait pas mal que mon écorcheur ait à son tour une idée géniale.

L'humour, entre eux, avait repris ses droits. Elle piqua des talons, et lança le galop...

Chapitre 21

Mansour partit ensuite, sans même se retourner, sans un regard pour Aliya souffletée, pour ses compagnes de guerre piaffant sur leurs cerviers. Il passa devant la falaise, les grottes, les enclos, les feux, ne tourna pas la tête vers ceux qu'il reniait.

Il allait vers le Nord, là où se perdent les vieux lions-cerviers quand ils en ont fini avec la guerre. À cette minute, n'importe qui aurait pu le tuer, sans violer une loi, sans mériter une vengeance, sans risquer un courroux.

Quand il eut disparu à l'horizon, Aliya eut un geste doux, très lent, se caressant la joue, comme pour retirer la marque d'infamie.

Puis, elle sortit la première du songe que tout Madani traversait, cette minute où pas une voix, pas un geste, pas un regard n'osait se partager. Elle marcha, impassible, vers Nadir, sauta à cru, et lança :

— À Fern, maintenant !

*

Deux soirs plus tard, quand il s'assit devant le feu qu'il venait de préparer, pour le dîner, Mauvaises Dents prit un coup de bûche sur la nuque. Une bûche qu'il avait lui-même coupée avec sa francisque, l'instant d'avant.

Il tomba comme une masse, un nouveau coup sur le crâne le sonna pour longtemps ; puis, Charlie et Hugo le ligotèrent.

— À présent, on emporte son cheval, ses armes, ses provisions, et on galope toute la nuit... On lui laisse juste assez d'eau pour revenir à Almeria, s'il l'ose.

C'est le garçon qui dirigeait. Ils remontèrent à cheval. Ils avaient fait plus des trois quarts du chemin, avec leur escorte. Ils ne pouvaient plus se perdre... Il lança :

— Tu vois, le saigneur de la Vierge travaille encore à l'ancienne, sans technologie numérique ni latin... Mais ça marche pas mal, aussi. Allez, à Fern, maintenant !

V

Fern
(Deux tours d'ivoire)

Chapitre 22

La Charte écrite de Fern dit qu'à l'issue de chaque mandat électif de six ans (sexennat) sa gouverneure remet son pouvoir entre les mains des femmes de la Cité libre. Il leur appartient de proroger par un vote sa puissance – ou de la déchoir. La Charte orale, mais fondatrice, de Fern, qu'on récite chaque année dans les jardins d'Elka et sous les frondaisons du bois sacré de Mainrad, stipule, quant à elle, que, deux fois, la gouverneure peut demander aux femmes sa prorogation ; mais que, parvenue à sa dix-huitième année sur le siège, elle doit rendre l'armure, puis l'épée, puis la crosse, progressivement, au fil des derniers mois, et finalement le siège d'Orla lui-même. Chaque cérémonie de restitution est un effacement ; successivement consenties, elles permettent de désigner le chef de guerre, puis le chef de la diplomatie, puis le légat religieux, et enfin le maître des sceaux, qui ensemble organiseront la désignation de celle qui succédera.

Au dernier trimestre de la dix-huitième année, la gouverneure dont le pouvoir prend fin renoncera au trône et au castel, puis s'exilera, quittant à jamais Fern. Car après avoir gouverné cette ville si longtemps, elle suffirait, par sa seule présence, bienveillante ou hostile, à influer sur les volontés futures de ses successeurs.

Seules deux gouverneures exilées demeurèrent dans Fern, à l'issue de leurs trois sexennats – les deux premières. Orla, après ses années, se réfugia dans la tour d'Aïman, faite de l'ivoire le plus blanc, qu'elle fit édifier durant ses mandats ; elle ne la quitta jamais plus. Helvi, sa sœur, qui lui succéda, fit de même après ses sexennats dans la tour presque jumelle d'Aloïse, dont l'ivoire est seulement tacheté de grès rouge.

On dit que ces ivoires étaient ceux des dents de *siffales*, innombrables, prélevées sur les cadavres après la défaite de Wulfran. Et encore aujourd'hui, on peut voir les deux tours s'élever, à trois cents coudées l'une de l'autre, comme deux doigts, deux aiguilles, brillantes dans le soleil de juin, très haut au-dessus des murs vert-de-gris.

Depuis ces deux longs gouvernorats fondateurs, les femmes libres, héritières des Mères-de-la-guerre, filles et descendantes des Barons déchus par Wulfran, ont eu pendant trois siècles la sagesse d'obéir aux deux Chartes.

Dans leur ville régie par la haine des Féodaux comme des non-Humains, dans cette Cité où le pouvoir mâle est déchu à jamais, trente gouverneures se succédèrent, et pas une n'outrepassa la règle des trois sexennats : certaines furent désavouées avant le dernier des mandats ; d'autres tombèrent à la tête de la cavalerie blanche, avant leur terme ; six d'entre elles, dont les six noms sont gravés dans la pierre du castel carré (dont Orla et Helvi, qui sont enterrées, suprême honneur, dans la nécropole de Shaelynn, bénissant leur postérité), se plièrent à la loi de l'exil, à la fin de leur temps.

Mais un septième nom figure, désormais, dans la pierre du donjon. Celle qui l'a fait graver est celle qui le porte – signe de l'infamie.

*

Les prêtres de la Bibliothèque, au Grand Tribunal de Paix de Lexie, nomment tyrans ceux qui outrepassent les lois de leurs peuples pour se maintenir, ou se hisser, au pouvoir. Cela n'induit nullement que la violence soit de leur côté, plus que chez leurs ennemis.

Les Féodaux, ainsi, ont toujours gouverné par la terreur, sauf quelques rares Barons, mais nul ne les appelle tyrans tant qu'ils respectent la loi d'héritage, qui transmet la Baronnie du père au fils aîné, puis au fils cadet, puis au petit-fils aîné, sans jamais rien accorder aux filles et benjamins. Et on regardera, à l'inverse, comme tyran le Baron, même le plus sage, qui aurait pris sa Baronnie sans lignage... Ainsi de même, désormais, Hedda, à Fern, ne gouvernait pas davantage par la force et les armes aujourd'hui qu'auparavant. Elle n'inspirait ni plus de crainte, ni plus d'effroi qu'au cours de ses mandats. Mais elle avait, en conservant le pouvoir au-delà de la limite, violé la Charte orale de Fern, et se trouvait de ce fait nommée tyran, dans la Bibliothèque du Grand Tribunal de Paix de Lexie. Chacun, dès lors, pouvait se considérer libre des alliances et traités avec Fern, puisque la Cité d'Orla était devenue tyrannie.

Hedda n'en avait cure. Elle savait qu'à l'issue de ses trois mandats Fern était devenue puissante et redoutée, de telle sorte que ses alliés n'osaient dénoncer les traités, non par loyauté, mais par terreur des représailles ; elle savait que ses ennemis n'auraient utilisé contre elle l'argument de tyrannie que s'ils s'étaient estimés prêts à lancer la guerre – et qui l'était ? Il y avait à Fern deux colonnes blanches de chevalerie, et des machines de siège, des machines de défense, des escouades d'écorcheurs, deux carrés d'archers dont les armes avaient été faites dans le bois des *ivors* de la Forêt elfique, trois autres d'arbalétriers, un carré enfin de lanciers. Il y avait, surtout, l'armée des Ombres : les quinze sicaires de Fern, menace silencieuse, fanatique, qui nettoyaient, la nuit, les rues de la Cité de tous les non-Humains ; qui assassinaient sans vergogne et sans bruit les traîtres et les félons ; qui, huit fois au cours de ses mandats, s'étaient glissés dans les chambres fortes et gardées des meilleurs capitaines ennemis, ou de leurs familles – leurs enfants, leurs maîtresses... Huit fois, huit tueurs s'étaient trouvés, pour quelques instants, dans les sanctuaires les plus sacrés, les plus précieux, au cœur de l'ennemi. Se riant d'être pris, capturés. Huit fois, ils avaient tué, égorgé, raffinant la souffrance de chaque meurtre, continuant de semer la mort jusqu'à ce que les polices ennemies les arrêtent. Proclamant jusqu'au gibet leur fidélité à Fern.

Qui oserait après cela ordonner une guerre contre Fern ? C'eût été renoncer, d'abord, à sa famille, ses amours, sa vie même... Et même les capitaines ennemis les moins économes en vies de la soldatesque chérissaient quelqu'un, quelque part : une femme, un amant, un fidèle, un fils.

*

Fern, comme une Baronnie féodale désormais, inspirait le respect par la crainte. Ses sicaires avaient su faire de cette peur une angoisse intime, en l'âme de chaque Capitaine, sur l'Alta (sauf en celle des Golithes, qui n'ont personne à chérir, sortis droit des Enfers). Fern avait perdu, par cette politique de la Terreur, son nom de « Cité libre », qui autrefois figurait dans le vocabulaire humain.

Mais aux yeux d'Hedda, les noms, comme les lois, sont faits pour s'effacer finalement devant la seule puissance que retiendrait l'Histoire – celle des armes entrechoquées.

Chapitre 23

— Jeson m'a souvent parlé de l'étrange façon qu'a Fern de recevoir ses visiteurs... La Cité libre se méfie de ceux des Clans, et elle déteste surtout tous ceux qui ne sont pas de la Race humaine.

— Ça tombe bien, ça fera un bon point pour nous.

— N'empêche qu'il va falloir s'expliquer, une nouvelle fois, et trouver un moyen de poser des questions sur Aliya et son « frère », sans éveiller les soupçons.

— Tu veux que je demande un rendez-vous à la gouverneure ? Si elle est de haut rang, elle doit parler latin, pour pouvoir négocier avec les Féodaux. Et avec un peu de chance, elle pourrait nous apprécier plus qu'Hedda, à l'époque. Donc, je la rencontre, tu nous écoutes sagement, je prends les renseignements... Et je te raconterai, après...

Charlie riait, de nouveau. Depuis son magnifique coup de bluff, la bonne humeur et une nouvelle forme de confiance l'habitaient. Hugo doucha son élan.

— Si tu veux jouer à la Vierge de la légende, on le fera, miss. Avec trompettes, réception d'honneur et photos numériques dédicacées aux seigneurs de l'Alta... Mais en attendant, je propose qu'on essaye d'abord de la jouer profil bas.

— Bien, monsieur. Comme monsieur voudra.

*

À trente mille coudées environ de Fern, ils abandonnèrent les trois montures « offertes » par Thierno, dont les harnais, les selles et les rênes étaient gravés aux armes d'Almeria. Inutile d'attirer l'attention sur des accointances avec les Féodaux. Ils ignoraient l'état des alliances en cours, Fern et Almeria s'étaient peut-être unies contre la menace golithe (comme voilà trois ans contre Rolf). Mais Hugo se disait que ceux de la Cité libre regarderaient avec méfiance des envoyés du Baron...

Puis, à pied, portant sur leur dos leurs équipements, leurs armes, et les vêtements de caravaniers sur leurs tenues « civiles », ils rejoignirent le chemin qui montait vers le Nord. Ils n'avaient plus que deux heures de marche pour se présenter sous les murs, mais rien ne servait de tergiverser, de s'offrir une nuit à la belle étoile. Le froid tombait avec le soleil, et Charlie continuait de tousser douloureusement, des quintes qu'Hugo trouvait de plus en plus fréquentes...

— Comment comptes-tu entrer discrètement ?

— Earvin disait qu'il n'y a qu'une porte, une seule, et lourdement gardée. Selon lui, les murs sont infranchissables. On n'a pas le choix : il va falloir passer sous le nez de la garde, et au besoin la convaincre de nous accueillir.

— Earvin... Je l'avais oublié, celui-là.

— Eh ben, sûrement pas lui. Mais ne t'en fais pas, il n'y a aucune chance qu'il nous reconnaisse... Tu es bien trop humaine, jamais il ne fera le lien avec une Céridwen. Et tu es aussi beaucoup plus jolie, en brune.

Charlie prit le temps de recevoir le compliment, comme on ouvre un cadeau. Puis :

— Et si la garde nous sépare, si elle n'en laisse entrer qu'un ? La jolie brune, par exemple ?

— Aucune raison, ce sera les deux ou rien. Au pire, on est refoulés tous les deux, et on se débrouillera pour trouver les Cervières sans l'aide de Fern. Mais de toute façon, on ne se quitte jamais d'une semelle. Même sous la menace.

Ils se mêlèrent à un groupe de laboureurs qui rentraient des champs, les charrettes généreusement débordantes en cette période de prime fenaison. Quelques bouviers les précédaient, qui menaient les troupeaux de lourds *barans* mâles castrés, de femelles grosses, traînant la patte, éreintées par la fatigue du jour. Ils furent dépassés par quelques soldatesques en armes, avançant sans solennité, avec le débraillé d'une patrouille de retour de mission et qui sent l'écurie toute proche.

De ces quelques hommes et femmes en armes, il n'y avait apparemment rien à craindre ; ils se contentèrent de leur jeter un regard débonnaire, quand les paysans eurent dénoncé prudemment la présence de ces deux « étrangers ».

— Eh ben, tu vois, Fern n'est pas si redoutable que tu le disais... Jeson a exagéré.

— Attends, miss. Nous n'en avons encore rien vu.

*

Dans la salle de pouvoir, elle se tenait droite, devant le siège d'Orla. Debout, et en armure, une armure aussi blanche que ses cheveux de neige.

Aliya, en s'approchant, tressaillit.

Hedda était une femme de stature ordinaire, mais de belle apparence quand elle avait accédé au siège de pouvoir (la cathèdre sculptée par Orla voilà trois siècles après que Danaël eut confirmé la principauté de Fern sur les Landes franches du Sud ; ce trône de justice qu'on sort, les jours de beau temps, dans la cour du castel, pour que les arbitrages soient prononcés devant les habitants de la ville). Familière avec les hommes de troupe, réservée dans les conseils de diplomatie, volontiers impérative devant son propre présidium, sûre d'elle mais soucieuse de conseils, capable d'écouter longtemps et de trancher vivement ; une femme de poigne et une stratège, comme avaient su l'être avant elle nombre de gouverneures, et notamment les plus mémorables.

Mais, comme celles qui l'avaient précédée, le pouvoir l'avait changée. « Et la tyrannie plus encore », songea la Sublime.

Ce beau visage s'était corrompu, rongé de rides amères, dures, autour de la bouche, sur le front. Ses cheveux, blanchis prématurément lors des mandats de pouvoir, tombaient par plaques, maintenant qu'elle avait décidé d'outrepasser les Chartes. Tout son corps, sous l'armure de métal blanc qui ne la quittait plus, était noueux, bossu, ravagé d'arthrose – la rumeur le disait : elle ressemblait, pour qui l'aurait vue nue, sans ses armes, à une vieillarde à l'approche de la mort. Cette maladie, cette affliction des os, des membres, de la peau, avait un nom : l'usure du pouvoir. Car en ceux qui acceptent de prendre sur leurs épaules une tâche aussi écrasante que la conduite d'un peuple, il n'est plus de repos, plus de joie, plus de vérité simple, belle, paisible ; pour ceux qui ordonnent la guerre, les meurtres, qui connaissent les félonies subies et celles qu'on doit commettre, les paroles mensongères et celles qu'on doit renier, il n'y a plus d'amis, plus de fidélités, sauf celle du sang versé. L'âme verdit comme la bile, se corrompt ; la duplicité apprise diffuse un acide si toxique dans les veines que finalement tout le corps est rongé. Ceux-là qui gouvernent ont vu, en dix-huit ans, plus de désillusions, d'horreurs, de trahisons, qu'une vie humaine ne devrait le permettre, en toutes ses années. C'est pourquoi, encore verts, ils semblent déjà blets.

Et Aliya savait qu'Hedda, durant les années de guerre, en avait vu encore bien davantage que celles qui l'avaient précédée sur le siège. Comme Aliya en sa grotte de Shaelynn, la gouverneure avait eu l'occasion de mesurer le poids de sa charge – elle avait fait la guerre, et une guerre de tous contre tous ; loin des habituelles querelles sanglantes de frontières ou de vassalité, elle avait dû, première parmi les gouverneures de Fern, ouvrir un nouveau tome des Guerres de l'Alta. Elle avait craint la disparition, non d'un domaine, mais de la Cité entière, de la vie même. Elle avait mené, davantage que des raids, une offensive d'extermination, pour mettre Waltraud en cendres, faire disparaître à jamais toute âme humaine ou inhumaine dans la ville de Rolf, tuer les enfants avec leurs mères, les fils avec leurs pères.

Mort crainte ou mort donnée, deux faces d'un même hideux visage qui anéantit l'âme, finalement.

Puis, elle avait renié encore d'anciennes alliances, à l'issue de cette guerre, pour mener ses propres batailles, avancer ses pions partout où il fallait ; et finalement, première dans une histoire de trois siècles, elle avait foulé aux pieds la Charte orale de Fern, froidement affronté le Tribunal de Paix, entendu prononcer sur elle les mots d'opprobre, assumé la tyrannie. Chacune de ces épreuves eût terrassé une femme ordinaire ; Hedda avait survécu à toutes, et si son corps avait maintenant la hideuse apparence du traître, elle n'en avait cure. Elle le cachait sous l'armure du tyran.

Mais quand Aliya comparut devant elle, qu'elle n'avait plus vue depuis leur affrontement sur le tertre d'Hegoa-ar-Madalen, quand Aliya découvrit le visage défiguré comme par une lèpre, la stature avilie, le regard désormais mort, elle sut. Elle comprit qu'il était temps pour elle de quitter sa propre charge.

Les trois sages du Conseil des Clans prirent la parole, selon les conventions et les usages. Ils refusèrent de livrer Mansour, en termes diplomatiques. La gouverneure les menaça d'une guerre, à mots couverts et choisis. Aliya les écoutait à peine... Car ce qu'elle voyait devant elle, en ce miroir déformant, tavelé, redoutable, c'est ce qu'elle finirait par devenir si, à force de mener ses Cervières, elle oubliait le deuil de chaque sœur tombée dans la bataille. Si, à force de tuer et de survivre, elle négligeait la beauté de toute vie. Si, à force de se dévouer pour les Clans, elle finissait par penser que les Clans, eux aussi, devaient se vouer à elle – qu'elle était leur salut plus que leur bras, leur raison d'être plus que leur service.

Pour sauver Mansour, elle avait fait courir aux Clans un risque, un péril peut-être insensé, qu'elle aurait dû affronter seule. Elle avait banni celui qu'elle aimait, et menti à ceux qu'elle servait. C'était une entaille, une trahison qu'on pouvait déguiser sous les principes d'honneur. Mais d'entaille en entaille, elle finirait par ressembler, ainsi, à Hedda : une âme noircie.

Elle demeura presque muette devant la gouverneure, laissant la parole aux trois anciens, qui palabrèrent deux heures, en pure perte. Et avant même de sortir du castel, la Sublime avait mûri sa décision.

Chapitre 24

Les hauts murs crénelés, d'un vert-de-gris tirant parfois sur le vert bronze, donnaient à la forteresse des allures de prison. Mutique, cadenassée, hautaine, telle était sa réputation parmi les Elfes, et ceux des Clans - car Fern ne les tolère que le jour, les filtrant à sa porte, les marquant d'un sceau qu'ils doivent faire vérifier à la sortie, comme du bétail.

— Earvin en riait pour faire enrager Jeson : Hybride, Elfe ou métèque, quiconque ne quitte pas la ville avant le crépuscule est égorgé, froidement. C'est ce qui donne son nom à l'armée des Ombres : quand le soleil est si bas que toutes les ombres disparaissent, d'autres ombres vous accompagnent, aussi silencieuses sur vos pas. Et ces silhouettes fantomatiques sont les quinze tueurs de Fern.

— Charmant... Et très hospitalier, vraiment.

Il y avait dix tours, dont deux encadraient la grande porte. Quand ils se présentèrent devant la herse, ils virent la patrouille débonnaire qu'ils avaient croisée voici une heure - elle les attendait, cette fois beaucoup moins relâchée dans sa tenue. L'un des hommes les mieux équipés du groupe (peut-être un sous-officier ?) les désigna du doigt, parmi les gueux qu'ils accompagnaient, aux gardes de la porte. Puis la patrouille s'en fut, sans doute vers une taverne...

Quant à Hugo et Charlie, s'ils avaient pensé échapper à la vigilance des portiers en se mêlant au groupe de bouviers et de faucheurs, c'était raté.

*

Ils ne parlaient aucune langue humaine de l'Alta, et sous les hardes des nabarites, leurs propres vêtements n'étaient ceux d'aucun peuple connu, parmi les Humains. Qui étaient-ils ? Des Hybrides, des Elfes, des Humains inconnus ? Des métèques des Clans, aux parentés douteuses ?

Hugo et Charlie essayèrent de s'expliquer, avec force gestes, quelques mots qui semblaient être compris – mais d'autres leur manquaient pour emporter l'adhésion. Ici, parmi les hommes et les femmes de troupe, le latin n'était d'aucun secours. Les soldats hélèrent une sergente de la Cité, qui ne semblait pas davantage parler une langue morte, et resta impassible. Après deux phrases échangées, elle ordonna tout de go qu'on les déshabille, pour vérifier s'ils étaient bien issus de la Race humaine.

Telle était la règle de Fern avec les inconnus, et ils comprirent finalement ce qu'elle venait de signifier. Nus, là, maintenant ? Sans paravent, sans pouvoir se protéger des regards ? Sur le pavé de la grande porte, devant les derniers entrants, devant la section de garde ?

— *Ante te nunquam me denudabo, pediculose ! Dominam vestram vocate, Danaelis nomine venio*[1] *!*

Hugo, pas plus que les soldats de Fern sans doute, ne comprit rien des protestations de Charlie. Que disait-elle ? Des justifications, des menaces, des ordres ?

Cela eut l'effet escompté, cependant. Sans doute la sergente de la Cité redouta-t-elle d'humilier publiquement quelqu'un qui parlait la langue des Féodaux, et qui par surcroît invoquait le nom de Danaël.

Hugo et Charlie, toutefois, n'obtinrent que d'être emmenés dans la poterne qui jouxtait la tour de porte, pour échapper à l'humiliation publique ; insigne honneur ou signe de clémence, les visiteurs seraient dévêtus à l'abri des murs.

---

1. « Jamais je ne me mettrai nue devant vous, pouilleux ! Faites-moi mander votre Seigneur, je viens de la part de Danaël ! » (latin classique).

*

S'ils s'étaient soumis à la fouille et à l'humiliation publiques, s'ils étaient restés davantage devant la porte – ou s'ils avaient décidé de pénétrer dans Fern seulement quelques instants plus tard, une demi-heure tout au plus –, ils auraient sans doute croisé l'ambassade d'Aliya, son escorte, les trois anciens du Conseil des Sept Clans au milieu des Hafidas, qui quittaient le castel et traversaient Fern, après l'entrevue avec Hedda.

Car les deux événements survenaient, étrangement, le même soir : le départ d'Aliya et l'entrée de Charlie et Hugo ; comme une facétie du destin, qui s'était chargé de réunir dans les murs du Tyran celle et ceux qui avaient autrefois combattu Rolf, ensemble ; celle qui protégeait Mansour contre son gré, et ceux qui le cherchaient à son insu. Mais le destin en ses caprices est parfois si étrange qu'il semble organiser des retrouvailles, puis noue d'autres fils, pour les en empêcher.

Les dix cerviers avançaient, rugissant, griffant le pavé dans un bruit de métal coupant contre la pierre dure ; la gueule écumante sur leurs dents de sabre – nerveux et agressifs comme des *landars*, crachant, percevant l'hostilité générale sans savoir d'où allait frapper la menace ; leurs cous de fauves dans leurs épaules musculeuses, la tête allant de droite à gauche, pour deviner d'instinct les intentions hostiles derrière les visages fermés des passants, aux yeux baissés. Devant, derrière, retentissait le bruit des armes entrechoquées, celui des deux escouades qui encadraient les plénipotentiaires dans la rue principale de Fern, pour leur rappeler qu'ici ils devaient avancer au rythme ordonné par Hedda.

Sur les toits des hautes maisons étroites, serrées, presque entassées les unes sur les autres, et dont les colombages différents formaient d'étranges perspectives géométriques, les arbalétriers criaient comme des snipers ; à quoi servaient leurs glapissements, à se parler entre eux, à se couvrir l'un l'autre ? Ou plutôt à rappeler à leurs illustres visiteurs qu'ils demeuraient, toujours, sous la trajectoire de leurs carreaux mortels ?

Et sans doute, oui, sans nul doute il y avait, parmi la foule des passants, plusieurs assassins de l'armée des Ombres ; aussi indécelables que dangereux, aussi froids que leurs lames.

Les yeux d'Aliya croisèrent des yeux semblables aux siens, aussi noirs, aussi brillants de colère, sous la capuche d'une cape de coureur des bois. Elle vit quelques boucles brunes, mêlées de laine, mais coupées court, s'échapper du vêtement. Elle tressaillit : Chaïmae, la traîtresse ? Déjà, celle qui portait le capuchon des chasseresses avait fait demi-tour, disparaissant dans une ruelle.

*

Charlie et Hugo ne surent pas que passait la Sublime à qui ils avaient juré naguère fidélité, obéissance, prêts à lui confier leurs vies mêmes. Il y a un an – ou trois, c'est selon. Tandis qu'à l'abri des murs, ils se dévêtaient, soumis à l'Inquisition des gardes de la porte, tandis qu'ils s'apprêtaient à devoir prouver leur maladroite, leur timide humanité, les Hafidas, la Capitaine et les trois anciens quittèrent Fern, soumis comme chacun parmi les Clans à l'interdiction de demeurer, la nuit, dans la Cité des Femmes.

Derrière l'ambassade, la lourde herse tinta. La nuit était tombée sur Fern, les quinze sicaires sortirent pour se mêler à l'ombre. Dans la Cité, la chasse aux intrus, aux espions, aux métèques commençait.

Chapitre 25

Les créatures qui vivaient au Nord de Madani, dans des montagnes anciennes et sans cesse plus austères, plus désertiques, où les forêts se rabougrissent et se clairsèment, étaient issues d'une race antique, presque éteinte, et qui se savait vouée à disparaître. Qu'on puisse ainsi s'évanouir de l'Histoire commune est un mystère que nous connaissons bien, en notre monde ; combien de peuples ont été rayés des cartes, des mémoires, de la conversation commune, bien avant que leurs ultimes représentants soient éteints ? Les derniers Petits Hybrides avaient choisi de le faire ici, dans le territoire de Gascalon, à leur manière, modeste et sage. De cette sapience qui ne retentira jamais, dans de doctes, d'éclatantes philosophies – de cet humble silence qui habite les ermites. Ils avaient quitté le monde en balayant derrière eux, avaient emporté avec eux toutes les traces d'une civilisation séculaire, aussi illustre, aussi brillante jadis, que celles qui s'étalaient aujourd'hui, et se rêvaient à leur tour immortelles. Ailleurs qu'à Gascalon, seul demeurait d'eux le souvenir de leur sacrifice dans la guerre du Huitième Tome, devant lequel les Clans s'inclinaient, au tertre de Maroine, à Hegoa-ar-Madalen ; et cet alphabet qu'ils avaient conçu, qu'on gravait au couteau, sur les peaux des Hafidas, pour conter les exploits.

Pour cette disparition, les Petits Hybrides ne demandaient ni justice, ni repentance, ni même réparation ; ils avaient quitté l'espoir de penser qu'un jour, dans la Grande Bibliothèque du Tribunal de Paix, on leur rendrait mémoire autrement que posthume. Ils n'attendaient plus rien de la vie, et des civilisations, sinon le silence de l'étude, la méditation, et les humbles joies cueillies chaque jour, inattendues.

Mansour croisa les premiers d'entre eux après trois jours de marche. Il restait quelques vieux Faunes, et aussi des Capraures assez âgés, hommes et femmes aux pattes de chèvres, puis encore des hommes aux membres de *caprax*, au dos, buste et pattes arrière de *vivrinx*, parmi ceux qu'il trouva près d'un feu.

Ils l'attendaient, en fait, eux-mêmes, et ne furent pas surpris. Leurs oreilles de fuyards, leur vigilance de survivants leur avaient annoncé sa venue, bien avant qu'il pénètre dans leur cercle, attiré par la lueur du foyer. Déjà, depuis deux nuits, ils s'étaient assurés que celui qui venait des Clans libres ne constituait pas une menace pour les années qui leur restaient.

Mansour entra dans la clairière où ils se réunissaient pour l'accueillir, cette nuit-là. Quand il pénétra dans le cercle de lumière que le feu disputait à la nuit, tous virent sur lui les tatouages dans la langue et les alphabets que les Petits Hybrides avaient créés, jadis. Malgré le froid, son torse fier était nu, ses jambes aussi sous le pagne.

Il ne dit pas un mot, s'assit entre deux d'entre eux, dans le cercle, un peu en retrait cependant, comme le veut l'usage de celui qui demande l'asile. Ils ne refermèrent pas le cercle des dos devant lui, comme l'aurait signifié le langage de ceux qui le refusent – mais ils l'élargirent, au contraire.

Un petit Hybride lui tendit son auge de bois, pour qu'il mange. Le repas ainsi partagé était éloquent : il sut que cette famille lui accordait une place. Alors, seulement, il releva le visage, les vit tous, les regarda un à un. Eux aussi.

Ils se reconnurent. Ils virent sur les traits de l'étranger, et lui sur ceux des vieillards, la même tranquille amertume, le même calme dépit, la dignité un peu lointaine, aussi, de ceux que l'Histoire a oubliés par injustice, et erreur. Mais lui vit aussi, dans leurs yeux, que la révolte était passée ; et eux surent qu'il ruminait encore une immense colère.

Chapitre 26

La sergente les avait entraînés dans une pièce presque vide – deux râteliers pour les lances, les hallebardes, c'était tout. Hugo et Charlie furent soulagés, un instant, de constater que la pénombre y régnait. Seules deux torches, fichées au mur, éclairaient l'endroit. C'était le carré où la garde devait se réchauffer, du moins fuir le vent glacial qui la nuit s'engouffrait.

Charlie frissonna, toutefois. Se mettre nue, ici et maintenant... Outre la sergente, il n'y avait que trois soldats, apparemment blasés ; mais pour l'épreuve qu'ils allaient subir, ils étaient également, chacun, sous le regard de l'autre.

Elle vit la sergente d'armes prendre deux torches neuves, en supplément, les enflammer à celles qui brûlaient aux murs, puis leur lancer quelques mots brefs. Des ordres, dans une langue plus douce, moins gutturale peut-être que celle d'Almeria – mais des ordres tout de même, impérieux, pressés, accompagnés de gestes explicites : à poil, maintenant.

La femme sous-officier, de constitution presque souffreteuse, quelques mèches de cheveux blond pâle sortant de sous le casque, ne semblait prendre aucun plaisir à ce qui allait se produire. Elle ne donnait l'impression de jouir ni de son pouvoir, ni de l'humiliation. Simplement, c'étaient les ordres : il fallait procéder ainsi, elle le faisait. Il n'y avait à craindre aucun débordement, à n'espérer aucune indulgence.

Charlie quitta les hardes de nabarites, puis ses premiers vêtements, qui suscitèrent manifestement l'étonnement de deux des soldats. Ils se penchèrent pour s'en emparer, caressèrent la fibre textile, regardèrent les coutures – essayant de comprendre de quoi était fait tout cela. La sergente, elle, ne la quittait pas des yeux, les deux torches à la main. Charlie voyait, à l'extrême angle de sa vision, Hugo qui délibérément s'était placé exactement à côté d'elle. Ainsi, s'ils continuaient chacun de regarder droit devant, ils ne se verraient pas, devinant simplement les gestes de l'autre, entendant les vêtements glisser, tomber par terre.

Maintenant, Charlie était en sous-vêtements, une culotte et un soutien-gorge qui étonnaient autant les soldats que les précédents oripeaux. « Ils en sont encore au Moyen Âge... Ils ne connaissent pas les sous-vêtements, c'est pour ça qu'ils s'étonnent... Ne songe à rien d'autre. »

Elle entendit leurs exclamations, s'attendit à des rires gras ; mais la sergente savait tenir ses hommes.

Voilà, elle était à leur merci. Les bras de la jeune fille retombèrent le long de ses flancs, mais la sergente dit quelque chose, eut encore un signe de la main droite, tout aussi clair que les précédents – elle voulait qu'ils soient nus, entièrement. Le froid saisit Charlie – mais de l'intérieur, d'abord. Avec une sensation de nausée dans la bouche, elle s'exécuta. Elle savait qu'Hugo ne la regardait pas, elle savait qu'elle ne verrait pas Hugo. Pas comme ça, pas dans cette nudité absolue qui n'était qu'un mensonge. Mais tout, sa peau, son âme, tout son corps transi sentait l'humiliation. Se mettre à nu, devant quelqu'un d'inconnu, quelqu'un qui l'ordonne ; n'avoir plus aucune barrière, aucune intimité pour se protéger ; éprouver ce dénuement que doivent vivre tous les détenus, tous les emprisonnés du monde – le spectacle de soi, sans vêtement, sans droit à la pudeur ni rien qui vous épargne, sous des regards étrangers. Scrutateurs. Hostiles et soupçonneux.

Son propre corps, non pas offert à autrui, à celui que l'on aime, mais arraché par la contrainte, et en l'occurrence par la force des armes.

Elle fut nue. Une main cachait son intimité, l'autre bras se replia naturellement sur sa poitrine. Puis, elle ressentit la froidure bien réelle de cette pièce – elle toussa, une, deux fois. Une vague se souleva dans sa poitrine, elle régurgita, se plia en deux, s'arrachant les poumons douloureusement, elle toussa encore, toussa, sans plus pouvoir s'arrêter. Cracha de la salive, épaisse, soulevée par des spasmes.

— Charlie !

— Non, laisse-moi... Laisse-moi... Ne me regarde pas comme ça.

En même temps que la jeune fille le suppliait, la sergente avait crié, et deux des hommes se rapprochèrent de lui, pour l'empêcher d'aller vers son amie.

Ils étaient en cotte de mailles et plastron, lourds, contre lui dévêtu ; il se savait totalement vulnérable, devant eux. Il voyait bien que ce n'était pas sa nudité qu'ils regardaient, mais qu'ils le considéraient comme un suspect – avec méfiance. Il vit aussi que l'un des deux hommes jetait des regards en biais, salaces, vers Charlie, qui s'était relevée.

Ce porc se rinçait l'œil. Il lança une gifle, qui atteignit la joue du garde.

— Regarde-moi, pourceau... Laisse-la, elle !

Les coups plurent, en retour.

*

Charlie se releva, s'essuya la bouche. Elle avait craché, et à la lueur des torches, elle vit dans ses mains que c'était sombre, rouge. Elle sentit la panique s'emparer d'elle.

— Hugo, du sang... Je crache du sang...

— Pas de panique, ma belle... Ça va aller. Ce sont tes poumons qui sont malades, une pneumonie sans doute, qui se complique.

— *Housh-ta-ja*[1] *!*

---

1. « Taisez-vous ! » (langue de Fern).

— Les Elfes vont te soigner ça... Ou nos médecins, quand nous retournerons chez nous.

— *Hush ! Zaustav-hit-i*[1] *!!!*

La sergente avait crié aussitôt qu'ils avaient commencé de parler entre eux. D'abord sur le même ton que ses ordres précédents, puis de plus en plus fort. Mais Hugo s'en foutait : Charlie avait peur, elle avait besoin qu'on la rassure. Il continuerait.

— En attendant, serre les dents, et ne leur montre pas de faiblesse, miss... Aucune faiblesse.

— *Taja, rob-los*[2] *!*

Cette fois, c'est l'un des deux gardes qui avait rugi, et qui le gifla encore. Hugo ne sursauta même pas, calé sur ses talons.

— Hugo !

— Tais-toi, fais ce qu'ils te disent. Ne t'en fais pas, je n'ai pas peur d'eux. Au pire, ils nous jetteront hors de la ville...

Encore une gifle, plus violente, sur l'oreille, de la main toujours gantée de cuir et de fer. Des larmes montaient, un réflexe physique - mais il se savait fort, invincible : Charlie avait besoin d'un roc ; donc il l'était. Dur, plus dur que quiconque l'imaginait. Il continua de parler sans se départir de son calme, attendant le coup suivant :

— Ils ont peur que nous parlions dans une langue qu'ils ne comprennent pas...

— *Lukke usta-sadé*[3] *!*

De nouveau, c'était la sergente qui avait parlé. Mais sans crier, sans même s'adresser à eux. Les deux gardes se saisirent d'Hugo, l'emmenèrent vers un des coins de la pièce. Le troisième homme arriva par-derrière, prit Charlie par les deux bras, la poussa vers le coin opposé.

— Hugo... Ils m'emmènent... Ils nous séparent.

— Pas encore... Ne t'en fais pas, je suis là... Et s'ils ne veulent pas de nous, nous irons sans leur aide vers le Nord. Maintenant, tais-toi. Plus un mot.

---

1. « Tais-toi, j'ordonne que tu fasses silence ! » (langue de Fern).
2. « Silence, chien galeux ! » (langue de Fern).
3. « Ferme ta gueule ! » (argot de Fern).

Les gardes le serraient, de près et fermement. L'un des deux lui maintenait la nuque, comme dans un étau. Il ne pouvait que regarder le mur, à moins d'un mètre de lui, vaguement éclairé par le reflet des torches. Ces soudards ne devaient pas se douter qu'il préférait mille fois être ainsi, aveuglé, plutôt que de devoir affronter la vision de Charlie, nue, humiliée, entre leurs pattes.

*

La sergente commença par elle. Tandis que le troisième garde lui maintenait toujours les deux bras, par-derrière, la femme d'armes approcha sa torche, près, tout près... Charlie sursauta d'abord en sentant la chaleur de la flamme, puis elle la regarda faire, essayant de considérer son corps comme un objet extérieur – un spectacle.

L'inspectrice avait commencé par son visage, elle avait longuement observé les oreilles, passé son doigt sous la ligne de la mâchoire. Maintenant, elle descendait lentement, explorant, scrutant chaque centimètre carré de sa peau. Que cherchait-elle ? Quelles infimes différences entre les Humains, les Hybrides, les métis d'Elfes ? Quels étaient les secrets qui permettent de reconnaître un Humain de race pure d'un Hybride, d'une créature des Clans, de la Marche, d'ailleurs ?

Charlie frissonnait de se voir ainsi à leur merci – et une deuxième fois déshabillée par ce regard. Elle se racontait des histoires, essayait de se concentrer sur autre chose – les étranges reflets de la flamme, la sensation de chaleur, le cliquetis de l'armure. Ces détails...

Soudain, la sergente cria, agitant sa torche. C'était au niveau de ses jambes. Charlie voulut pencher la tête pour voir ce que la femme avait découvert, se sentit saisie par les cheveux, tirée en arrière.

OK, OK, elle garderait la tête droite.

Presque aussitôt, la sergente l'abandonna pour aller voir Hugo. Elle entendit les mêmes mots, mais cette fois, ils n'étaient plus criés - simplement prononcés sur le ton du constat.

Charlie entendit, juste après ces paroles, la voix de son ami :

— Nos tatouages...

Aussitôt, elle comprit.

— Ton tatouage et le mien, Charlie, sur nos chevilles, en langue des Clans...

Un nouvel ordre de la sergente, un bruit de gifle. Hugo continuait de parler, malgré les coups.

— Je crois que nous avons raté l'examen de passage... Et je ne suis pas sûr qu'ils vont nous laisser repartir, finalement. Mais je voulais te dire, miss, si l'armée des Ombres décide de nous égorger : je t'aime...

Un nouveau bruit de gifles. Une violente envie de pleurer submergea Charlie, mais elle se mordit les lèvres. Hugo se faisait cogner, avec morgue, précisément pour qu'elle tienne bon. Elle tiendrait.

*

Hugo n'eut droit qu'à une rapide inspection. La sergente savait déjà ce qu'elle avait trouvé...

On leur jeta leurs vêtements, ils comprirent qu'ils pouvaient se rhabiller. Sauf les chaussures, les chaussettes. C'est en entendant Charlie sangloter, dans son dos, tandis qu'il se revêtait à la hâte, qu'Hugo mesura l'humiliation d'avoir été ainsi, devant eux. De n'avoir pas su empêcher cela, pour elle. Ils auraient dû quitter Fern, plutôt que d'accepter de se mettre à nu. Maintenant, c'était trop tard.

Chapitre 27

— Je dois vous l'avouer... J'ai commis une erreur, une erreur grossière.

Les premiers cerviers, dont Nadir, étaient entrés profondément dans la route des défilés-de-Adama, leurs cavalières sur leurs dos, une heure environ avant que les plénipotentiaires et leur escorte d'Hafidas n'y parviennent. Aliya avait alors stoppé cette avant-garde, elle avait sauté à terre. Avec les siennes, sa famille, elle avait attendu les trois sages des Clans. Elle n'avait pas besoin de se répéter les paroles qu'elle allait dire - elle se contenterait d'énoncer la vérité. Sans fioritures. Sans ornements.

Quand les trois vieillards se présentèrent à leur tour dans le ravin d'Hadiya, elle s'avança à la rencontre de leurs montures. Ils tirèrent sur les rênes de leurs chevaux, surpris, tandis que les Hafidas d'escorte s'écartaient.

Aliya mit un genou en terre. Tous surent. La Capitaine des Clans ne se présente ainsi qu'en une seule circonstance.

Quelques étoiles brillaient, mais les nuages devinèrent qu'il fallait les voiler. La lune était absente

— J'ai violé la loi commune, et laissé mon amour vaquer loin de mon lion, de la bataille, de mes Cervières et de leurs vies qui me sont pourtant si chères...

Le sable et les roches qui forment les deux parois du ravin d'Hadiya étaient deux hauts murs, noirs sur le noir de la nuit. Deux falaises, deux parois, où il était impossible de songer qu'on pût s'élancer avec son lion, pour courir le long de la colonne ennemie. Pourtant, ils l'avaient fait, naguère, tous les deux.

— Cette erreur, vous la connaissiez tous, et votre loyauté est si grande que vous m'avez laissée faire, acceptant mes fautes plutôt que de me désavouer.

Derrière elle, Nadir rugit, un feulement qui retentit comme une protestation inquiète. Pas un autre cervier ne répondit au cri rauque. Les fauves, comme les guerrières, étaient interdits. Et c'était comme si le silence de la nuit attendait.

— Mais moi, je sais : je ne suis plus digne d'être votre Capitaine. Conseillers, ordonnez qu'on oublie mon nom, qu'on renonce à m'obéir, qu'on choisisse parmi les Cervières une moins indigne que moi.

Les trois conseillers la regardaient du haut de leurs chevaux, sans mot dire. Le vent soufflait dans le canyon, jouant avec de rares cheveux sur leurs crânes chenus ; était-ce le sable porté par ce vent qui mouillait leurs yeux, les rendait si brillants ?

— Si une Capitaine déchue peut encore prodiguer un conseil et adresser une supplique, dites-le-moi, conseillers.

Des trois vieillards, le plus ancien eut un geste, simple, de la main gauche. Une autorisation de parler, en somme.

— Tel est mon conseil, alors : dans la guerre contre Fern, si elle s'ouvre, qu'on suive et qu'on écoute toujours Jeson. C'est le plus querelleur, mais le plus sage des guides, il saura vous mener à la bataille ou à la table de négociation, tant que les Cervières n'auront pas trouvé leur nouveau Capitaine...

Derrière Aliya, les Hafidas, abasourdies, hochèrent la tête en silence : Jeson, oui, en vérité, le Centaurien plutôt que n'importe laquelle d'entre elles, pour remplacer la Sublime.

— Et maintenant, voici ma supplique : déchue parmi les Cervières, je prendrai la route de l'exil. Mais j'implore qu'on me laisse Nadir, que je puisse encore chevaucher le lion qui m'a portée au-devant des batailles que j'ai menées pour vous. Je vous le demande, pour que je puisse, en mon bannissement, me souvenir des joies que j'ai eues avec vous.

De nouveau, son lion, derrière elle, regimba. Et montra les crocs. Message explicite : celui qui s'aviserait de séparer l'animal tatoué et son écuyère pourrait tout aussi bien mourir...

Mais les trois conseillers ne redoutaient pas cette menace. Les Clans les choisissaient parmi les vieillards, moins pour leur expérience que pour leur détachement – quand on a vu tant de lunes, et tant de saisons, on ne craint plus la mort, on la sait fatale, et le moment qu'elle choisit importe peu. C'est donc librement, sans contrainte ni inquiétude, que le plus vieux des conseillers parla. Il se nommait Emin, sa peau semblait s'être parcheminée voilà déjà très longtemps, et même sa barbe autrefois abondante, et très blanche, était tombée, maintenant. Il n'en restait que quelques poils au menton, comme la barbiche d'un très vieux *caprax*.

Il dit :

— Pars, Aliya, sur Nadir. Nul parmi nous ne t'obéira plus, tu ne reparaîtras pas devant le feu du Conseil des Clans, tu auras une place à nos foyers seulement comme l'étrangère de passage, tu recevras l'hospitalité quand il te plaira, mais ne demeureras dans aucun Clan plus de trois jours...

Le vent de sable devait souffler plus fort, encore, dans le ravin d'Hadiya, pour que des larmes coulent ainsi sur toutes les joues, même les plus anciennes. Même celles, aussi, de la Capitaine.

— Mais les Clans n'oublieront pas, Sublime. Ce que tu as fait est lié à jamais, sur ta peau et dans nos mémoires. Ton lion en porte aussi le récit, il est ton frère, il est tien.

— Les Clans n'oublieront pas, Aliya.

— Que le vent souffle dans ton dos.

Les deux autres conseillers, à leur tour, avaient parlé. Leurs voix ne chevrotaient pas, leurs paroles avaient été fermes, mais d'une tendresse infinie. Ce fut tout.

La nuit avala Aliya et Nadir, précisément en ce ravin où, voici cinquante jours, elle avait mis en déroute une colonne golithe, presque seule, avec le jeune homme, le Cervier, qui l'avait menée à sa perte.

*

On avait laissé Charlie et Hugo se retrouver, au centre de la pièce. Debout, pieds nus, sentant le froid de la pierre – mais désormais, même une pneumonie était le cadet de leurs soucis, une aimable distraction : ils étaient des ennemis venus des Clans, des métèques, le pire que Fern puisse haïr.

La sergente se tenait à distance, face à eux, une torche à la main, son arbalète dans l'autre, pointée vers eux. Elle attendait quelque chose, quelqu'un. Un deuxième garde, dans leur dos, les frôlait quelquefois de sa hallebarde à lame barbelée. Les deux autres soldats avaient quitté la pièce, sur un ordre de leur sous-officier. Pour chercher quoi, qui ?

— Ils vont nous exécuter, miss... Sûrement cette nuit. Ils nous prennent pour des espions venus des Clans... Aïe.

Le garde venait de piquer le dos du bavard. La sergente eut deux ou trois mots froids, qui ne leur étaient pas destinés, et Hugo sentit l'arme de haste se retirer.

— Tu vois, ils nous laissent même parler... Notre compte doit être réglé, soldé, nous sommes cuits... Autant en profiter. Je pense qu'ils sont allés chercher les sicaires de Fern, parce que c'est le rôle de l'armée des Ombres d'exécuter les étrangers, la nuit.

— Tu... Tu as peur ?

— Pas pour l'instant. Je suis avec toi, cela me va. Et de toute façon, on n'avait pas le choix, on a tenté de jouer la partie avec les cartes dont on disposait. J'essaye juste de trouver un moyen de nous tirer de là, mais je n'en vois pas.

— Tu crois que si je refais le coup de l'appareil, ça pourrait...

— Pas avec nos tatouages. Je suis sûr qu'à Fern on ne croit pas à la légende de la Vierge, et encore moins si on leur dit que cette Vierge tatouée vient des Clans. Non, on est foutus. Sauf si je parviens à piquer l'arbalète de... aïe.

– *LUKKE*[1] !

Tout en parlant, il avait fait un pas discret en avant, vers la sergente. Un beuglement, derrière lui. La hallebarde barbelée l'entailla, profondément, sur l'omoplate droite.

— OK, c'était pas une bonne idée...

Il ne toucha même pas la plaie, pourtant brûlante, qu'on venait de lui infliger. Charlie avait besoin d'un ami indestructible.

Les gardes revinrent quelques minutes après, ils les entendirent et se retournèrent pour les voir franchir la porte. Les deux hommes précédaient deux silhouettes encapuchonnées, encore dans l'ombre, mais la première s'avança rapidement à la lumière, pour discuter avec la sergente.

C'était une femme d'assez grande taille, en vêtements d'homme, de chasseur des bois peut-être - cuir et étoffe épaisse, guêtres de peau de *caprax* retournée montant haut sur les jambes, comme des cuissardes, et poignets de peau retournée, aussi, jusqu'aux coudes.

Elle leur tournait le dos pour s'adresser à la sergente, et ils virent que dans son dos, sur une lanière en bandoulière, une impressionnante série de couteaux de jet attendait. De quoi frapper huit fois, sans arrêter son mouvement.

— C'est une sicaire de Fern, une de l'armée des Ombres.

— *Zaustav-hit-i, forpulik*[2] !

Le garde avait encore glapi. La nouvelle arrivée se retourna vers eux, en retirant sa capuche. Ils sursautèrent : ils connaissaient ce visage étonnant, ou du moins il leur en rappelait d'autres ; elle était très brune, les cheveux emmêlés de laine, quoique coupés court. Une ancienne Cervière ? L'avaient-ils vue dans l'entourage d'Aliya, à l'Oihan de

1. « FERME-LA » ! (argot exaspéré de Fern).
2. « Faites silence, vermines ! » (langue de Fern).

Vahan, au tertre de Maroine ? Insouciant des remontrances, Hugo dit encore :

— Jeson m'a dit que Fern haïssait les Cervières, car Fern ne peut dire ce qu'il y a d'humain, d'elfe et d'hybride parmi elles. Manifestement, celle-là fait exception - elle a dû trahir les Clans...

Tandis qu'ils parlaient entre eux, la tueuse s'approcha.

Ils virent, à la lumière, combien elle était jeune encore, et aussi toute l'intense curiosité dans ses yeux, les concernant, eux, leur étrange apparence, leur langue inconnue. Une incompréhension teintée de méfiance, sans doute, mais pas d'hostilité.

La sergente désigna de sa torche leurs deux chevilles. Elle parlait à l'économie, presque timidement, craignant qu'on ne la réprimande pour avoir fait appeler les sicaires, si c'était inutile. Elle n'était qu'une soldate, et eux bien davantage - le bras armé, secret, tout-puissant du pouvoir. La femme s'accroupit aux pieds de Charlie, d'une sorte de bond, avec la souplesse des Hafidas. Elle découvrit, presque délicatement, sa cheville, lut, à voix haute, l'inscription, dans la langue chantante, mélopée orientale, qui est celle des Clans. Puis, toujours accroupie, elle leva les yeux vers la jeune fille, lui parla dans cette même langue. Charlie répondit, en latin :

— *Non intelligo. Lingua quod pronuntias non loquor*[1].

— *In pelle tua tamen scribitur*, répondit l'autre dans la langue de Virgile. *Mentirisne*[2] ?

Elle se leva, passa à Hugo, releva la jambe de son pantalon pour lire l'autre tatouage. Cette fois, quand elle eut fini la lecture, elle ne tenta même pas d'engager la conversation.

Elle se releva, et par-dessus leurs deux épaules, elle s'adressa à la deuxième silhouette, celle qui l'avait suivie et qui était restée près de la porte. Elle parlait cette fois dans la langue rauque, gutturale de Fern.

---

1. « Je ne comprends pas... Je ne parle pas la langue que tu prononces » (latin classique).

2. « Pourtant, elle est écrite sur ta peau. Est-ce à dire que tu mens ? » (latin classique).

Alors, ils entendirent en réponse, dans leur dos, des mots qu'ils comprirent parfaitement ; des mots prononcés dans une langue inconnue et parfaitement intelligible. Ces mots n'étaient en fait pas une réponse, ils s'adressaient à eux. Et la voix qui les prononçait, ils la reconnurent, les glaça jusqu'à la moelle des os.

– Eh bien, je n'aurais pas su vous retrouver, sans vos tatouages, ni n'aurais espéré que le destin me donnerait cette occasion de venger mon bras mort... Mais je le remercie de m'offrir Hugo et Charlie, qui vont m'amener ensuite à Mansour.

Ils se retournèrent.

– Earvin !

– Toi !

Même s'ils s'étaient attendus, depuis qu'ils approchaient Fern, à le croiser, ils dévisagèrent interloqués le tueur de Fern. Ils virent la tête d'adolescent, les cheveux ébouriffés, les yeux devenus froids. Son bras droit, celui qui avait été cassé par Mansour à Hegoa-ar-Madalen, pendait toujours le long de son flanc, inerte comme naguère, atrophié maintenant. Merveilles de la chirurgie médiévale, incapable de réduire une simple fracture ouverte... Maintenant, son gantelet-arbalète, avec les carreaux, couvrait le bras gauche. Ils virent surtout, sur ces traits, quelque chose de bien plus effrayant que son rire fou, naguère, quand il tuait – une expression neuve s'était inscrite, une haine arrogante qui n'y était pas même dans les pires moments, il y a trois ans.

– Je ne comprends pas votre langue, mais je suis sûr que vous comprenez la mienne... Nous ne sommes pas si nombreux à Fern qui parlons l'Idiome universel des Elfes. Par malheur, ce n'est pas votre cas, et je n'entends rien à la langue de votre monde. Mais cela raccourcira les interrogatoires, qui n'ont pas lieu d'être, quoi qu'il en soit, en ce qui vous concerne...

Un rictus cruel. Earvin reprit :

– Je suis sûr que vous n'avez pu m'oublier ; et moi, je ne vous ai pas oubliés. Le poids mort de mon bras de guerre vous rappelle à moi, à chaque heure. Mais vous avez commis au moins deux erreurs, en entrant dans la Cité, pour Dieu sait quelle raison... Penser que vous pourriez pénétrer dans Fern en échappant aux gardes, puis à l'armée des Ombres, était la première de vos fautes. Ignorer qu'Earvin commande désormais cette armée en était une autre, plus lourde encore...

Il lança deux ou trois phrases brèves dans la langue gutturale, aussitôt les gardes se mirent en mouvement, se saisirent d'eux, les encadrèrent et les poussèrent hors de la pièce.

— Vous serez séparés jusqu'à la sentence, et réunis pour l'exécution. Je solliciterai l'honneur de l'appliquer moi-même, et cette faveur me sera accordée. Bonne nuit.

Chapitre 28

Quand le cercle se sépara, après les libations, Mansour s'installa, au cœur de la nuit, dans cette grotte, celle qu'on lui avait proposée ; simple ouverture en apparence dans l'un des massifs schisteux, au-dessus de la forêt. À une heure de marche de la clairière où on l'avait accueilli.

Il dormit d'un sommeil tourmenté. Puis, l'aube se leva, et il vit.

C'était un endroit merveilleux, pour qui aurait voulu rester des jours, en silence, à contempler la nature de l'Alta. À une centaine de coudées au-dessus de la forêt clairsemée, il voyait dans la lumière neuve passer les petits gibiers du matin ; les plus gros viendraient durant le jour, d'autres à la nuit, selon l'heure – ils se rendraient à la source, fuiraient dans les halliers leurs prédateurs ou traqueraient leurs proies.

Il apercevait parfois les yeux des animaux farouches, à cornes, se poser sur lui. Les poitrails palpitaient, un instant. Mais ensuite, les *mahades* ou les biches pouvaient rester plusieurs minutes à brouter, paisibles. Cela ressemblait à un paysage originel, dans lequel les Races et les peuples, et parmi eux les chasseurs, n'auraient pas eu leur part.

*

« Tu dois trouver ta place », lui dit Elmo.

Le vieux Faune l'avait rejoint pour contempler l'aube avec lui. Parmi toutes les créatures de la clairière, Elmo semblait s'être chargé d'accueillir l'étranger, de le guider dans ses premiers pas, de l'initier. Il en disait peu, et pouvait paraître lointain, étrange, presque repoussant, avec son air de Satyre velu et barbu ; c'était un être difforme, tordu par les ans et les hybridations, aux membres aussi noueux que de vieilles racines, aux yeux cependant aussi clairs que les glaces de Burak sous la lune. Mais ce qu'il disait, toutefois, paraissait venir de loin, de très loin. Cela résonnait dans l'âme de Mansour comme une vérité primitive et primordiale.

— ... Il n'y a pas assez de plusieurs vies pour la trouver, cette place, la découvrir. Apprendre à respirer au rythme même du vent, apprendre à recueillir les pluies et les soleils avec une égale, une morne gratitude. Apprendre que rien, ni tes colères, ni tes espérances, ne changera un iota au cours des saisons, à la puissance de l'Alta.

Elmo restait comme à regret devant la grotte de Mansour. À chaque instant, chaque fois qu'il finissait une phrase, on aurait pu jurer que c'était la dernière, qu'il allait s'en aller. Sans doute, il avait rompu sa propre solitude d'ermite, quelques heures, pour accueillir celui qui, encore, ne savait pas. Sans doute, il brûlait d'y retourner.

Mais pas avant de lui avoir livré toutes les clés de Gascalon, de sa sagesse et de sa longue méditation.

— Que pèsera ton souvenir, dans les siècles à venir ? Ta gloire ? Que comptera ton existence ? Que changera-t-elle, sinon par l'humus que produiront tes os, sous la terre ? Rien. Rien de rien. Voilà ce que nous faisons, ici, depuis trois siècles. Nous apprenons à nous savoir poussière.

Pour la première fois depuis qu'il parlait, les yeux du vieillard à pattes de *caprax* rirent à ces mots, comme s'il s'agissait d'une vaste plaisanterie. Il avait touché à la sérénité, il ne craignait plus rien.

— Tu vas peut-être trouver que c'est un idéal modeste, négligeable. Il est sans passions, il est vrai. Nous n'avons ni querelles entre nous, ni descendance ingrate et chargée de projets pour supplanter ses pères, ni place dans les guerres, les sagesses, l'Histoire. Nous sommes poussière. C'est une sagesse bien rebutante, noiraude, qui ne brille ni ne séduit, une sagesse glanée dans la défaite. Mais nous, Petits Hybrides, avons payé chèrement pour apprendre que c'est la simple, la dure vérité. Quand nous serons morts, personne ne songera à nous. Autant vivre avec cette science, autant se dégager déjà de l'illusion.

Elmo regarda de nouveau Mansour, puis ses yeux se posèrent sur les tatouages, et le Victorieux vit qu'il parcourait, lentement, paisiblement, quelques-uns des récits. Il ne parut nullement impressionné, seulement indulgent.

— Tu apprendras, aussi, toi qui te crus un héros. Il te faudra simplement plus de temps, mais tu apprendras... Du moins, si tu le veux.

Quand il eut énoncé ce chemin sans apprêt, et cependant plus ardu que la mort même, Elmo déposa quelques fruits, une outre d'eau claire, et s'en fut.

En quittant le Victorieux, le Faune aux tempes blanchies se demanda s'il aurait dû lui parler des deux spectres... Ils avaient hanté Gascalon, cette nuit.

L'étranger savait-il qu'il les traînait derrière lui ? Savait-il qu'une malédiction l'accompagnait ? Étaient-ce les ombres maudites d'ennemis vaincus, condamnées à le suivre partout dans son errance d'homme de guerre ? Des amis disparus ? Des frères d'armes inconsolés ? Savait-il seulement qu'ils allaient sur ses traces ? Peut-être, au fond, aurait-il dû le lui dire. Mais c'était entre lui et eux.

Le peuple des Petits Hybrides avait appris à ses dépens qu'il convient, dans la guerre comme dans la paix, de ne jamais se mêler d'autrui. Juste trouver sa place, sa simple place. Leur visiteur avait amené des ombres derrière lui, il repartirait avec elles - car il le voyait, l'étranger n'était pas de ceux qui restent, longtemps, à contempler. Non, assurément, bientôt, il s'en irait.

*

— Et vous l'avez laissée partir ? Seule ? Bande de crétins ! Jeson avait rugi.

Il avait retrouvé les plénipotentiaires et leur escorte à une demi-journée de marche de Fern – au lieu-dit Nahel, à cause de la source qui y coulait jadis. Là, le Centaurien se tenait en réserve, avec quinze Hafidas et plus de cent Cervières, prêts à intervenir si Fern avait ourdi quelque traîtrise contre leur ambassade. Les trois anciens des Clans venaient de lui annoncer l'exil d'Aliya, et ses ultimes demandes...

— Mais sang de *caprax*, vous n'avez donc pas compris que nous sommes dans deux guerres ! Deux guerres, vieillards ! Une contre les Golithes et les Spectres, pour le Sang-Noir, et une autre contre Fern !

Ses yeux lancèrent des éclairs, on eût juré qu'il allait prendre les trois conseillers l'un après l'autre, les démantibuler dans ses énormes mains, les réduire en miettes qu'il jetterait en pâture aux lions.

— Et c'est le moment que vous choisissez pour laisser partir la Sublime, la seule qui sache vous commander au combat ? C'est précisément ce moment ?

— Elle a mis un genou en terre...

Sawsan, la Hafida qui avait pris le commandement de l'escorte après le départ d'Aliya, volait au secours des trois sages ; c'était une erreur, courageuse.

— Oh, toi, la sauvageonne, ferme-la ! Toi et toutes tes congénères, avec vos âneries de code d'honneur, d'interdit et de lois... Vous n'avez pas été fichues de la retenir ? Alors que nous sommes en guerre, les gamines, en guerre ! Vous voyez le tableau ?

Sa grosse tête de Grand Hybride, parfois si débonnaire, était échevelée – son front ridé irradiait de fureur, sa bouche vomissait la foudre, sa barbe semblait faite de serpents. Une fois de plus, Jeson redevenait le tonnerre de l'Alta. Il vit dans les yeux d'Emin, des deux autres conseillers, de Sawsan et des autres Hafidas, la peur et l'effroi – peur de son ire, effroi d'avoir commis l'erreur. Aussitôt, une nouvelle métamorphose sembla défigurer ses traits, encore – le calme de la mer, après la pire tempête.

— Bien... Puisque Aliya m'a confié votre commandement après sa désertion, voici mon premier ordre : ramenez-la-moi. Le plus vite possible. De gré ou de force. Par la peau tatouée de son joli dos, s'il le faut ! J'ordonne qu'elle et Nadir soient présents dans deux jours, devant la falaise de Madani, sinon vous goûterez ce qu'il en coûte de désobéir à votre nouveau Capitaine.

— Et... Et par où faut-il la chercher ?

— À votre avis, les filles ? Creusez-vous le crâne, allons... Si Aliya estime qu'elle a failli, que va-t-elle faire, selon vous, sur son lion ?

— Elle...

— Exactement... Elle va s'attaquer toute seule, la bouche en cœur, à la Marche Livide, histoire de supprimer une ou deux brassées de Golithes et de finir en beauté. Vous savez ce qu'il vous reste à faire !

— À Arman-du ! cria Sawsan.

— À Arman-du ! crièrent encore dix voix, parmi les Hafidas.

Chapitre 29

On les arracha, vers le milieu du jour, à la salle de garde où on les avait emmenés et contraints au silence ; chacun escorté de trois hommes.

Charlie avait toussé, encore, deux, trois, quatre quintes, et craché du sang chaque fois. Mais cela s'était apaisé avec le matin, quand l'air sembla entrer plus chaud, plus doux, moins gorgé d'humidité depuis la porte et les rares meurtrières.

On avait pris leurs sacs, leurs affaires, les tuniques de nabarites, qui devaient être des preuves de leur duplicité ; on ne leur avait laissé que leurs vêtements « vrais », soigneusement palpés et fouillés. Encore une fois, d'autres soldats s'étaient étonnés de ces textures, de ces matières inconnues. Mais cette fois, avec plus de méfiance...

C'est donc comme deux jeunes gens de notre monde, et du XXIe siècle, qu'ils traversèrent les quelques rues pavées qui les séparaient du castel. Sur les carrés de pierre grise ou verte, quelquefois, des éclats de quartz brillaient au soleil zénithal. Le bruit des hommes en armes, autour d'eux, était lourd, assourdissant, étonnant – qu'on puisse faire autant de vacarme simplement en marchant, entrechoc de l'armure sur elle-même... Leur apparence, leur fragilité, leurs silhouettes juvéniles au milieu des gardes-chiourmes, tout concourait à leur dire qu'ici ils n'étaient pas à leur place – tout était une terrible erreur, un anachronisme, presque un jeu de rôles.

Ils passèrent, sans la voir, devant l'inscription de pierre où six noms de gouverneures, puis un septième, confirmaient la trahison d'Hedda ; ils pénétrèrent dans la bâtisse de Pouvoir. Pour eux, la gouverneure ne rendrait pas la justice sur le fauteuil d'Orla, dans la cour pavée, au vu et au su de tous - certaines affaires se traitent en secret, certaines affaires honteuses, ou stratégiques.

Ils reconnurent Hedda de loin ; mais en s'approchant, leur vision se brouilla - elle n'était plus la même, elle avait vieilli, enlaidi. Sans aucun doute, pourtant, c'était la même femme qui, voici trois ans, avait exigé une vie en gage, en sacrifice, pour l'Alta. La femme que Mansour avait réussi à tenir en joue, avec le bras-arbalète brisé d'Earvin.

— Hedda ! Mais je croyais qu'elle...

— Oui, moi aussi, miss... Elle aurait dû renoncer au pouvoir. Les ennuis continuent, on dirait...

À la contempler, de très près, quand on les jeta à genoux, à trois mètres du siège de justice, ils furent sidérés par l'altération de ses traits, l'usure et la laideur. Elle ne leur laissa guère le temps de revenir de leur stupeur :

— *Una e vobis latine loquere dicitur*, dit-elle, aussitôt, d'une voix métallique.

— *Ita est, gubernatora, intelligo.*

— *Optime. Tum, sententiam audi, tu qui Heddae mentiri posse credidisti !*

— *« Sententiam » ? In judicium non venimus !*

— *Et non veniemus. Proditores jus rogare possunt, sed justitia proditores non audit*[1].

Hugo ne comprenait rien aux paroles qui se prononçaient là.

1. « Il paraît que l'un d'entre vous parle latin.

— Oui, gouverneure, je le comprends.

— Très bien. Alors, écoute la sentence, toi qui as cru pouvoir mentir à Hedda !

— Une « sentence » ? Nous n'avons pas eu de procès !

— Il n'y en aura pas. Les traîtres peuvent demander la justice, mais la justice n'entend pas les traîtres » (latin classique).

Il assistait à la scène comme à un film, en simple figurant, peut-être en spectateur – le cadre imposant de la salle de Pouvoir, l'enfilade de trente-six colonnes dépouillées, comme un cloître intérieur, l'absence totale de décorum, ni tentures, ni chapiteaux, ni ornements, le pavage large et froid, quelquefois gravé comme sont les pierres tombales. Seule ornementation, immense, un écu aux armes de Fern pendait du plafond très haut, menaçant de tomber et d'écraser l'assistance à tout instant. Ce devait être voulu : ceux qui gouvernaient ou discutaient ici devaient ne jamais oublier que la Cité comptait plus qu'eux, et qu'elle restait pour eux un poids écrasant, mais aussi une menace.

Il regarda l'assemblée, où beaucoup ne semblaient pas plus que lui comprendre l'échange entre latinistes distingués. Il y avait quelques hommes et femmes en armes qui se tenaient autour d'eux : leurs gardiens, et aussi, sans doute, parmi ceux qui portaient une armure de chevaliers ornée de *kraast*, quelques-uns des plus fidèles, des meilleurs capitaines d'Hedda. Ils avaient accepté de trahir derrière elle la Charte écrite et la Charte orale de Fern.

Le soleil entrait faiblement par les fenêtres, des torches dispensaient une lumière inutile. La gouverneure se tenait droite sur sa cathèdre austère, elle parlait toujours avec Charlie. Earvin, son bras mort, son sourire mauvais, les regardaient, derrière le siège de justice ; les jaugeant sans davantage comprendre ce qui se négociait. Un peu en retrait, parmi les capitaines, Hugo vit la tueuse aux allures de Cervière. Elle ne perdait, quant à elle, pas une miette de la conversation.

Le latin continuait. Tout se jouait sans lui, sans qu'il puisse intervenir. Soudain, une phrase d'Hedda claqua, comme une sentence. Alors, il entendit Charlie supplier, pour la première fois elle perdit son assurance pour répondre au tyran.

— *Miserere nobis, gubernatora, conjuncte nos ultimis vitae diebus frui sine*[1] !

1. « Par pitié, gouverneure, laissez-nous jouir ensemble de nos derniers jours de vie ! » (latin).

Hedda ne répondit même pas, elle sourit seulement. Ceux qui jouissent de la souffrance d'autrui ont parfois ce sourire.

*

Charlie se tourna vers lui. Des larmes coulaient continûment de ses yeux :

— Nous sommes condamnés à mort, la sentence sera exécutée dans dix jours... Et nous serons séparés, Hugo, séparés jusqu'au billot.

Hugo sut que la supplication de son amie avait porté sur ce dernier point - non leur salut, mais les conditions de leurs derniers jours. Et il sut qu'Hedda n'avait rien voulu accorder. Ce serait donc la solitude et la séparation, avant la mort.

*

Dans les gargotes qui s'alignaient, en face de la principale caserne de Fern, là où les soldats vont boire aux heures de relève, deux des gardiens discutaient de leur prise de la nuit.

Le jugement venait d'être prononcé, déjà la nouvelle courait, de table en table.

« Des inconnus, deux. » Des « étrangers », qui portaient « un étrange tatouage venu des Clans », mais qui ne parlaient pas la langue des Clans, Chaïmae s'en était assurée. C'étaient « un jeune garçon et une jeune fille », qu'Earvin - ils baissèrent la voix en prononçant son nom, comme on le fait avec ceux qui inspirent une terreur religieuse - avait désignés d'un nom étrange : « Deux des Quatre. »

— Les Quatre ? Crois-tu qu'il y avait là-dedans l'assassin de Rolf ?

— Impossible... Le garçon était aussi épais qu'un roseau, et il avait ses deux mains. Tu sais que l'assassin était un Madoc.

— Et la fille ? Jolie ?

— Si tu veux mon avis, la fille ne durera pas... Earvin a dit qu'on aurait le droit de s'en occuper, un de ces soirs, nous autres... Et je peux te jurer que c'est un joli morceau, mais pas assez copieux pour nous survivre à tous.

Il y eut des rires gras.

Dans un coin de la taverne, une femme à la blondeur paysanne posa les chopes qu'elle venait de retirer, à la table des soldats, pour en déposer d'autres, pleines, écumantes de mousse. Elle avait l'allure d'une servante, ce qu'elle était. Elle ne devait pas avoir fini son service, et cependant, elle retira son tablier, quitta sans un mot l'établissement pouilleux par la porte de service.

Elle en savait assez. C'était trop grave, suffisamment pour qu'elle renonce à ce poste d'observation et d'informations idéal. Demain, l'aubergiste devrait se trouver une autre bonniche, pour abreuver les soudards.

Personne ne remarqua la disparition de l'espionne des Clans. Personne, sauf une cliente étrange, en tenue de coureur des bois, aux manches et aux guêtres de peau retournée. Elle avait des cheveux très noirs, frisés, mêlés de laine. « Chaïmae », avaient dit les deux gardes.

Quand elle constata que la servante quittait la pièce principale, elle eut un fin sourire, et sortit à son tour.

VI

Gascalon
(Là où meurent les orgueils)

Chapitre 30

Hugo s'était attendu à une geôle, un souterrain, une oubliette.

Le cachot était clair, plus clair que n'importe quelle maison de Fern. Et pour cause : il était au sommet de la tour d'Aïman, l'une des deux interminables aiguilles d'ivoire blanc – les deux doigts de Fern. C'était une pièce circulaire, découpée de très larges fenêtres béantes (les seules de la tour), l'ouvrant aux quatre vents, comme un clocher d'église toscane.

Aussitôt la porte fermée sur lui, après l'interminable ascension des escaliers borgnes et en colimaçon, Hugo, seul, se précipita à l'une des fenêtres. Il jaugea sa situation en un clin d'œil : la tour très haute, très étroite avait des parois entièrement lisses. Il était tout simplement impossible de songer à fuir par là, sans cordes ; et pour réussir, il aurait fallu des cordes de quarante, peut-être de soixante mètres.

Il alla vers la fenêtre qui donnait sur l'autre aiguille de la ville, l'autre tour étroite et élevée, celle d'Aloïse. Elle était aussi percée, au sommet, de fenêtres comme les chas de l'aiguille. Il reconnut de loin la silhouette de Charlie qui le regardait aussi, agita une main en sa direction... Comme Orla et Helvi, en leurs exils jadis, ils étaient hors de portée de voix. Ils étaient à cent mètres de distance, parfaitement visibles l'un à l'autre, cependant ; mais inatteignables, chacun en sa prison.

*

Presque une heure après, la porte s'ouvrit, derrière lui, dans un bruit de lourds verrous. Hugo se retourna. C'était Earvin.

— Eh bien, j'imagine que tu as fait tout seul le tour du propriétaire... L'endroit te plaît ? Oh, inutile de chercher à me répondre, je ne te comprendrais pas... Sais-tu que tu demeures dans l'un des plus saints lieux de Fern ? C'est la tour qu'Orla, mon aïeule, la fondatrice de Fern, fit ériger pendant son troisième mandat, et c'est là qu'elle se retira, à son issue. Et sa sœur Helvi fit de même, à l'issue des trois siens, dans l'autre tour, où réside désormais ton amie. Ainsi, les deux gouverneures déchues ne pouvaient plus influer sur le cours politique des choses, mais elles gardaient un œil sur la ville, ses habitants, sa police... Et nul n'osait trahir ce qu'elles avaient fondé, sous leurs regards. Visibles de tous, de toutes, chaque fois qu'elles apparaissaient à une fenêtre, elles étaient la conscience, la mémoire de Fern. La légende dit qu'elles vécurent chacune plus de cent ans, ici, dans leurs deux tours... Je ne sais s'il faut la croire...

Il ricana.

— Cent ans, un siècle... Tu imagines ce qu'elles auraient pu accomplir, si elles étaient restées sur le siège de Pouvoir, comme Hedda, au lieu de se parer de vertu et de se retirer ? Fern serait peut-être déjà à la tête de l'Alta, et nous n'aurions plus rien à accomplir, que continuer leur œuvre. Que de temps perdu... Mais qu'importe, tu n'auras guère le temps d'y songer - toi, il te reste dix jours.

Une pause. Le regard d'Earvin était aussi chaud que celui d'un poisson mort.

— Tu te tais, tu ne réponds rien ? C'est bien. C'est moi qui ai eu l'idée de vous emprisonner ici, chacun dans une tour, jusqu'à l'exécution. Vous êtes les premiers habitants des deux aiguilles, depuis mes illustres aïeules. Ainsi, tout Fern vous verra tergiverser, hésiter, chaque jour un peu plus, à sauter dans le vide, pour éviter d'être égorgés en place publique. Qu'importe : si vous sautez, votre Sang-Noir sera perdu, éclaboussé sur le pavé, comme si c'était après l'exécution. Et Hedda gardera les mains propres...

La haine d'Earvin palpitait dans chaque mot, chaque phrase.

— Mais ce n'est pas pour cela que nous vous avons placés ici, au vu et au su de tous. C'est pour que chacun connaisse l'appât, et que les espions se hâtent d'annoncer aux Clans votre capture. C'est une idée de moi, je dois l'avouer...

Earvin aurait dû à cet instant se rengorger, mais son visage semblait avoir oublié l'idée même de joie, fût-elle vaniteuse.

— ... Ainsi, votre ami Mansour saura que vous êtes revenus, et il ne pourra que se précipiter à votre secours. C'est son genre. Je suppose qu'il échangera sa vie contre les vôtres, une nouvelle fois... Mais cette fois, nous aurons le choix ; nous accepterons le marché, en apparence, puis nous prendrons vos trois vies. Votre arrivée tombe à merveille.

Hugo ne put s'empêcher d'avoir un mouvement de colère. Mourir, soit. Servir d'appât, trahir Mansour, c'était autre chose. Aussitôt, le bras gauche d'Earvin se déplia, un carreau sur l'arbalète.

— Désormais, grâce à vous, je ne peux plus recharger mon arme aussi vite. Mais j'ai toujours un carreau en place, qui me suffit bien souvent... Veux-tu essayer ? Veux-tu que ton amie Charlie, la fausse Céridwen, me voie suspendre ton cadavre par les entrailles à la tour, qu'elle contemple tout ton sang empoisonné, lorsqu'il s'écoulera le long des murs d'ivoire, et qu'elle te regarde pourrir pendant dix jours en attendant son tour ?

Hugo se laissa tomber contre le mur. Les poings serrés. Charlie avait besoin de lui, de son énergie, de sa force. Pendant dix jours encore. Pour mourir dignement.

— Et toi, au fait, auras-tu envie de l'entendre gueuler, la veille de votre exécution, quand je la livrerai à mes soudards ? Après tout, j'ai un ordre exprès d'Hedda pour ne verser aucun sang avant qu'on vous égorge... Mais ce qui attend Charlie, avec mes hommes, ne la fera pas beaucoup saigner, ils en prendront grand soin, tu ne crois pas ?

Cette fois, Hugo ne se retint plus ; un voile rouge tomba devant ses yeux. En hurlant sa rage, il se jeta sur le tueur, les deux mains comme des griffes.

L'étrangler, maintenant, ou plutôt non... L'égorger. Lui arracher la carotide avec les ongles. Une bonne fois.

Il n'eut pas le temps de comprendre. Bien avant d'avoir atteint Earvin, il se sentit violemment repoussé en arrière, épinglé contre le mur. Ensuite seulement, il ressentit la douleur : le carreau de l'arbalète l'avait saisi à la jointure de l'épaule et du bras droits.

— J'ai ordre de t'épargner, je le fais... Tu trouveras sans doute la force de te déclouer tout seul, et la gangrène ne te tuera pas avant l'exécution. Quant à moi, je vais de ce pas visiter ta chère amie. Et surtout, n'oublie pas de guetter : sans doute, si le vent est favorable, l'entendras-tu hurler et supplier, la veille de votre mort... Ou qui sait, peut-être même avant.

Chapitre 31

Durant une poignée d'heures, ce jour-là, Mansour fit simplement ce que prescrivaient les Petits Hybrides, peuple troglodyte, contemplatif, aux mœurs arboricoles : il demeura accroupi, presque immobile, les yeux fixes ne quittant pas un arbre, puis un panorama, puis même le soleil, presque en face ; détaillant longuement le cycle de la nature, ses infimes détails, leur déploiement, leurs mystères.

Par cette contemplation, il recevait, espérait-il, un peu de la sagesse des survivants.

Oui, sans doute il était une part, une part infime d'un grand tout, cosmique ; il n'était qu'un grain de sable sur une plage infinie où chacun avait sa raison d'être, où nul n'était cependant indispensable ; il était une ligne dans une histoire qui avait commencé bien avant lui et continuerait de dérouler ses flots bien après.

Il resta accroupi, durant ces heures, à essayer de saisir comment le cosmos, l'infini des espaces et l'infini des temps, le dépassait, l'écrasait, le transcendait. Il se regarda en fourmi, discrète, minuscule, méprisable. Il se regarda, détaché de ses passions, de ses colères, de ses fols espoirs, de ses noirs desseins ; privé de la victoire et de la défaite, du défi et de la vengeance, simplement habité par ces deux certitudes : je suis, et je ne serai plus. Et encore, cette troisième, qui en découlait : tout ce que je suis n'empêchera pas la poussière.

En vérité, c'était une sagesse. Mais Mansour al-Masri n'était pas un moine bouddhiste. Il était plutôt un guerrier shaolin. Un samouraï. Il était le Victorieux, celui que nul ne surpasse. Un banni que nul ne protège. Une proie pour les Spectres et les Golithes, un défi pour tout l'Alta, une menace pour quiconque. Tout était écrit là, sur sa peau, son visage, ses mains, ses bras, son torse. Il quitta la position accroupie et la contemplation.

Dès ce premier jour parmi eux, à Gascalon, il chasserait, pour ses hôtes. Il ignorait s'ils apprécieraient cette viande rôtie, souvenir très ancien du temps où les Hybrides grands et petits dominaient. Il savait qu'ils goûteraient tout du moins le cadeau, le voyant aussi, peut-être, comme un échec de sa contemplation.

Mais s'il chassait, c'était surtout pour lui. Pour le goût du sang, pour la traque.

Toute la fin de journée, en coureur des bois, il piétina les halliers giboyeux, et vingt fois, des forts animaux cornus, libres, sauvages se retrouvèrent dans l'axe de ses flèches. À quelques pas. Il ne savait pas tous les nommer, il n'avait pas cette science et connaissait bien moins qu'eux ce nouveau territoire, mais même avec l'arc court, à cette distance, il n'aurait pu les manquer. Cependant, il ne tira pas. Retenu par il ne savait quel instinct, quelle patience – convaincu de devoir remettre à plus tard le meurtre, fût-ce d'un animal. Comme un dégoût, une nausée du sang. Comme une perte de soi-même.

Il courait, simplement, à perdre haleine, entre deux rencontres, dans les buissons, allant d'une harde à l'autre, débusquant des *zayalas*, des cerfs, des *mahades* ; ses doigts par réflexe faisaient chaque fois glisser un projectile du carquois au repose-flèches, mais en réalité, ses yeux regardaient l'animal comme autre chose qu'une proie – comme une vie, palpitante, fragile, infiniment fugace.

Il ne se reconnut pas dans ces sentiments nouveaux. La peur et le refus de voir la flèche pénétrer dans un cœur, une gorge, de voir le sang couler, de voir la vie s'enfuir, ne lui ressemblaient pas.

Que lui arrivait-il ? Expiait-il une faute ?

C'était une nouvelle intuition, un regard sur le monde.

Jusque-là, toujours, lorsqu'il combattait, l'œil intérieur était fixé sur lui-même. Sur les mouvements de la chorégraphie guerrière. Sur l'exactitude des secondes, des muscles, des mouvements, des forces – cette coordination, commandée par l'esprit, pour frapper une fois, juste une fois. Un art, martial, meurtrier, sanglant. Mais ce jour-là, pour la première fois, dans cette forêt inconnue, devant ces créatures sauvages qui semblaient même ignorer, si peu farouches, la peur du chasseur, il ressentait autre chose. L'impression d'être la minuscule partie d'un tout. La conviction d'appartenir au même ensemble que les *zayalas* et les daims, d'être une parcelle de vie dans une Vie infiniment plus large et qui les rassemblait tous, d'être du même sang, du même souffle, du même cosmos qu'eux.

Troublé, il se demanda ce qui se découvrait, en lui, comme deux coquilles tombent soudain des yeux, pour ouvrir le regard. Était-ce cela, la compassion ?

*

Avant même la nuit, Mansour rentra à la clairière.

Il était bredouille. Il avait faim, une faim de loup. Mais les loups, au pays des Hybrides, ont rogné leurs canines... On lui tendit une écuelle remplie de légumes sauvages et de fruits ; il mangea, sourit. Quelque chose avait changé dans l'éclat de ses pupilles, une sérénité. Une reconnaissance. Et Elmo se demanda s'il ne s'était pas trompé. Apparemment, en un seul jour, l'élève avait fait de grands pas. Après tout, peut-être allait-il rester quelque temps ?

Le vieux Faune ne songeait déjà plus aux spectres aperçus la nuit d'avant. Les créatures d'après la mort avaient disparu ce matin, on les avait vues fuir vers le Sud. Finalement, peut-être n'avaient-elles rien à voir avec l'étranger.

Chapitre 32

Hugo commença de tirer sur le carreau, avec le sentiment, en s'arc-boutant sur le métal, d'arracher aussi une part de lui-même. Il fallait, il le fallait. Après plusieurs minutes d'efforts, il oublia toute idée de précaution, de lenteur : les centimètres de métal n'étaient pas moins atroces à retirer s'il y allait doucement. Autant en finir au plus vite.

Il força, sentit que le carreau fiché dans le mur, et qui le maintenait comme un papillon dans sa vitrine, vacillait, commençait de se desceller.

Souffrance infinie, irradiante, folle, cependant – et qu'il s'infligeait lui-même. Il reprit deux fois son souffle, s'accordant des trêves. Ces deux fois, la douleur le fit vomir.

Mais il n'avait pas le choix. Ne pas s'apitoyer, ne rien s'épargner.

Enfin, brutalement, le projectile à bout carré sortit du mur. Hugo tomba en avant, fondit en larmes, de la bave plein la bouche. Il fallait encore, maintenant, extraire le carreau des chairs. Il hurla, en le tournant dans la plaie. Il insulta, jura, supplia, mais il n'écouta pas ses propres appels à la pitié.

Quand enfin il en vint à bout – et par « bonheur » sans briser le carreau dans la plaie –, le sang coula à flots par le trou, net, dans la viande sanguinolente... Sa propre chair. Il maintint une compression, pour arrêter l'hémorragie, puis noua un pansement confectionné dans sa manche déchirée. Il était gauche, maladroit, inopérant. Son épaule semblait morte. Son bras droit pendait, il ne pouvait ni le bouger, ni même le mouvoir avec l'autre, fût-ce d'un centimètre, sans qu'une décharge électrique déclenche des spasmes.

La nuit était tombée. Impossible de savoir s'il s'était acharné pendant des heures contre le carreau d'arbalète, et surtout contre lui-même, ou si cela avait duré quelques dizaines de minutes seulement. Tremblant encore, la sueur se figeant sur son front et dans son dos, il parvint à se traîner jusqu'à la fenêtre qui faisait face à la « cage » de son amie. Il n'y voyait plus goutte. Charlie l'avait-elle guetté du regard, toute la fin de journée ? L'avaient-ils suppliciée, elle aussi ?

*

Elle avait entendu à son tour les paroles et les menaces d'Earvin. Elle n'avait rien répondu, était restée prostrée, sans rien lui offrir de sa propre colère, de sa rage. C'eût été son triomphe...

Et au vrai, cela n'avait pas été difficile de se contenir, car elle s'en moquait : l'appât, Mansour, le plan, l'exécution, plus rien ne comptait. La seule chose qui importait, maintenant, depuis la sentence, c'était l'absence d'Hugo. Les cachots séparés, puis la joie de s'apercevoir un instant, une heure, à la fenêtre, comme une bouffée ; et maintenant, sa pure disparition. Des heures qu'il n'avait pas reparu à la fenêtre de la tour d'Aïman.

Pas un signe, pas un geste, pas une présence. Était-il mort ? Avait-il résisté trop longtemps, leur avait-il tenu tête ?

Earvin avait sous-entendu qu'il l'avait frappé, blessé... Juste avant d'annoncer qu'elle serait, elle, violée, la veille de l'exécution. Des menaces, des menaces... En cette minute, la seule peur qui la tenaillait, c'était Hugo – pourquoi avait-il disparu ? Que lui était-il arrivé ?

S'il était mort, ils pouvaient lui faire ce qu'ils voulaient ; cela les avilirait, mais plus elle. Elle n'était qu'à lui. La façon dont il s'était jeté sous le *siffale* pour la sauver, la façon encore dont il avait enduré et provoqué les coups sans jamais se taire, devant la garde de Fern, simplement pour la soutenir, la stupéfiait encore.

Voilà. Elle savait intellectuellement qu'il avait tué Rolf pour la sauver. Elle savait qu'il était prêt à tout pour elle. Mais là, elle l'avait vu. Mesuré. Admiré. Ce garçon, ce jeune homme qui était depuis toujours tout son univers, était désormais plus que cela. Son roc, son port, son attache, son refuge. Celui qui par sa seule présence chassait les ténèbres, qui par sa tranquille assurance évanouissait la peur. Les mots manquaient, les mots n'existaient pas.

C'est elle qui l'avait entraîné à revenir sur l'Alta ; et depuis, ici, constamment, il la maintenait à la surface. Comme elle lui avait gardé le menton hors de l'eau, dans la rivière d'An-ar-Anh. C'est elle qui avait eu le beau rôle, face à Thierno, et lui qui avait tué le *siffale*. Elle regretta, bêtement, stupidement, la comédie qu'elle avait jouée devant le Féodal. Elle regretta de ne pas avoir dit la vérité, l'immense vérité : le garçon qui vient d'éventrer votre monstre de guerre, pour moi, est aussi celui qui a tué votre frère immortel, pour moi encore. Il n'y a pas de Vierge, pas de légende. Il n'y a qu'Hugo. Admirez-le comme je l'admire. Aimez-le, aimez-le follement ; vous le ferez toujours moins que moi.

Aurait-elle encore l'occasion, une seule occasion, pour le lui dire, le leur dire ? Était-il blessé, agonisant ?

En regardant les étoiles dans le ciel de l'Alta, Charlie se jura une chose : s'ils survivaient tous deux jusqu'à l'exécution, elle trouverait, ce jour-là, devant la foule, le moyen de faire éclater la gloire de son homme.

Parce qu'il fallait que le monde sache qu'on l'avait aimée, elle, à ce point-là.

*

Cette nuit-là, deux silhouettes impalpables, d'un vert irréel, quittèrent les murs de la Cité libre, glissèrent le long des rues, à travers les grilles de la herse. Nul n'aurait pu les arrêter, pas même les tueurs de l'armée des Ombres. Les vivants ne peuvent rien contre les morts, et pas davantage les morts contre les vivants.

Chacun dans ses pensées souffrantes, ni Charlie, ni Hugo ne les virent passer, du haut de leurs « nids de pie ». Ils auraient ignoré de quoi il s'agissait, sans doute. À moins que ne leur soient revenus, alors, les souvenirs de la Forêt des Âmes.

*

Que penserait-elle de lui ? Que dirait-elle en le voyant ainsi, désarmé, abandonné, immobile, inutile et acceptant de l'être, sur le territoire oublié de Gascalon – sans combats à accomplir, sans même l'espoir d'un combat à attendre ? Elle pourrait sourire, ou hocher la tête, ou simplement, simplement refuser d'y croire en son for intérieur ; de cette incrédulité qu'il lisait, aussi, dans les yeux d'Elmo et des autres Petits Hybrides, à la veillée du soir : on ne change pas un cervier en chien domestique. On ne nourrit pas un lion avec de l'herbe.

Mais si Aliya le voyait, si elle doutait, au moins saurait-il quoi répondre.

« C'est ta faute. C'est toi qui m'as désarmé, toi qui m'as chassé, banni du Clan des Hafidas, de la guerre... J'étais le Victorieux, j'étais ton double, Aliya. »

Elle l'avait réduit à cette désertion. Et maintenant, c'est ce qu'il allait faire : se détruire lui-même, cesser d'être ce qu'il avait été, quitter sa peau, ses nerfs, ses muscles, s'affaisser... Et qui sait, apprendre, apprendre peut-être quelque chose de la sagesse des survivants. Découvrir que même en se reniant soi-même, dans sa propre disparition, il pourrait, qui sait, recueillir de nouvelles joies.

Mais tout ça, cet abandon, cette sagesse, ces joies, ce serait contre elle. Parce que Aliya n'avait pas voulu de Mansour le Victorieux à ses côtés. Parce qu'elle avait préféré la loi à l'ivresse, les Clans à l'amour.

Une phrase lui revenait en tête alors qu'allongé sur quelques fougères coupées, il cherchait le sommeil, dans cette grotte d'ermite – cette cellule de sagesse, son exil.

« Un cervier pour la Cervière. »

C'était la première phrase qu'il avait comprise, lors de son premier passage sur l'Alta, lorsqu'il s'était retrouvé femme et guerrière sauvage, empêtré dans ce corps qui n'était pas le sien. Lorsqu'il avait rencontré Nidhal.

« Un Cervier pour la Cervière. » Depuis quelques semaines, cette phrase avait pris un autre sens. Oui, il y avait un compagnon pour Aliya, un alter ego, une âme sœur. Et oui, cette âme, c'était la sienne – celle de Mansour al-Masri, le Victorieux, l'autre elle-même. Mais Aliya l'avait refusé. Elle l'avait réduit à aller, à pied, pour le protéger, disait-elle. Ou pour garder le capitanat, malgré les rumeurs ? Va savoir... Et qu'importe.

La Cervière avait refusé celui qui était pour elle. Mansour ne le pardonnerait pas, il en mourait déjà.

Chapitre 33

Quand ils s'aperçurent au matin, vivants l'un et l'une, par les fenêtres de leurs cages suspendues, leurs deux prisons d'ivoire, ils remercièrent le ciel, les dieux, la vie, et tout ce à quoi ils croyaient ; on leur offrait encore ce sursis, cette suspension provisoire du malheur.

Après la nuit d'angoisses, cela semblait beaucoup, même enfermés, condamnés, réduits au simple rôle d'appât, de chiourme. Ils se savaient en vie. Ils se savaient capables, encore, l'un et l'une, de se regarder, de se faire, en quelques signes lointains, comme des sémaphores, la déclaration de leurs peurs de la nuit, de leur soulagement.

*

Ce deuxième matin, Mansour reprit la traque, du regard, juste du regard, et cela dura toute la journée. Il avait laissé les armes dans la grotte – le tranchoir de guerre, l'arc court. Ils étaient inutiles, un appel au meurtre, et cet équipage-là, il pouvait l'abandonner. Quant au reste, le désir de combattre, la soif de gloire, de sang, il lui faudrait plus de temps sans doute pour les laisser derrière lui, les quitter comme de vieux habits, et toucher la sagesse des Hybrides.

Mais ce temps, il l'avait. On l'avait laissé là, abandonné, aux marges de l'Histoire.

Cette fois, après sa longue course régulière comme le soleil, il revint au soir avec des brassées de carottes sauvages, qu'on fit cuire, fanes et racines, avec le reste. Les Petits Hybrides buvaient du vin de palme, ou de Dieu sait quel arbre – un vin doux, enivrant. Il riait avec eux. Il se sentait des leurs, déjà, par moments. À d'autres, il ne pouvait s'empêcher de songer que le Victorieux en était réduit à cet exploit : cueillir des carottes.

Il luttait contre ces pensées, connaissait son infirmité : il avait un corps de guerrier, inflexible, d'acier, alors qu'eux portaient dans leurs chairs leur nature animale – ces pattes de *caprax*, ces queues ou ces peaux de *vivrinx*, ces gestes de Capraures leur rappelaient à chaque minute qu'ils étaient de cette terre, de cette forêt, de ce ciel et de ce soleil. Ils étaient une part de nature et une autre de culture, une part de proie et une autre de prédateur – des créatures et des créateurs. Lui, avec ses muscles de combattant, l'alphabet sur sa peau, ses armes, devait désapprendre tout ce qu'il avait mis tant d'années à savoir. Cesser de se dominer, pour dominer ; de contrôler chaque geste, chaque seconde, chaque pensée. Se perdre lui-même, se déconstruire, faire disparaître la structure du prédateur qu'il était devenu.

Ce serait long, mais pour la première fois, il souhaita y parvenir. Il quitta le feu parmi les derniers, tous les autres étaient ivres. Pas lui. Le contrôle, toujours.

*

En traversant les fourrés vers sa grotte, après quelques pas, il entendit le rugissement au loin, derrière lui. Un cri brutal de carnivore. Une bouffée de sauvagerie monta en lui, comme une réminiscence. Nidhal... Se pouvait-il que Nidhal soit... ? Mais non. Ce n'était pas le cri d'un cervier. C'était un grand fauve, sauvage, en chasse, sans doute un *landar* ou une panthère des glaces.

Il revint sur ses pas, malgré tout, pour savoir. Tandis qu'il s'approchait de la clairière, les rugissements se précisèrent, se mêlèrent de hurlements d'effroi.

Il sut : une attaque ; le campement, le lieu de la veillée... Il se mit à courir à travers les buissons. Ce fut d'abord une course folle, éperdue. Puis, imperceptiblement, quelque chose qui s'était défait dans son esprit se réenclencha. Il sut combien de mètres il parcourait, les foulées qu'il faisait, la distance qui le séparait encore du feu. Il retrouva le contrôle, l'oreille, l'œil du samouraï.

Quand il déboucha dans la clairière, il connaissait très exactement la position de chacun – les amis, l'ennemi –, rien qu'aux cris. La seule chose qui le surprit était la taille du prédateur.

C'était un *landar* de la taille d'un ours grizzly, environ. Il n'en avait jamais vu de pareil : un animal énorme, sans doute sorti de son hibernation il y a peu, et affamé. Les crocs, la truffe, la trogne et les babines ensanglantés indiquaient s'il en était besoin qu'il avait déjà frappé. Deux corps gisaient au sol, ceux d'Ancel et Toane, des Capraures, les moins rapides. Un homme-*vivrinx*, Iego, essayait de s'éloigner du lieu de l'attaque, se traînant maladroitement à quatre pattes, vraisemblablement blessé au dos, l'arrière-train trop lourd, paralysé ; incapable de tenir sur ses pattes arrière.

Face au prédateur, un Faune plus jeune et dont Mansour ignorait encore le nom tendait un tison enflammé, en reculant et hurlant. Tous les autres, parmi les Petits Hybrides, avaient reflué en piaillant jusqu'aux limites de la forêt, et maintenant, fascinés, comme hypnotisés, ils regardaient la scène – le duel trop inégal. Incapables de se détacher de l'exécution d'un des leurs.

Le *landar* avait les oreilles couchées dans sa crinière mouchetée, signe de colère. Les yeux rouges réduits à deux fentes, folie meurtrière – quand ils sont ainsi, c'est que le goût du sang a supplanté celui de la viande, il leur faut égorger et égorger encore, en dépit des proies qui suffiraient, déjà, à les nourrir pendant des jours. Le Faune allait mourir. Et après lui, Iego, l'homme-*vivrinx* ; et combien d'autres qui s'égailleraient dans la forêt, quand le fauve lancerait la poursuite, et qui ne parviendraient jamais à rejoindre leurs grottes ?

Mansour était sans armes. Il entendit la voix intérieure remonter de loin, de très loin, d'un lieu où il pensait qu'elle s'était assourdie en deux jours, peut-être tue à jamais.

Elle fut claire : « Sois le maître du temps. La force, l'acuité de l'adversaire – empare-t'en. Elles seront ta victoire. »

*

Les règles du combat disent qu'il ne sert à rien de défier un ennemi supérieur lorsqu'on est désarmé. Il faut alors le frapper, vite, fort, méchamment, pour qu'après le premier coup, la supériorité soit passée dans votre camp. Car la surprise est un atout seulement pour le premier coup – si tu surprends l'ennemi, stupéfie-le.

Le *landar* n'avait pas encore compris qu'un nouvel adversaire, infiniment plus redoutable qu'un Faune armé d'un tison, venait d'entrer dans le cercle. Sa vision périphérique ne lui permit pas de le jauger – trop de fureur, trop d'envie de tuer le petit homme-à-pattes-de-chèvre et son bâton enflammé. Il se ramassait sur ses puissantes griffes, pour bondir. Mansour courut en oblique, disparut totalement à ses yeux un instant, puis se jeta sur l'animal...

*

Ta main gauche agrippe l'oreille pour te maintenir, ta main droite doit frapper, deux fois, avant qu'il ait secoué la tête. L'index et ton majeur sont durs, dressés, l'annulaire et le pouce repliés les renforcent, en arcs-boutants. Quand l'index et le majeur frappent et piquent, deux fois, ils ne peuvent entamer le corps de l'ennemi qu'en un endroit – ils ne sont pas des armes, pas assez acérés, sauf en un seul endroit : les yeux, les yeux de l'ennemi.

Une fois qu'ils auront frappé deux fois, l'animal secouera la tête, provisoirement aveuglé.

Sois sur lui dans ce mouvement ; à califourchon – tu as jeté ton corps, utilisant la force de sa stupeur pour te hisser sur lui. Alors, puisque tes deux jambes enserrent maintenant son cou et te maintiennent, tu peux utiliser tes deux mains.

Arrache ce que tu as déjà frappé, avant que sa vision revienne. Prends sa vue. Tes mains sont des griffes, elles peuvent le devenir. Tu ignorais la force qu'il y a dans tes doigts, dans tes ongles, jusqu'à aujourd'hui. Comme lui, tu as tes griffes – utilise ses armes.

*

Mansour bondit à terre, de l'autre côté. Il tenait dans chaque main un globe oculaire, arraché, sanguinolent. Les deux nerfs optiques pendaient par les orbites ensanglantées du *landar*.

Le reste n'était plus qu'un solde de tous comptes – abattre un monstre rendu à la cécité originelle, sans yeux, mais gardant l'ouïe et quelques réflexes, des griffes et des dents à quelques extrémités redoutables de son corps.

Le prédateur voltait sur lui-même, fou de douleur, d'incompréhension, de peur, de rage. Il entendait les cris de surprise et d'effroi venus du petit peuple, l'instant d'avant terrorisé, maintenant sidéré.

Mansour s'était dégagé, il alla d'un pas calme, comme s'il accomplissait un numéro, dans l'arène ; il était un dresseur, le *landar* était son élève docile, la distance entre eux devait rester toujours la même. Il vint jusqu'à la souche d'*ivor* arrachée, qu'il avait repérée dès le premier instant de lutte, à l'orée de la clairière – dès le soir de son arrivée, en fait. Une souche suffisamment pointue pour servir d'épieu. Il la prit, la soupesa, chargea l'adversaire aveugle, tenant l'*ivor* comme un bélier.

L'épieu se planta d'abord dans le groin, mais le mouvement avait été ferme. Déchirant la truffe et la gueule, l'haste improvisée continua sa course, glissa, en dessous, s'enfonça dans la gorge. Mansour ne tenait plus l'*ivor* meurtrier, les mains libres, il était déjà ailleurs.

Il marchait de nouveau, comme un promeneur autour d'un spectacle, comme un dompteur, gardant l'écart constant avec la bête. Le *landar* s'effondra, d'abord ce furent les pattes de devant qui cédèrent, puis, à genoux un instant, il sembla supplier ; les pattes arrière lâchèrent. Il roula de côté.

Mansour prenait une pierre, une grosse pierre sur laquelle, peut-être, un des deux Capraures assassinés s'était assis, voici une heure ; quand ils buvaient ensemble. D'un geste fluide, mais qui exigeait une force insensée, il prit le gros rocher, le brandit au-dessus de sa tête en s'approchant du prédateur agonisant, énucléé, égorgé, encore secoué de spasmes.

Mais au lieu de simplement jeter le rocher, pour achever la bête, il s'en servit comme d'un pilon – s'éclaboussant du sang de sa victime, en coups répétés, martelés.

« Crève », avait-il murmuré. « Crève, crève, CRÈVE !!! », hurlait-il maintenant.

Chapitre 34

— Elle n'était pas à Arman-du...

— Elle n'était sans doute pas davantage sur la Marche, nous aurions vu des signes de son attaque... Nous n'avions que quelques heures de retard sur Aliya. Et nous avons attendu une nuit et un jour, sans rien voir.

— Mais quelque chose se prépare, une attaque...

Les trois Hafidas qui faisaient leur rapport attendirent pour livrer la suite. Jeson fronça les sourcils : la première des trois, Sawsan, comprit que c'était sa façon d'en demander davantage.

— Au soir du deuxième jour, les colonnes golithes commençaient de descendre, depuis Burak, pour former leurs carrés sur l'aval de la Marche.

— Elles se mettent en ordre de bataille, toutes ensemble, elles sont une seule armée.

Jeson hocha la tête. Apparemment, il se contentait d'enregistrer les informations, stratégiques, pour les analyser. Il ne disait toujours pas un mot, serein comme une mer étale.

En réalité, ceux qui connaissaient bien le Centaurien auraient reconnu dans ses yeux une incertitude, quelque chose qu'on y voyait rarement ; un doute sur lui-même, presque de la peur. Il se tourna vers la servante blonde de l'auberge de Fern, qui était arrivée quelques heures avant le retour des Hafidas, porteuse elle aussi de sombres nouvelles. Disait-elle vrai, celle-là ? À l'en croire, Charlie et Hugo étaient de retour sur l'Alta, et ils étaient en ce moment dans les mains d'Hedda. Comme par hasard, au moment précis où Fern demandait la tête de Mansour, au moment où Matthias et ses Spectres nouaient l'alliance avec les Golithes, pour le Sang-Noir.

Coïncidences ? Pourquoi les Golithes se réunissaient-ils ? Qui s'apprêtaient-ils à frapper ? Que signifiaient ces mouvements, à l'heure où le Sang-Noir pouvait de nouveau être réuni ?

Fern pouvait-elle avoir noué, elle aussi, une alliance avec les Spectres, pour réunir les Quatre, et rétablir sur l'Alta le Pouvoir maudit ?

Il n'était pas un Capitaine, il le savait. Il était le marteau, la colère des Hybrides. Il n'avait aucune vue d'ensemble. Seule la Sublime aurait été à sa place, en ces heures.

Le Centaurien dit :

— Que tous les Clans se préparent à se retirer, très loin, vers le Nord, par le chemin de Sarpanter. Qu'on emporte toutes les réserves, comme si l'on s'apprêtait à passer deux hivers dans le royaume de la forêt de *kraast*. Que quelques patrouilles demeurent sur la route des défilés-de-Adama, et d'autres vers Maroine, pour que nous connaissions l'heure de leur offensive. Mais que les Cervières s'organisent surtout pour escorter les Clans.

Fuir... Les Hafidas, sans un mot de plus, allaient se retirer. Alors, l'incertitude de Jeson explosa :

— Et bon sang, tripes de *barans*, qu'on retrouve Aliya !

*

— Pourquoi me fuient-ils ? Je les ai protégés...

Elmo était devant la grotte... Les libations avaient cessé, depuis une heure, dans la clairière.

Voici deux heures, le cercle, ravagé la veille par le fauve, reformé ce soir-là comme si de rien n'était, s'était refermé à l'approche de Mansour. Deux fois, il avait tenté de s'asseoir. Deux fois, des dos s'étaient resserrés, pour l'exclure.

Il n'avait pas insisté, il était parti vers sa grotte, avait mangé, solitaire, la chair du *landar*, crue, et qui se faisandait déjà. Maintenant, la lune était haute, et Elmo était là, pour l'explication – l'explication finale.

— Tu as tué, sous leurs yeux... Tu n'es pas à ta place parmi nous, la mort t'accompagne partout où tu marches...

Le vieux Faune lissait son bouc de chèvre. Il s'assit devant la grotte, sur la peau de *landar* que Mansour avait tannée, une partie de la journée. Il n'y avait aucune malice dans ses yeux, pas davantage de réprobation, simplement un regret.

— Ce que j'ai à te dire est difficile... J'avais cru pourtant voir, hier, dans tes yeux, que la paix pouvait venir en ton âme. Mais non. Tu es comme eux tous. Il te suffit d'une occasion, pour...

— ... pour vous sauver la vie. Vous êtes à la merci du moindre prédateur, un seul a tué ou blessé mortellement trois d'entre vous, hier. Alors que vous disparaissez de la surface du monde ! Et moi, oui, je suis un guerrier, un tueur, mais je pourrais aussi être votre bouclier – ils vous faut quelqu'un pour vous garder de la mort, quand vous vous enivrez, la nuit, sous les étoiles. Et quand vous cueillez vos racines du jour.

Une pause, un long silence. Mansour aurait voulu qu'Elmo réponde à cela... Mais le Faune se taisait.

— Je ne serai jamais des vôtres, sans doute, votre cercle me l'a dit... Mais je veux être votre bouclier, votre protection. Je resterai en dehors, mais je veillerai sur vous.

— Tu ne peux pas être cela, Victorieux. Nous ne voulons pas d'un bouclier, la mort nous convient...

— Que... Que veux-tu dire ?

— La mort est une partie intime de notre vie, Victorieux. Une partie du tout. Vouloir s'en garder, s'en protéger, c'est se réduire à l'angoisse, sans cesse. Et, pour notre Race, craindre la mort, ce serait vivre ses derniers moments dans la peur, comme elle a vécu tant de siècles auparavant... Nous n'en voulons plus...

— Et vous préférez vous faire égorger, comme... Comme des *caprax* ?

— Que sais-tu des *caprax* ? Peut-être sont-ils heureux, simplement, en leur enclos ? Peut-être n'ignorent-ils rien du couteau du boucher, mais savent-ils goûter chaque heure qui leur reste, mieux que quiconque le fera jamais ? Peut-être n'ont-ils pas peur ?

— Je ne crains pas la mort.

— Sans doute, non. Tu la donnes, et tu sais qu'un jour, elle te viendra. Le jour où il te manquera une seconde, un dixième... Tu ne la crains pas, mais tu vis autour d'elle, pour elle, Victorieux. Pour la donner, et pour reculer le moment de la recevoir... Elle est ta raison de vivre.

C'était un constat, indiscutable, et Mansour sut que c'était une invitation à partir.

— Je m'en irai demain, à l'aube, vers le Nord.

— Tu feras ce que tu juges bon. Nous ne chassons jamais personne, et ta présence fait partie de la vie... Sache cependant que, cette nuit, à moins d'une journée de marche vers le Sud, trois de ceux qui nous éventrèrent à Maroine, ceux qui ont des *siffales* et des armures noires, sont entrés dans la forêt. Je pense qu'ils te cherchent. Et ils ont derrière eux une femme, sur un cervier, qui porte sur sa peau les mêmes récits que toi.

— Aliya ? !

Mansour s'était levé. Elmo sut que l'étranger partirait dans l'heure, finalement.

— J'ignore son nom. C'est une tueuse, elle aussi, comme les trois Golithes. Ils sont tous de ton espèce. Mais elle, je pense qu'elle t'aime, tant vous vous ressemblez.

Chapitre 35

Ils se regardèrent encore éperdument, malgré la distance, le lendemain et le surlendemain ; et encore le jour d'après ; par les fenêtres de leurs deux cages suspendues.

En contrebas, ils pouvaient voir des dizaines de visages tournés vers eux, à tout instant du jour ; des visages minuscules où les yeux n'étaient même pas des points, invisibles. Ils se foutaient de la curiosité malsaine des habitants de Fern pour ceux qui allaient mourir. Ils se foutaient que, parmi ces regards, il y en ait eu ou non qui compatissent. Que la foule crédule et implacable soit, dans huit jours, sept, six maintenant, unanime à réclamer leur sang, ou que quelques-uns sachent qu'ils mouraient par tyrannie.

La seule chose qui comptait était de rassurer l'autre, de le voir, aussi, de mesurer la chance qu'il y avait de savoir l'autre vivant, encore pour quelques heures ; la chance d'avoir vécu dans un monde où l'autre avait également existé.

*

Une fois, une seule fois, Hugo parvint à bouger un peu le bras droit, pour essayer de faire croire à Charlie qu'il allait mieux de ce côté. Elle avait repéré la blessure, peut-être le pansement ensanglanté ; et par grands gestes, elle lui demandait des nouvelles de ce bras droit. Il tenta de la jouer désinvolte, pour montrer que tout était en ordre de marche. Il secoua sa dextre... Mais la douleur fut telle qu'il dut s'accrocher au balcon, puis tomba assis, dans sa cellule, et dut reprendre son souffle de longues minutes, la nausée aux lèvres.

Sous le pansement de fortune, le sang recommença de couler à flots, forma une tache rouge sur la tache brunie. Il arracha un nouveau lambeau à son blouson de sport, changea le pansement. Faute de linges propres et d'antiseptiques, cela commençait à puer, le sang pourrissait. « La gangrène n'aura même pas le temps de te tuer... », avait dit Earvin.

Non, mais elle menaçait.

Dans son opération de bricolage pour se confectionner un nouveau bandage, son MP3 tomba. Ils ne l'avaient pas repéré, dans la fouille. Ou sûrement, ils avaient dû penser que le minuscule lecteur, à peine plus gros qu'un bouton, faisait partie du vêtement.

Hugo hésita à se passer maintenant, tout de suite, un bon vieil air de musique, un rock n'roll réparateur, comme un médicament. Mais il décida de garder sa batterie intacte, pour les dernières heures.

*

Ce qui comptait, c'était seulement de se voir, tout le jour.

Et la nuit, hantés par leurs propres erreurs, indulgents pour celles de l'autre, ils songeaient, chacun, à celui (ou celle) de la tour d'en face.

Seulement distrait parfois, en ce qui concerne Hugo, par la douleur irradiante de son bras. Seulement préoccupée par moments, quant à Charlie, de ce qui oppressait chaque jour un peu plus sa poitrine... La jeune fille se rappelait *L'Écume des jours*, ce roman qu'elle avait tant aimé, où l'héroïne étouffe, un nénuphar poussant dans ses poumons. Avec le goût du tragique et de la poésie qui l'accompagnait jusqu'au bout, elle ne pouvait s'empêcher de sourire, en s'apitoyant doucereusement sur elle-même : elle aussi, sûrement, avait une plante étrange qui croissait chaque jour, qui bientôt l'asphyxierait.

*

C'est elle qui le trouva. Il était parti aussitôt, dans la nuit, avait marché sans trop savoir, vers le Sud, quittant le territoire de Gascalon, entrant en des endroits où la forêt est plus épaisse. Dans son âme inquiète, il ressassait les révélations d'Elmo : trois Golithes te cherchent, et Aliya est sur leurs pas.

Aliya ! Aliya vient vers toi...

Le jour s'était levé depuis longtemps, il allait même déclinant. Mansour guettait, à la recherche d'indices – les *siffales* sont des animaux lourds, bruyants, impossible pour trois Golithes de se cacher longtemps. Il n'avait pas encore trouvé leurs brisées, pas davantage entendu leur souffle de pachyderme, ou le sifflement de serpent avant l'attaque. N'était-il pas encore assez loin vers le Sud ? Devait-il tracer une ligne d'Ouest en Est, perpendiculaire à leur progression, pour tomber sur leur piste ?

Quand il déboucha dans ce sous-bois, il les vit de loin.

Trois énormes carcasses noires, zébrées d'estafilades de sang séché ; déjà attaquées par les *zopilotes* qui les avait repérées à travers la futaie – trois *siffales* à même le sol, inertes. Les corps de chevaliers, à côté, désarçonnés, semblaient petits comme des enfants, en comparaison des mastodontes.

Il n'eut pas le temps d'aller voir de près – ni même de revenir de sa surprise. Une lame s'était posée sur son cou, palpitant, sous la barbe. La pomme d'Adam déglutit sous le tranchant de rasoir ; quelqu'un était dans son dos, une main lui tenait le bras droit, la gauche était sur son épaule. Il reconnut son odeur de cardamome, de café, de piments avant même qu'elle dise, dans un souffle :

— C'est toi !

Aliya s'était reculée de cinq pas quand il se retourna. Il sut que cette distance, entre eux, avait été fixée par une gifle, voici quelques jours, et qu'elle était infranchissable.

Il la vit dans la lumière qui essayait de traverser le plafond de feuilles, par rais maigres, comme les grâces des dieux à travers les nuages. Elle était grande, dure, belle, souple, sauvage ; encore couverte du sang de l'ennemi. Il y avait sur sa peau, noircie par les récits, des ombres et des bruns. Dans ses yeux, quelque chose d'orgueilleux, de blessé, de soulagé, d'inquiet également.

— J'ignorais que c'était toi, nous venons à peine de finir, eux et moi...

Elle montrait d'un geste les cadavres dans le sous-bois.

— ... Sinon, je n'aurais pas...

— Je n'en suis pas sûr. Si tu sortais vraiment de la bataille, j'aurais entendu leurs cris et leurs supplications.

Il souriait, un peu contraint tout de même, comme celui qui apprécie modérément une bonne plaisanterie à ses dépens. Une moue ironique se dessina, sur ses lèvres à elle.

— D'accord, je me doutais...

— Et tu voulais te venger d'une certaine gifle.

— Je ne sais pas... Mais nous sommes revenus à égalité.

— Tu plaisantes. J'avais cinq Golithes d'avance, il n'y en a que tr...

— Mais avec leurs *siffales*.

— OK, disons qu'il m'en reste un d'avance...

Cette fois, ils souriaient tous les deux, franchement.

— Mais ceux-là étaient à moi, ils venaient me voir...

— Oui, mais moi aussi, je venais. Alors on s'est croisés.

— Tu venais... Tu venais...

Mansour prit le temps de répéter la phrase, plusieurs fois, comme pour la méditer. N'osant la savourer.

— Où est Nadir, Capitaine ? Que fais-tu ici ? À qui as-tu confié les Clans ?

— À Jeson. Les Hafidas désigneront ensuite leur nouvelle Capitaine.

— Tu es...

— Non, pas bannie. J'ai quitté les Clans de mon plein gré. Il y avait quelqu'un à qui je me devais, plus encore qu'à ma charge. Quelqu'un qui...

Elle ne dit pas les mots suivants, du moins ne les entendit-il pas. Elle ne parla pas davantage du visage défiguré d'Hedda, de sa prise de conscience, de la terreur qui s'était emparée d'elle quand elle avait quitté, seule, seule pour la première fois, dans la nuit noire, le ravin d'Hadiya. Elle n'évoqua pas ses hésitations, deux jours avant de prendre la route du Nord. Ni sa peur, pour la première fois, qu'on ne l'accepte pas, qu'on la refuse, la répudie – elle qui toujours était allée partout où elle le voulait, sans jamais craindre de devoir s'imposer.

Elle ne dit rien, du moins ne l'entendit-il pas, car un rugissement avait jailli des fourrés. Puis un autre.

— Nidhal !

— Il t'attend, avec Nadir. Seul, sans toi, il n'a su égorger qu'un seul des trois *siffales*.

— Un *siffale* pour Nidhal ? Alors, toi et Nadir, vous nous devez encore au moins deux Golithes.

Ils firent un pas, en même temps. Un pas l'un vers l'autre.

En passant, ensemble, cette limite infranchissable, ces deux lignes imaginaires qui les maintenaient à l'écart l'un de l'autre, depuis la gifle, ils déclenchèrent ensemble tout le mouvement suivant, qui les trouva bientôt enlacés, embrassés, enserrés ; les mains de l'un dans les cheveux de l'une, leurs lèvres se racontant combien ils avaient craint que ce moment du baiser, ce moment qu'ils échangeaient, soit perdu à jamais.

*

Plus que cinq nuits, quatre jours, et une aube...

Hugo aurait tellement voulu passer ces cinq nuits, ces quatre jours avec elle.

À pouvoir se dire tout ce qu'ils avaient retenu, ce qu'il n'avait pas osé lui confesser, tout. Sa fierté d'être celui qu'elle aimait. Sa gratitude d'avoir grandi dans un monde où Charlie avait toujours été. La force qu'elle lui donnait, la patience qu'elle lui inspirait, la douceur qui émanait, les jours de colère, de ce simple énoncé : « ... mais tu as Charlie. » Et puis aussi, parfois, ses complexes vis-à-vis d'elle, si vive, si solaire ; si bien douée pour les amitiés, la poésie, la joie. Ce sentiment qui l'avait si longtemps submergé, d'être indigne d'elle ; qui le tenaillait encore, quelquefois.

Indigne, oui.

Et puis, s'ils avaient été ensemble dans cette cellule, chaque nuit, ils auraient... Oui, dans cette prison froide, nue, insouciants des regards des gardes, de la curiosité malsaine des bourreaux, ils se seraient serrés l'un contre l'autre, ils se seraient déshabillés l'un l'autre ; et ils auraient fait l'amour sans doute, simplement, avec cette simplicité qui est celle du désespoir même, sous leurs vêtements étendus en guise de couverture.

Cinq nuits, quatre jours.

L'image de leur « premier matin du monde », de cet instant de beauté infinie, lors du retour sur l'Alta, quand Charlie nue s'était offerte, bras ouverts, hantait Hugo comme un regret lancinant ; mais cette beauté infinie était aussi tout ce qui lui permettait de tenir, encore, malgré la peur.

*

Ce qu'ils firent dans la forêt des Yéraz, entre le territoire de Madani et celui de Gascalon, durant les deux jours suivants, ne regarde qu'eux. Disons qu'ils l'avaient chacun rêvé, et que ce rêve habitait leurs pensées, chaque jour un peu plus, lors des derniers mois de combat ; qu'ils s'étaient interdit d'y songer, d'abord, chassant les images ; puis, jouant parfois avec elles, seuls, ils s'étaient interdit tous deux d'en parler. C'étaient des images qu'ils avaient tues, longtemps, parce qu'ils étaient des Cervières, parce que la loi disait...

C'est donc trois jours après, en redescendant vers le Sud, qu'ils croisèrent Jeson à la tête d'une petite horde d'une dizaine de Hafidas, qui la cherchaient encore, ayant presque renoncé, toutefois ; tandis que les autres Cervières escortaient les Clans, par la route de Sarpanter, vers le royaume de la forêt de *kraast* où ils se réfugieraient.

Chapitre 36

Vers la fin du jour, le sixième de leur détention, ils remarquèrent l'arrivée des changements.

D'abord, ce fut imperceptible. La garde ne patrouillait plus en ville, mais sur les créneaux de l'Ouest. Des petites formations de chevaliers, armés de blanc, sortirent après le zénith depuis les écuries et les cantonnements vers la porte, Hugo les vit quitter la ville.

Hugo avait constaté, dès la première heure de détention, que du haut de son promontoire la vue embrassait très loin, vers les quatre points cardinaux. Au Sud, on devinait presque les forêts qui les séparaient d'Almeria. Au Nord, à quelques milliers de coudées seulement, des montagnes, la route des ravins. Au Sud-Est, assez loin, les premiers contreforts d'une montée en terrasses, vers les écailles de *kraast* de l'Échine – sans doute était-ce Burak qui brillait dans le lointain, quelquefois, quand le soleil se levait ; sans doute était-ce la Marche livide dont on apercevait les premiers gradins, à deux jours de cheval, peut-être.

Les patrouilles de la cavalerie blanche allaient dans cette direction, lui sembla-t-il.

C'était étrange. Si Mansour et Aliya avaient mordu à l'hameçon, les Hafidas auraient dû venir du Nord.

*

Une fièvre s'était emparée des habitants de Fern. Cela criait, hurlait même, dans les ruelles alentour. Des patrouilles d'écorcheurs et de gardes avaient toutes les peines du monde à organiser une circulation convenable, dans une ville soudain surpeuplée. Des boutiques fermaient, les rues étaient pleines de chalands pourtant, chacun emportait des provisions pour plusieurs jours, chargé de ballots, de tonneaux, de sacs de farine...

Ce soir-là, autant qu'il pût en juger de son nid d'aigle, il vit que toute la paysannerie des environs avait abandonné les champs pour se ruer en ville ; plus une cheminée qui fumât, à des lieues à la ronde ; et on venait de très loin trouver refuge ici... La porte et sa lourde herse d'acier restèrent ouvertes jusqu'au milieu de la nuit, en une interminable procession de charrettes, de chariots, de bétail. Les hommes de garde n'avaient pas renoncé à fouiller chaque entrant, mais jamais les candidats à la protection nocturne des murs de Fern n'avaient été si nombreux. Quand les salles communes des auberges furent pleines, Hugo vit les demandeurs d'asile allumer des feux de camp dans les rues et sur les places, et dormir à même les pavés. Il sut qu'une bataille se préparait, puisque tous ces gens s'étaient réfugiés ici, même ceux qui avaient leurs fermes, leurs métairies très loin au-dehors.

Ces mouvements, ce désordre l'emplirent d'abord d'espoir, un instant, comme une diversion dans leur sort. Et si, après tout, les Clans parvenaient à les libérer ?

Mais non, il le savait, Hedda préférerait leur trancher la gorge elle-même que de voir réunis les Trois Sangs. Tout ce qu'indiquaient ces préparatifs pour la bataille, c'était que le plan d'Earvin avait fonctionné. Hugo se sentit doublement impuissant, parce qu'il savait ce qui se tramait, et qu'il servait d'appât : il aurait voulu pouvoir avertir, crier aux Clans qu'il ne fallait pas approcher ; que c'était leurs morts qu'ils allaient précipiter ainsi, la mort de Mansour et sans doute d'Aliya, en plus de la leur. Pour eux deux, lui et Charlie, il était trop tard. « Fuyez, par pitié », songea-t-il. Il ne voulait pas avoir à porter une autre mort que la sienne.

Une autre mort, ou combien d'autres ?

Des feux brillaient dans la nuit vers le Sud-Est... Pourquoi étaient-ils disposés comme les carrés de régiments, comme si les Hafidas étaient venues pour une bataille rangée ? Hedda avait-elle fait appel à des alliés, d'autres troupes, contre les Clans de Madani ?

VII

Golithes
(Le silence de Fern)

Chapitre 37

Quand le jour se leva, ils purent contempler la nouvelle situation du haut de leurs tours.

Les feux qu'Hugo avait aperçus, dans la nuit, à trente milliers de coudées, étaient ceux des Golithes. Et avant l'aube, leurs colonnes s'étaient remises en marche. Maintenant, les premiers chevaliers noirs sur les noirs *siffales* étaient visibles, de si près, à une portée de flèches des murs, qu'on pouvait détailler leur formidable équipement.

Haches, bi-haches, fléaux ou masses, épées et, une fois n'était pas coutume, armes d'haste, pour les assauts. Et encore des pics, des barres à mine, tout ce matériel des prospecteurs de *kraast*, qu'utilisent les Nains au royaume de Haïg. Puis encore des échelles, des béliers qu'ils traînaient derrière leurs montures, sur des brancards de bois et de cuir. Pas de machines de sièges, cependant, ni de tours roulantes, ni scorpion, ni *reptalium*, ni baliste, ni couillards, ni trébuchet, non. Les Golithes ne changeraient pas leurs tactiques de percussion.

En revanche, ils s'étaient préparés pour devoir percer les murs, partout à la fois, puisqu'ils n'y avait qu'une porte.

Toute une colonne passait, sous leurs yeux, par le Nord, au trot lourd. Sans se presser ni attaquer encore, simplement pour accomplir le plan d'encerclement, et sans douter un instant de son impunité. Leur tranquille allure avait quelque chose de plus effrayant encore que tout leur équipage : ils savaient où ils allaient, ce qu'ils allaient accomplir, et nul ne pourrait les en empêcher.

Au même instant, vers le Sud, deux autres Légions se déployaient.

*

Dans la salle de Pouvoir, Hedda, debout devant le siège d'Orla, hurlait :

— Je devais attirer les Clans dans une nasse... Tu me l'avais juré... Et de fait, la nouvelle de la capture des Deux a attiré l'ennemi ! Oh, oui, elle l'a attiré ! Mais pas celui que tu disais, Earvin ! Pas celui-là !

Le tueur au bras mort, agenouillé devant les trois marches qui mènent au trône, ses armes posées à terre devant lui en signe de disgrâce, attendait maintenant les ordres ; et aussi sa déchéance et son châtiment. Son visage gris restait baissé, les yeux fixés sur les pieds de sa gouverneure.

— Nous ne pouvons attendre qu'ils attaquent nos murs... Qu'on mande une délégation, qu'on aille annoncer à leurs capitaines que nous saignerons nos prisonniers à la première attaque des Golithes contre les murs.

Le doigt intransigeant d'Hedda désignait les ambassadeurs.

— Dites-leur : à l'instant où paraîtra le premier de leurs béliers, à l'instant où la première colonne lancera son assaut, nous égorgerons les Deux, et répandrons leur sang sur l'ivoire des deux tours !

Trois des capitaines et deux légates sortirent de la salle, la mine lugubre, pour former l'ambassade. Les prétoriens de la garde les avaient encadrés comme des prisonniers. Leur teint de papier mâché disait assez ce qu'ils pensaient d'une telle idée : apporter un ultimatum aux chevaliers de *kraast*, c'était mourir... Tout le reste de l'assistance - capitaines, lieutenantes, et les femmes dignitaires - s'évanouit en quelques instants, trop heureux d'avoir échappé à l'honneur des ambassades, et pressé qu'on ne lui en confie pas une autre du même acabit.

Les murmures commencèrent, avant qu'ils soient tous sortis du castel. Hedda paniquait. Cette attaque imprévue, n'était-ce pas le signe qu'elle n'était plus capable de mener à bien les destinées de Fern ? Elle qui prétendait tout prévoir ? Comment résisterait-on aux Golithes ? Ne valait-il pas mieux livrer les deux prisonniers tout de suite ?

D'ailleurs, Hedda réglait une vengeance personnelle, en les gardant, cela n'avait rien à voir avec la gloire ou le salut de Fern... Les dignitaires, les soldates, les juges s'en furent avec ces questions, et elles se répandirent dans les casernes, les tribunaux, les échoppes, les tavernes de Fern, en un après-midi. Mais il était trop tard, sans doute. On ne change pas de gouverneure au moment de l'assaut.

*

Hugo vit sortir du castel la petite foule de dignitaires. Qu'avaient-ils dit, comment expliquaient-ils l'attaque imminente et coordonnée des Légions ardentes ? Et pour qui ces Légions combattaient-elles, aujourd'hui ?

Il ignorait que Matthias était de retour. Comment l'aurait-il su ? Il savait que jamais les Clans n'auraient fait alliance avec les forces de *kraast*, fût-ce pour les délivrer. Il n'y avait pas à comprendre autrement que par le hasard l'attaque des Golithes sur Fern, sa coïncidence avec leur capture et l'annonce de leur exécution. À moins que... Un doute le traversa, le troubla – et si les chevaliers noirs étaient venus pour eux ? Pour les délivrer ? Les Golithes pouvaient-ils les servir, eux deux, à leur insu, puisqu'ils représentaient la moitié du Pouvoir ?

*

Dans la salle du tyran, que tous s'étaient pressés de déserter, il ne restait, à part Hedda et Earvin, qu'une dizaine de prétoriens aussi muets et impassibles que la pierre des colonnes. La garde personnelle, fanatique, de la gouverneure...

Hedda, hiératique sur le siège d'Orla, semblait maintenant aussi abandonnée que le sont les hommes de pouvoir à l'heure des défaites. Douze silhouettes, derrière des colonnes, dans des recoins, devant la porte, sortirent néanmoins de l'ombre à cet instant, et se rassemblèrent autour de la femme immobile et de son tueur en chef, toujours prostré. L'armée des Ombres, presque au complet (sans doute, à l'instant même, les trois qui manquaient pour faire le nombre étaient-ils « occupés », et sans doute valait-il mieux ne pas savoir à quoi). Ce fut comme le signal, pour eux deux, que le temps et le mouvement suspendus pouvaient reprendre leur cours. Jusque-là, ils avaient joué une comédie pour les notables et les courtisans.

La gouverneure sourit comme chaque fois qu'elle avait sous ses yeux sa kyrielle d'assassins, qui lui rappelait son pouvoir de vie, de mort. Earvin quitta sa position de soumission. Il dit, sur un ton moins déférent :

— Hedda, veux-tu que nous saignions les otages sur l'heure ? Nous ne pouvons prendre aucun risque...

— Des risques ? Et qu'avons-nous fait, par ta vanité ? Nous aurions dû les saigner et suspendre leurs corps devant nos murs, comme je l'avais proposé.

— Je les éventrerai de ma main valide, gouverneure. Et tout de suite si tu le veux. Je les ferai traîner dans les rues de Fern, pour que leur sang en détrempe les murs, qu'il arrose chaque pavé. J'ordonnerai qu'on livre leurs chairs aux porcs, pour disperser la menace. Je...

Hedda leva la main. Il se tut. Sa disgrâce n'était donc pas une mise en scène ?

— Il est trop tard, Earvin. L'armée golithe nous encercle, et si Thierno ne remplit pas nos accords secrets, très vite Fern tombera.

La voix baissa.

— Sauf si nous les livrons, ce qui ne saurait être, car alors, le Pouvoir renaîtrait, et...

Tous frissonnèrent, pourtant des tueurs endurcis. Cette menace-là, ils en avaient reçu les récits : le Pouvoir du

Sang-Noir, la folie, la domination, comme au temps de Wulfran. Hedda se reprit, d'un ton sans appel :

— Qu'on les garde vivants. Pour l'heure.

— Hedda, je...

— Tais-toi, crétin. Ils sont notre seule protection dans la bataille, notre seule monnaie d'échange... Tant que le sang coule dans leurs veines, les Golithes se retiendront.

*

Cette fois, sur l'ordre d'Earvin, tous quittèrent définitivement la pièce. D'un geste, la gouverneure congédia ses prétoriens, puis rejoignit par la porte du fond sa chambre des Cartes.

L'une des trois tueuses qui manquaient à l'appel l'y attendait. Elle avait les cheveux courts, mais frisés, très noirs, emmêlés de laine, une peau brune, des yeux sombres. Dans son dos, une rangée de couteaux de lancer lui permettait de tuer huit fois... Elle s'était tenue durant l'audience dans cette salle des Cartes, qui menait de la salle de Pouvoir à la chambre de Commandement - elle y avait entendu les différentes étapes de la conversation. Elle souriait froidement, d'aucuns auraient pu dire méchamment.

— Qu'en dis-tu, Chaïmae ?

— Earvin a raison, si tu songes à Fern, et aux guerres du Neuvième Tome... Il faut tuer tes prisonniers, maintenant. Mais...

— Mais ?

— Mais je suis comme toi, Hedda, tu me payes pour cela. Je ne songe pas à l'Alta, ni à Fern, mais à sa gouverneure.

Le sourire glacial disparut. Les yeux furent ceux d'un prédateur. La décision, sur le visage de Chaïmae, sembla irrévocable. Même Hedda tressaillit.

— Que... Que me proposes-tu ?

— L'exécution du plan dont je t'ai parlé cette nuit, et qu'il s'exécute dès la nuit prochaine. Tu dois fuir pendant que tu le peux. Les Golithes attaqueront demain, quand tout l'espace aura été investi. Penses-tu pouvoir déserter avant l'aube prochaine, avec tes deux otages et tes richesses ?

– Il le faut.

– Et m'autorises-tu à tuer tes propres gens, peut-être même tes capitaines, ou certains des sicaires de l'armée des Ombres, si les événements l'exigent ?

– Fais ce que tu as à faire. Ton plan me satisfait.

– Bien sûr. C'est le seul, gouverneure.

Chapitre 38

Fern eut au crépuscule des nouvelles de la délégation mandée vers le camp des capitaines golithes. Trois chevaliers noirs vinrent, à pied, traînant derrière eux un lourd sac de toile grège assombrie par la tache du sang des plénipotentiaires. Ils le jetèrent devant la porte à la lourde herse, et s'en furent.

On sortit, prudemment, on le tira à l'abri des murs gris, on l'ouvrit.

Il contenait les restes mutilés des trois capitaines et des deux légates sacrifiés. Même les têtes aux yeux écarquillés d'horreur étaient là, parmi les dépouilles en pièces détachées. Le message était clair, dans le langage diplomatique singulier des Légions : on avait reçu l'ambassade, on l'avait écoutée, puis on avait « tranché ». C'était non. Mais les Golithes avaient rapporté tous les restes ; même les yeux et les tripes des malheureux avaient été préservés de l'appétit goulu des *siffales.* Cela signifiait que les négociations n'étaient pas entièrement rompues. Si une délégation avait une meilleure offre à faire – et quelle offre, sinon de livrer les deux prisonniers au Sang-Noir ? –, on l'entendrait, de nouveau.

*

Dans l'escalier du castel accédant à la chambre de Pouvoir, le lieutenant chargé d'annoncer à Hedda le résultat de l'ambassade hésita quelques instants. Il redoutait que, messager funeste de ce prime échec, il devienne plénipotentiaire de la prochaine délégation. Mieux valait mourir les armes à la main, en soldat, qu'ainsi, otage impuissant de la diplomatie des potentats. En gravissant les dernières marches, il tournait les phrases dans sa tête – comment présenter la nouvelle, de telle sorte que la gouverneure ne le désigne pas, lui l'oiseau de mauvais augure, pour l'ambassade suivante ?

Troublé, il garda la main quelques instants sur la poignée de la porte du cabinet de Pouvoir. Il se répétait les mots, cherchant par quelle faille Hedda pouvait retourner son annonce contre lui. Il finit par percevoir quelque chose qui le troubla – un silence étrange régnait, de l'autre côté de la porte. Même sans ses capitaines, la gouverneure aurait dû s'occuper des affaires de la bataille. Des ordonnances auraient dû recevoir des ordres, des sergentes entrer et sortir pour améliorer les défenses, des prétoriens aller et venir. Et il ne se passait rien.

Il entra...

*

À la même heure, une tueuse tirait deux jeunes gens de leur prison improvisée. Chaïmae les avait enlevés au milieu des réfugiés, lors de la nuit précédente. Elle les gardait enfermés dans sa propre demeure – et maintenant, c'était leur heure.

L'un était un garçon assez élancé, aux cheveux châtains broussailleux. L'autre, une jeune fille à la peau sombre, qui avait subi une « attaque » brutale sur sa longue chevelure noire de bergère, pour lui « offrir » une coupe à la garçonne. Aucun de ces deux jeunes paysans, réfugiés dans la Cité libre la veille pour fuir les Légions golithes, ne comprenait encore ce qui lui arrivait. Et ils ne le comprirent sans doute jamais véritablement : leur rôle les dépassait.

*

— Où est Chaïmae ? Quelqu'un a-t-il vu cette fille de métèques ? Cette bâtarde ? Et les deux autres ?

Fern venait d'apprendre que la bataille serait pour l'aube.

Earvin avait réuni les forces de l'obscurité, douze sicaires, dans leur repaire : une maison qui jouxtait les remparts, et dont nul ne s'approchait car elle servait à l'occasion de chambre de tortures - pour les espions surpris de nuit, et qu'il fallait faire parler avant qu'ils trépassent.

L'assassin au bras mort dévisageait ses « hommes », l'un après l'autre, de son regard de crotale. Ils n'étaient que douze, douze sur quinze, trois de chute... Les tueurs de l'armée des Ombres pouvaient-ils le trahir ?

— Elles auraient dû assister à l'audience, ce matin... Elles n'ont pas reparu, depuis. Je répète, au nom des Ombres : quelqu'un a-t-il vu Chaïmae, Kadett et Arne ?

— Chaïmae était à l'audience, elle écoutait sans doute, mais dissimulée... Elle est sortie du castel une heure après toi, Earvin. Depuis, elle s'est volatilisée. Les deux autres ont disparu la nuit dernière.

Celle qui avait parlé était Odd, sa propre sœur, son aînée. Une Ombre de cette armée ; l'une des plus anciennes, et la seule qu'Earvin croyait comme on peut accorder foi à sa propre conscience. Elle avait la même tête adolescente que lui, incroyablement juvénile, ces mêmes cheveux coupés court en broussaille. Mais elle avait encore l'usage de ses deux bras, et savait rire, parfois, fût-ce d'un rire dément.

— Du castel ? Es-tu sûre ?

Deux autres têtes approuvèrent. Il blêmit. Ainsi, c'était donc cela. Et maintenant, précisément en cet instant. Bien sûr... Depuis le temps que la métèque attendait le moment de sa disgrâce...

Il n'avait jamais aimé Chaïmae - une fille des nomades, une bâtarde, rejetonne des Hybrides, ou de qui ? Il l'avait éprouvée, après son ralliement. En arrivant à Fern, voici deux ans, elle disait avoir fui Madani, après avoir perdu son cervier et sa place de Cervière dans la bataille de Waltraud. Haïssait-elle vraiment ces Clans qui l'avaient chassée, comme elle le jurait ? Il avait décidé d'en juger lui-même : devant lui, elle avait dû torturer, longuement, deux créatures Hybrides ramenées de Gascalon dans ce seul but, jusqu'à ce que les Faunes supplient, qu'ils appellent la mort sur eux-mêmes. Elle s'était tirée de l'épreuve avec une cruauté méthodique, appliquée, sans sourciller. Puis, il avait exigé d'elle qu'elle lacère, avec une lame rougie au feu, tous les récits qu'elle portait sur la peau, du temps où elle était Hafida. Elle s'était reniée, avait scarifié sa propre histoire, sa mémoire, sa gloire, sans davantage regimber – refusant l'alcool qu'on lui offrait pour endormir la douleur.

Cette force de caractère témoignait bien d'une haine inextinguible.

Il avait continué de se méfier d'elle, cependant, l'avait fait espionner pendant plusieurs semaines encore par ses tueurs, pendant les maraudes nocturnes, vérifiant qu'elle ne laissait jamais filer un suspect, un étranger, un dégénéré... À l'issue de ces deux mois, l'opinion de ceux qui assassinent parmi les ombres était faite : oui, vraiment, l'ancienne Hafida était une tueuse dévouée, capable comme tous ceux de l'armée des Quinze de verser le sang, sans haine ni raisonnement, sans passion ni retenue. Et d'une habileté sans pareille aux couteaux. Un parfait outil...

Elle avait pris sa place, au milieu d'eux, se mêlant rarement à leurs conversations, gardant un détachement presque amusé.

Mais en dépit de sa loyauté dans l'année qui suivit, de la parfaite discipline qu'elle mettait dans l'exécution de tous les plans, et du courage physique proche de la démence qu'elle afficha même lors des exécutions de deux lieutenants de Thierno – deux hommes qui se montraient réticents à signer les accords de soutien mutuel entre Fern et Almeria, et qui disparurent, eux, leurs enfants, leurs compagnes et trois de leurs écuyers –, Earvin ne se départit jamais de sa méfiance. D'instinct, il savait que Chaïmae comploterait contre son ascendant sur l'armée des Ombres – elle voulait sa place. Son éducation lui enseignait que les origines claniques de l'ancienne Cervière la rendaient fourbe, sournoise, indigne de la Race humaine. Son intuition lui murmurait qu'elle était prête à tout. Il avait vu comment, par petites touches, elle gagnait l'oreille et l'attention d'Hedda. Il avait constaté que certains capitaines se tournaient vers elle, désormais, plutôt que vers lui, dans les discussions de la chambre de Pouvoir...

Sans doute Chaïmae était-elle de la même espèce que lui – non contente de se dévouer à sa nouvelle Cité, était-elle comme lui rongée par l'ambition et le désir de vengeance ? Désirait-elle tenir l'armée des Ombres, pour disposer d'une arme contre tous ceux qui, un jour, avaient fait dévier son chemin vers la gloire ? Se pouvait-il que son lion perdu, son bannissement demeurent une blessure ouverte – comme l'était pour lui son bras mort ? Qu'importe. La haine de Chaïmae contre les Clans, son amertume et son ressentiment avaient été utiles, tant qu'ils servaient Fern – mais désormais, ils étaient une menace contre Earvin. Elle l'avait trahi. Comment expliquer, sinon, sa chute ? Encore hier, Hedda ne l'aurait pas humilié devant tous.

Il releva la tête : « ses » tueurs attendaient. Les douze lames d'Earvin, dévouées comme des fanatiques, douze bras droits pour un manchot. Il dit :

— Écoutez-moi... Hedda trahit Fern, et nous servons la Cité autrefois libre, pas sa gouverneure devenue un tyran. Que quatre d'entre vous montent dans chacune des tours, pour supprimer la garde et égorger les deux otages, dès maintenant. Qu'on les suspende par les pieds aux fenêtres, pour les vider sur nos murs de tout leur sang maudit...

Ils le regardaient intensément, mesurant l'énormité de ce qu'Earvin leur demandait : outrepasser des ordres de la gouverneure, entendus de vive voix, accomplir l'irréparable, se mutiner.

— Je vous demande de désobéir aux ordres d'Hedda, pour Fern... Au nom du droit, et du salut de la Cité. Si l'un de vous veut refuser de me suivre, qu'il le fasse ; qu'il me tue, même, puisque je ne suis plus que la moitié d'Earvin, et qu'à ses yeux, désormais, je suis un traître.

Un long silence, ponctué de monologues intérieurs. Mais nul ne prit la parole contre lui. Ses douze bras le servaient.

— Bien... Alors puisque vous acceptez mes ordres, écoutez encore... Que les quatre derniers d'entre vous trouvent Chaïmae, Kadett et Arne... Qu'on me les apporte, au sommet de la tour d'Aïman, mortes ou vives. De là-haut, à côté des corps de nos otages exécutés, j'annoncerai cette nuit au peuple la trahison d'Hedda.

*

Earvin ignorait à quel point il disait vrai. Pour l'instant, il ne savait qu'une chose : Hedda l'avait désavoué ; et au fond, dans son esprit, cela équivalait à une trahison, c'était la seule raison pour laquelle il désavouait Hedda, à son tour.

Mais il ne pouvait connaître, encore, l'étendue de la forfaiture de celle qu'il avait servie depuis plus de dix-huit années. La gouverneure aux cheveux blancs, au corps dévoré, usé, vieilli s'apprêtait à déserter à l'instant crucial. Le tyran, après l'avoir précipité, abandonnait la Cité libre à son sort funeste. Au moment où Earvin le Manchot donnait ses ordres à ses tueurs, une nouvelle se répandait déjà comme la poudre s'enflamme dans le castel : la gouverneure n'était plus là. La chambre de Pouvoir était vide, à l'heure de se défendre.

Chapitre 39

Les trois sicaires qui accompagnaient Odd trouvèrent la jeune fille, la prisonnière, en haut de la tour d'Aloïse... L'otage n'était pas aussi jolie que leur chef l'avait prétendu, ses traits étaient grossiers, à moins que ce ne soit l'effroi qui les défigure ainsi ; de toute façon, ils n'avaient pas le temps de s'amuser, et ils étaient dressés pour obéir.

Exécuter. S'exécuter.

Sous les ordres de la sœur aînée d'Earvin, et en dépit des protestations, des hurlements puis des râles de la gamine terrorisée, ils attachèrent une corde à ses pieds, la soulevèrent avec une poulie fixée contre une des fenêtres de la tour. Ils lui fendirent la gorge d'un coup sec, large et profond, comme on fait aux animaux dans les abattoirs.

Ses dernières supplications se perdirent dans un gargouillis – étrange qu'elle les formule dans la langue de Fern, on leur avait pourtant dit le contraire, qu'elle était étrangère.

Qu'importe : le Sang-Noir commença de couler, le long du mur lisse et blanc de la tour d'ivoire. Alors, Odd agita sa lanterne, comme convenu, pour prévenir son frère – et Capitaine – que tout était accompli.

*

Les quatre assassins qu'Earvin accompagnait furent moins heureux.

En montant l'escalier de la tour d'Aïman, ils butèrent sur deux gardes, abattus, laissés là, gisant sur les marches, face contre terre. Ils les retournèrent. Les deux cadavres portaient la cicatrice rouge caractéristique d'une lame, droite et large, qu'on avait plantée entre leurs deux yeux.

— Chaïmae ! Elle est ici ! chuchota Earvin, au comble de l'excitation.

— Que vient-elle y faire ?

— Elle va nous le dire !

Il restait une centaine de degrés à escalader.

Ils débouchèrent dans le seul espace découvert de la tour - la geôle, en son sommet - avec une infinie méfiance. Hugo était là, debout, l'air interdit. Et aussi un autre garçon, inconnu, un type qui lui ressemblait vaguement de stature, de corpulence, de mise, et dont les mains étaient ligotées... Le type se mit à les supplier, aussitôt, dans son jargon de paysan - jurant qu'il ne savait pas pourquoi on l'avait jeté là ; les deux femmes qui l'avaient emprisonné et amené, cette nuit, venaient de se cacher dehors en les entendant venir, avec une troisième, une plus jeune - là, par la fenêtre... En suppliant pour sa vie, en remerciant déjà ceux qui allaient le sauver de ses geôlières, le garçon montra de ses deux mains liées l'une des larges ouvertures.

Le carreau d'une arbalète se ficha dans son front - cela le fit taire. Earvin le Tueur rechargeait déjà son arme. Ses gestes silencieux ordonnèrent ensuite à ses sbires qu'ils se méfient des fenêtres et qu'ils les surveillent en même temps.

Six fenêtres, quatre tueurs en joue. Plus leur chef, au centre.

Earvin le Bourreau s'approcha d'Hugo, le saisit par les cheveux. La lanterne à ses pieds l'éclairait en contre-plongée, lui conférant des traits démoniaques - comme à son prisonnier, d'ailleurs, il ne fallait rien en conclure... Il se mit à crier :

— Chaïmae ! Écoute-moi... Je sais que tu te tiens en équilibre, au-dessus de nous, sur le clocheton de la tour...

Avec Kadett et Arne. Je pourrais attendre que la faim vous déloge, ici, avec la garde... Mais sois raisonnable, rends-toi. Tu as perdu, tueuse ! Ton chef te l'ordonne, ta gouverneure a trahi, et je vais égorger notre otage, ce que tu essayais, j'imagine, d'empêcher. Écoute, le bruit qu'il va faire quand je vais lui faire cracher son Sang-N...

À ce moment, Earvin se lança dans une imitation troublante des gargouillis ensanglantés qu'avait produits la jeune fille sacrifiée, dans la tour d'Aloïse. C'était tout simplement prodigieux de réalisme, on aurait juré que du sang envahissait vraiment sa gorge, qu'il se noyait dans cette bave amère, rouge, d'ailleurs il la recrachait, maintenant, et...

Les quatre tueurs, un instant trompés par la pénombre, comprirent qu'Earvin leur Chef imitait trop bien. Ils virent à peu près en même temps le carreau d'arbalète qu'Hugo tenait fermement, et qui transperçait la trachée d'Earvin – ce carreau que le prisonnier gardait sur lui depuis qu'il l'avait arraché de sa propre épaule droite.

Ils comprirent que le Capitaine de l'armée des Ombres était mort, pourtant encore debout.

Au même instant, deux d'entre eux réalisèrent, brièvement et trop tard, qu'ils avaient un couteau planté dans le front – un troisième cria pour les en prévenir, mais le souffle lui manqua. Il regarda sa poitrine qui refusait de se gonfler, parce qu'elle aussi avait reçu un couteau de jet, dans le soufflet des poumons, qui l'empêchait de...

Il s'effondra.

Seul le quatrième assassin eut le temps de tenter quelque chose. Arne la tueuse venait de se glisser par une fenêtre, elle avait visé son ventre avec le gant-arbalète, mais il avait feinté. Il répliqua deux fois, à l'arbalète de corps à corps – sur elle, puis sur Chaïmae qui apparaissait à son tour dans la pièce.

Arne tomba à genoux, sans un cri. Chaïmae ne tomba pas, car elle avait roulé déjà, juste avant de lancer son quatrième couteau. Il sembla partir encore plus vite que les trois précédents, comme nourri de l'élan de sa roulade.

Il trouva sa cible, imparable comme les trois autres – la gorge de celui qui la visait s'ensanglanta.

*

— La voie est libre !

Elle avait crié, en latin. Elle essuya ses quatre couteaux, les replaça dans la gaine. Elle se pencha sur Earvin, s'assura, deux doigts sur sa gorge, qu'il était mort. Elle n'avait pas besoin de faire de même pour ses propres victimes.

Dans un geste inattendu pour une tueuse aussi froide, elle cracha sur le cadavre de son chef défunt. À ce moment, Hugo vit son amie Charlie redescendre à son tour du clocheton, par la fenêtre. La sicaire, une fois de plus, comme lorsqu'elles avaient déboulé pour le libérer, ne leur laissa pas le temps de se serrer dans les bras. Chaïmae dit, toujours en latin :

— Très bien, écoutez-moi... Ceux qui monteront dans les minutes qui viennent doivent penser qu'Earvin a égorgé ses deux otages. Si j'en crois la lanterne qui s'agite à l'autre tour, ses tueurs ont dû exécuter la jeune fille qui te remplaçait...

Charlie porta sa main à sa bouche avec horreur.

— Il faut que nous fassions de même ici... J'ai besoin de vous.

La jeune fille traduisit pour son ami :

— Il faut que nous égorgions l'otage qui va jouer ton rôle.

Il y eut du bruit, puis un sifflement dans l'escalier.

Kadett, le troisième assassin en rupture de ban, déboula dans la geôle, et dit :

— Ceux de l'armée sont pour certains dans la tour d'Aloïse, d'autres nous traquent, ils sont entrés chez toi, Chaïmae. Faisons vite, Hedda t'attend.

— Finissons-en, ici.

Ils procédèrent un peu comme le groupe de l'autre geôle, suspendirent par les pieds le jeune paysan assassiné à la fenêtre, et ce fut Chaïmae qui lui fendit la gorge – ni Hugo, ni Charlie n'en auraient eu la force. Puis, celle qui avait l'allure d'une Cervière mais la cruauté d'une Golithe se tourna vers eux, et dit :

— Très bien... Cette nuit, ma gouverneure a besoin de vous comme otages pour pouvoir quitter Fern. C'est pourquoi d'autres sont morts à votre place. Mais si vous n'obéissez pas au doigt et à l'œil, vous souffrirez bien plus que ces faux prisonniers n'ont souffert, avant de mourir. Et vous regretterez qu'ils aient pris votre place. Traduis pour ton ami qui ne parle pas latin...

Et elle tendit la main, pour qu'Hugo lui remette le carreau d'arbalète qu'il venait de ramasser, et tenait, serré, dans son poing.

Pétrifié, il s'exécuta.

*

À la même heure, le groupe d'une dizaine d'Hafidas galopait vers Fern, avec à sa tête Jeson le Centaurien, Mansour et Aliya. Deux éclaireuses vinrent les prévenir : les chevaliers noirs encerclaient déjà presque toute la Cité libre. Pour libérer Hugo et Charlie, il allait falloir se jeter dans la nasse golithe.

Jeson sourit :

— *Presque* toute la Cité, tu as dit... C'est ce *presque* qui compte. Il reste un passage, et c'est pour cette nuit. En avant !

Encore cette même nuit, Thierno, prévenu par la délégation de Fern, et à la tête de ses troupes, se mettait en marche pour le grand affrontement. Mais alors que ses capitaines ordonnaient qu'on force la marche vers le Nord-Est, il les retint :

— Avançons lentement, mes gens... Laissons Fern essuyer seule les coups de boutoir, attendons plutôt les Golithes ailleurs... Nous prendrons la direction d'Armandu, et nous les surprendrons à rebours.

Un sourire amusé, comme en ont les chefs quand ils dévoilent à leurs vassaux ce qu'ils ont ourdi longtemps dans la solitude de leur folie.

— Après tout, nos accords ne prévoient pas que nous soutenions la Cité libre dès le lendemain de la première attaque, mais que nous le fassions « le plus vite possible ». Après leurs premiers assauts, les Golithes seront affaiblis, leurs colonnes désorientées... Et Hedda, quant à elle, sera à notre merci, si ses murs cèdent à l'armée de *kraast*.

Toujours au même instant, loin vers le Sud-Est, une brigade d'archers connor, à pied, remontait vers Fern sous la pluie diluvienne d'Alsander. Les Sloanes et les Searles étaient menés par Ioena, l'ancienne Métig de la Confrérie des Quatre, devenue une Jekel ; elle avait été prévenue par Louane, l'Elfe naguère libre, la plénipotentiaire. La petite troupe elfique venait de quitter Odran-shad, elle allait traverser les cohortes déployées par l'armée de *kraast*, en les évitant, vers un rendez-vous que leur avait fixé le dernier des Grands Hybrides. Sauf Louane, ils ignoraient tous ce qu'ils y trouveraient. Ce sont eux, pourtant, que Jeson avait choisis pour exfiltrer les Deux.

Chapitre 40

Ils se laissèrent glisser dans la douve de Fern par l'une des ouvertures basses qui permettent de vider les ordures, les excréments des humains et des animaux ; et aussi de viser, face à face, à bout presque touchant, l'ennemi quand il s'apprête à dresser ses échelles. Ces ouvertures avaient été murées, dans la journée précédente, sous la surveillance des capitaines de Fern, parce que face aux Golithes, mieux vaut tirer depuis les créneaux et les mâchicoulis – la moindre ouverture est déjà une brèche. Et cependant, il en restait une, de ces meurtrières, une faille oubliée, dans le mur Nord. Le Capitaine de la garde prétorienne d'Hedda s'était assuré qu'on la néglige.

Il était le seul, dans tout l'état-major, qui soit de mèche. Il s'appelait Rénald, certains disaient qu'il était l'amant de la gouverneure, et cette nuit, il les accompagnait dans leur fuite. Il y avait aussi cinq hommes de la garde personnelle, des prétoriens aux vêtements de nuit. Puis Chaïmae et Kadett, qui ouvrait et fermait la marche. Et la gouverneure, au milieu d'eux, avec Charlie et Hugo, ses otages.

Aucun d'entre eux ne portait d'armure, juste les cottes de mailles sous leurs tuniques noires. Ils avaient chaussé des bottes de peau, comme Chaïmae l'avait suggéré. Aucun n'avait d'armes plus lourdes que les épées, sauf Kadett et son arbalète. C'était un groupe de fuyards : ils devaient courir vite, s'évanouir plus prestement encore – s'ils étaient repérés, ils n'avaient pas une chance face à l'armée golithe, ses *siffales*, ses centaines d'hommes en armes ; et pas davantage de revenir sur leurs pas mander le secours de Fern. Ils étaient des fugitifs, mais aussi des traîtres, des déserteurs.

Dans les huit bourses de peau qu'elle avait nouées à la ceinture, Hedda n'avait emporté que les pierres les plus précieuses du trésor de Fern. Une part fort modeste des butins de la Cité – mais suffisante pour que la gouverneure désormais déchue vive dans le confort, le luxe et le secret jusqu'à sa mort.

Tel était le plan – fuir, disparaître, et qu'on n'entende plus jamais prononcer le nom de quiconque aurait fait partie de cette équipée. Le Capitaine, qui escomptait vivre avec sa maîtresse, emportait aussi des bourses d'or pour acheter le silence des prétoriens. Quant aux otages, ils ne devaient d'être en vie que pour forcer le passage, au besoin – si les Golithes les encerclaient, ce serait le sort des prisonniers contre celui d'Hedda. Les chevaliers noirs savaient qu'ils ne devaient répandre le sang de Charlie et Hugo sous aucun prétexte, et Chaïmae en avait fait une planche de salut, pour sa gouverneure.

Mais ensuite...

La nuit, par mansuétude pour eux, était sans lune une fois de plus – comme si les nuages venus de la mer d'Arjun apportaient désormais chaque soir l'obscurité totale, la cécité, avec les sombres forces de la Forêt des Âmes. Ils sortirent de la douve, se glissèrent entre deux des feux de l'ennemi, là où l'écart parut le plus grand : à la jonction de deux colonnes.

Pas plus qu'ils ne possèdent de machines efficaces pour faire durer les sièges, les Golithes ne savent organiser leurs lignes pour les guerres d'attente – en fait, leur science de la guerre est rustique, en dehors des assauts elle ne consiste qu'à charger et charger encore, et dès lors, leur occupation du terrain laisse toujours des brèches. Chaïmae, comme Hedda, le savait. Certes, elles savaient aussi que ces faiblesses d'infanterie statique sont rarement exploitables longtemps, car nul n'a le souvenir qu'un siège mené par l'armée de *kraast* ait duré plus de trois ou quatre jours. Mais dans l'intervalle, des fuyards décidés, et assez téméraires pour se risquer à terrain découvert sous l'odorat avide des *siffales*, peuvent en profiter.

C'est ce qu'ils firent. Ils se glissèrent entre les lignes. Ils suivaient tous Chaïmae, sans un mot, gardant au début une allure de patrouille – les prétoriens encadrant toujours leur chef, leur Capitaine et leurs prisonniers.

Au milieu des Golithes, à gauche, à droite, ils distinguaient maintenant dans la forêt ce qu'ils n'avaient pas vu depuis les murs – des dizaines de silhouettes verdâtres, qu'ils apercevaient derrière quelques troncs, ou des buissons, au milieu des campements ; les défunts et les vivants, ensemble... Pour Hugo, pour Charlie, c'était une découverte – ils étaient les seuls dans le groupe des déserteurs à ignorer l'alliance ourdie sur la Marche. Pourquoi ceux qu'ils avaient vus dans la Forêt des Âmes campaient-ils ici, avec leurs successeurs ?

Pas plus que les vivants, les morts ne semblaient se soucier de resserrer le dispositif. Les Golithes ne craignaient ni les sorties, ni les infiltrations. Ils ne devaient redouter, au fond, que l'exécution des otages qu'ils étaient venus chercher, sans pouvoir imaginer que ces otages fuyaient en cette minute, au milieu d'eux.

Au fil des minutes, l'organisation militaire du petit groupe des fuyards se desserra – ils se mirent à courir franchement, sans plus aucun souci de garder les hommes en formation, simplement à perdre haleine. On aurait dit que c'était chacun pour soi, pour sa peau, maintenant. Charlie devait étouffer la toux qui la secouait toutes les cinq minutes, Hugo se tenait parfois le bras droit pour atténuer la douleur de la plaie pourrissante... On n'avait aucun égard pour leurs difficultés, on ne s'arrêtait que lorsque Hedda semblait trop essoufflée pour continuer. Ils avaient séparé les otages, chacun sous la garde de l'un des prétoriens. Trois fois, dans des occasions favorables, Hugo songea à quitter leur groupe de plus en plus étiré, en réglant leur compte à ces deux gardes – ce qui n'allait pas de soi, déjà, surtout avec son meilleur bras aussi gourd qu'une prothèse. Les trois fois, il croisa le regard dur de Chaïmae qui semblait lire en lui. Cela suffit à le faire renoncer.

Il reprit la course éperdue avec les autres.

Quand le noir de nuit vira au violet, ils avaient parcouru une dizaine de milliers de coudées, peut-être. Ils entendirent loin derrière eux des clameurs sortant de Fern.

— Ils ont dû trouver les otages égorgés, et ils ont appris aussi ta trahison, Hedda... Ils n'ont plus qu'à mourir au combat, ou à se rendre pour périr.

Chaïmae souriait, semblant se réjouir du bon tour qu'ils venaient de jouer à la Cité libre. Y avait-il place pour autre chose que la cruauté dans cet esprit malade ?

Ils coururent encore deux heures, toujours vers le Nord-Ouest, et atteignirent les rochers rouges qui, plus à l'Est, s'ouvrent dans le ravin d'Hadiya pour entamer la route des défilés. Ils avaient rompu l'encerclement.

Chaïmae se dirigea vers les bosquets de buissons qui prospéraient le long de la falaise des rochers rouges.

— Nous nous cacherons ici, le temps que ta Cité chute - puis nous irons vers l'Ouest, et longerons la mer d'Eneka, et ensuite celle d'Hourya, jusqu'à Almeria.

— Non, sicaire. Nous partons tout de suite.

— Le plan prévoyait d'attendre, Hedda. Les Golithes nous barrent la route, et...

— Tais-toi. C'est moi qui donne les ordres !

La tueuse se retourna, elle vit et comprit.

Hedda venait d'ordonner, comme la veille encore, lorsqu'elle était sur le siège d'Orla. Rénald, le Capitaine des prétoriens, s'était placé entre sa gouverneure et Chaïmae, avec trois de ses hommes. Kadett braquait son arbalète sur la Cervière de l'armée des Ombres. Les deux derniers prétoriens tenaient Hugo et Charlie sous leurs épées.

Tout s'était déroulé avec une parfaite coordination, en silence. C'était convenu à l'avance : dès que Chaïmae leur en offrirait l'occasion, on se débarrasserait d'elle. Dernière trahison, ultime règlement de comptes entre les traîtres.

Étrangement, l'ancienne fille des Clans libres eut le même sourire cruel qu'auparavant - nullement surprise.

— Je pensais que tu attendrais un peu, Hedda… Le temps d'être à l'abri.

— Chienne, métèque, pour qui te prends-tu ? Tu oses me dicter la conduite à suivre, à moi ta gouverneure ?

— Ici, tu n'es plus rien. Tu n'as pas les moyens de survivre sans moi. Regarde.

Chaïmae leva la main. Aussitôt, une volée de flèches, venue des buissons, frappa l'escorte - Rénald, les cinq prétoriens, Kadett. Non, pas Kadett : ce qui vibrait au milieu du front de la tueuse n'était pas une des flèches courtes des Clans mais un couteau de jet - de ces mêmes couteaux dont Chaïmae, déjà, tenait le deuxième exemplaire dans la main.

Charlie s'était réfugiée dans les bras d'Hugo - mourir, soit, mais ensemble. Les buissons d'où la mort avait frappé ne bougeaient plus.

— Chienne ! cria encore Hedda.

— Chienne, oui… Ta chienne de guerre, que tu voulais abattre, après qu'elle t'a sauvé la mise. Mais tu m'as sous-estimée, Hedda.

Le visage de Chaïmae avait changé du tout au tout - il y brûlait une colère neuve, mêlée d'une joie presque enfantine. Et de noblesse.

— Tu as fait de moi une chienne pour tes meurtres, et j'ai montré les dents… Mais tu aurais dû te garder qu'un jour je ne me retourne contre toi.

— Et voici le reste de la meute, une dizaine de chiens de ta chienne ! gueula une voix de stentor, dans les buissons.

— Jeson ! cria Charlie.

— Aliya ! cria Hugo.

— Mansour !!! crièrent-ils ensemble.

La troupe des Hafidas, commandée par le Centaurien, venait de sortir de la cachette entendue avec Chaïmae. Parmi eux, ils reconnaissaient le jeune homme aux traits sombres, aux yeux noirs, malgré sa barbe de pirate et son tatouage sur le visage.

*

Deux Hafidas tenaient Hedda, chacune par un bras. On venait de la délester de ses huit bourses, qui sautaient dans la main de Jeson.

— Je te dirais bien que ça dédommagera les familles des Hybrides et des métèques tués dans Fern par ton armée des Ombres... mais ce serait faux. On ne dédommage pas une vie... Cela servira à financer la guerre que nous menons contre le Sang-Noir.

— Le Sang-Noir ? Mais vous venez de le réunir, et...

— Non, nous ne l'avons pas réuni... Ils sont trois seulement, trois, et loyaux. Si tu connais le sens de ce mot.

— Foutaises, mensonges ! Vous...

— Tais-toi, Hedda ! Tu as trop ordonné ! Maintenant, tu n'as droit qu'au silence des menteurs.

Le Centaurien se retourna vers les Hafidas et dit, désinvolte :

— Qu'on lui coupe la langue, qu'on lui ligote les mains, et qu'on la laisse aller sur la Lande, désarmée... J'ignore si ceux qui la trouveront seront les quelques survivants vengeurs de Fern, les *siffales* de retour, ou même les secours de Thierno... Mais je me doute de ce qu'ils en feront.

Hugo et Charlie n'avaient rien compris à la conversation, en langue de Fern puis des Clans, ni à ce qui se passait. Ils virent une guerrière s'approcher d'Hedda, sortir son couteau, procéder à l'ablation de la langue, tandis que deux autres Hafidas maintenaient la gouverneure... Elle hurla. Autour d'eux, quelques Hafidas serraient dans leurs bras Chaïmae la Traîtresse. Ils sentirent sur leurs deux épaules deux mains bienveillantes se poser – Mansour les embrassait.

Lui parlait leur langue. Il dit, d'une voix sombre :

— Hedda sera abandonnée... Quant à nous, nous partons, sans tarder. Pourquoi a-t-il fallu que vous passiez Oksan-kras maintenant ?

— Nous... Nous venions te chercher, parce que... Nous avons trouvé ton message.

— Quel message, Charlie ? Je n'en ai laissé aucun. Si quelqu'un vous a attirés sur l'Alta, ce n'est pas moi, c'est sans doute le Quatrième.

— Le Quatrième ?

— Matthias. Matthias est de retour, du moins son spectre. C'est lui qui commande en maître l'armée du Sang-Noir. Et c'est nous qu'il veut.

Aliya s'approchait d'eux, à son tour. Elle se colla à Mansour, lui prit la main, pour afficher son amour au grand jour, devant les nouveaux venus, comme elle l'avait fait devant tous ; elle parla en même temps, dans l'Idiome universel, pour être compris d'eux :

— Vous êtes de retour. C'est au pire moment, mais les Clans protègent leurs amis précisément à ce moment-là plus qu'à tout autre... Chaïmae s'en est chargée, elle en recevra un récit grandiose. Mais maintenant, hâtons-nous, des chevaux vous attendent.

Chapitre 41

Il n'osait croire ce qui se passait. Ils étaient libres, vivants, et chevauchaient avec Mansour. Earvin était mort. Hedda était en fuite. Fern était derrière eux, ses tours d'ivoire, le Sang...

Tout relevait du miracle. Et le plus grand de tous, peut-être, s'énonçait comme on coche les jours sur un calendrier : ils avaient plongé dans le puisard de Pontoise (« Oksan-kras ») voici une petite vingtaine de jours de l'Alta. Une seule de leur « vraie » semaine, tout au plus... Mais peut-être cela n'avait-il aucun sens de compter le « vrai » temps ? Peut-être était-il bien réel, ici, celui qui passait au gré de couchants, de levants si rapides ?

Comment comprendre, sinon, que tout soit si crucial, chaque heure ?

Chaque aube les voyait différents, plus mûrs, plus affermis dans leurs résolutions, ou plus anéantis, effondrés dans leurs doutes. Et toujours transformés profondément par la veille, renouvelés. Une semaine ici avait suffi : Hugo savait que Charlie serait sa femme. Il était prêt à l'étreindre, là, maintenant, sans plus de crainte – si seulement leur santé l'avait permis... Il n'avait plus peur de la douleur, des coups, de la prison, il connaissait la mort, l'avait croisée plusieurs fois, avait affronté son idée, et même son sale visage. Il était un homme, dur face à l'humiliation. Il était un blessé presque pourrissant. Charlie était une malade presque morte.

Ils étaient des gamins. Mansour, lui, était...

Hugo jetait des coups d'œil vers l'homme au lion qui les précédait, venait se placer à côté d'eux, quelquefois, le temps d'un regard chaleureux, presque doux, protecteur ; sans un mot.

Oui, Mansour, lui aussi, avait changé, en trois ans. Il était même méconnaissable. Inconsciemment, comme c'est toujours le cas, ils s'étaient attendus à le retrouver intact, exactement égal à ce qu'il demeurait dans leur souvenir, étendu sur son canapé, dans son sommeil artificiel, le jour de leur départ. Illusion de l'amitié, qui fige l'autre dans l'image qu'on emporte avec soi. Ils auraient dû savoir qu'une année – trois années – de combats avec les Cervières allait le transformer, l'ensauvager, l'aguerrir encore, si cela était possible.

Ç'avait été un jeune homme d'une vigueur exceptionnelle ; c'était un homme maintenant, sans conteste. Adulte, mûr. Dans une force de l'âge tranquille, sûre d'elle, qui s'affirmait dans chaque geste, chaque regard, avec bienveillance. Combien de vies Mansour avait-il vécues, durant leur courte absence, pour rayonner de ce charisme ? Combien de destinées, de morts et de résurrections ? Combien d'années possédait-il d'avance, sur eux deux ? À côté de lui, Hugo se sentait encore un enfant... Hugo le lisait sur son visage, ses cheveux, sa barbe – Mansour n'était plus seulement un guerrier solitaire, mais un meneur d'hommes. Un chef.

Comme Aliya ?

Il y avait cela, aussi. Mansour et Aliya. Deux amants, cela se lisait au premier regard.

Une décision, une volonté, une liberté communes. Les mêmes tatouages, la même joie vaillante, des regards qui sans cesse se cherchaient, plongeaient l'un dans l'autre, revenaient à bon port dès qu'ils s'étaient éloignés ; à chaque instant. Hugo avait vu dans leurs yeux à tous deux, quand Aliya était venue se mêler à leur trio, au moment des brèves retrouvailles, qu'elle les séparerait. Elle, Aliya. Désormais, la vie de Mansour était avec Aliya. Il ne reviendrait pas.

*

Il ne cessait de regarder ses deux amis, perdus et retrouvés. Charlie et Hugo. Des enfants, encore, presque. De les voir ici, sur l'Alta, avec leurs silhouettes inachevées, leurs visages presque puérils, leurs maladresses aussi, le bouleversait.

Tout cela lui semblait remonter si loin, presque une éternité. Charlie, Hugo, d'autres vies que la sienne, une autre destinée... Ils avaient à peine mûri, dans l'entre-temps. Le jeune homme semblait toujours aussi emprunté, empêtré dans tous ses gestes. Il suffisait de le regarder, maintenant, à cheval. Et Charlie ne montait guère mieux – à moins que ce ne soit leur faiblesse qui explique ce spectacle, deux corps qui encaissaient les secousses du galop plus qu'ils ne l'accompagnaient. Il avait vu la blessure à l'épaule droite du garçon – vilaine. Il avait entendu la toux déchirante de la jeune fille. Il fallait trouver les Elfes et leur médecine, vite.

Mais ce n'était pas cette vulnérabilité qui le bouleversait, non. Et pas davantage, sans doute, le spectacle de leur jeunesse – un souvenir perdu, dont il ne conservait qu'une vague mélancolie, celle de l'innocence.

C'étaient plutôt les preuves de leur métamorphose : ils étaient les mêmes qu'avant, et pourtant deux, maintenant, qui ne faisaient plus qu'un. Quand Jeson et ses guerrières avaient surgi de derrière les buissons pour arroser l'escorte, Hugo avait eu un geste de la main magnifique pour écarter le prétorien le plus proche de Charlie, puis il s'était placé entre eux et elle. Pur réflexe, d'un esprit aguerri. Mansour l'aurait eu, lui aussi...

Mais quand, ensuite, ils s'étaient retrouvés, Charlie et Hugo avaient congratulé et embrassé leurs sauveurs sans jamais réellement se séparer. C'est « eux » qu'on accueillait, pas « lui » ou « elle ». C'est un « nous » qui parlait, dans la bouche de Charlie, un « nous » qui affirmait la joie de se revoir dans celle d'Hugo.

L'un et l'autre ne craignaient plus pour soi, pour l'autre, parce que « nous » était une simple nature des choses, comme une protection contre le reste de la vie, du monde. Était-ce vraiment possible ? Peut-on être ainsi unis, si calmement, évidemment, si naturellement ?

Que savaient-ils déjà, dans leur juvénile expérience ? Qu'avaient-ils trouvé qu'il ignorait encore, lui qui avait tout partagé avec Aliya : la joie de la bataille, et maintenant, depuis la forêt des Yéraz, toutes les autres ivresses ? La Sublime et le Victorieux étaient deux astres, brillants, solitaires, qui s'unissaient par instants, fusionnaient.

Mais eux, les deux gamins, lui apprenaient une autre leçon : ils étaient un, maintenant, et c'était comme si cela existait de jamais à toujours. Ils étaient un seul, sans démonstration, tranquillement, une seule âme que se partageaient deux corps.

*

Elle sentait la douleur monter dans sa poitrine, la mort qui se serrait autour de sa gorge, depuis ses poumons, par moments. Rester sur le cheval suffisait, il n'y avait rien d'autre à penser, juste s'accrocher aux rênes, parfois à la crinière. C'était assez...

Ils étaient avec Mansour, Jeson et Aliya. Le miracle avait eu lieu, on avait exfiltré le jeune homme et son boulet, elle... Aliya bondissait devant eux, à côté d'eux, si fougueuse, si combattante, si réelle – leur chef, leur Capitaine, leur guide à travers la guerre. Chaïmae la suivait...

Et elle, Charlie, rebondissait comme un sac sur la selle de son cheval. Aliya était un astre, noir, ombrageux et solaire à la fois, avec une gravité qu'elle n'aurait jamais. Aliya retiendrait Mansour ici, bien sûr. Comment envisager autre chose ? Après tout, avaient-ils jamais cru que le Victorieux reviendrait ? Non, ç'avait été une ligne de fuite, une autre, l'occasion de revenir en ce monde, plus incroyable, plus extraordinaire encore qu'un voyage clandestin vers l'Amérique du Sud...

Mais depuis qu'ils étaient là, elle était le boulet d'Hugo – celle qu'il traînait, sauvait, protégeait, consolait. Il lui disait : « Tu es ma joie », « Tu es mon rire, le soleil, la poésie. » Mais si seulement une fois, juste une fois, elle pouvait, sur l'Alta ou ailleurs, se montrer à la hauteur d'Aliya... Avoir cette même fierté, indomptable, qui éloignait un peu, qui intimidait. Ne pas être jolie, et drôle, et tendre seulement, ou même ne plus l'être. Devenir La Sublime.

Tant pis, alors, même si, pour un temps, cela les éloignait.

*

Ils étaient ailleurs. Ces Deux-là, et aussi le Troisième. Matthias le devinait, le pressentait. Il avait entendu les cris de la foule de Fern, dans l'aube, l'effroi, la panique, le sentiment de trahison. Il avait envoyé ses lieutenants, parmi l'armée des Spectres, pour se rendre compte. Deux corps pendaient, effectivement, aux fenêtres des deux tours d'ivoire. Des adolescents, la gorge ouverte, se vidaient de leur sang sur Amaïn et Aloïse. Nul, sauf lui, n'aurait pu dire s'il s'agissait des vrais otages d'Hedda.

Mais ce n'étaient pas eux. Il le savait, le sentait, il en était certain. On le vérifierait dès que Fern tomberait, bientôt...

Pourquoi ne pas aller voir, simplement, faire comme ses lieutenants ? Parce qu'il était leur chef. Leur Suzerain. Le Prince des Golithes, vivants et morts. Il ne voulait pas agir comme un simple fantôme, qui va et vient, traverse les murs, quitte la ligne et son armée. Comme un trépassé. Le Sang-Noir était pour lui l'occasion de revenir parmi les vivants, d'exister dans ce monde qui avait cru pouvoir l'oublier, se débarrasser de Matthias Prandowsky.

Il n'agirait pas en fantôme. Refuser d'être un mort, c'était la seule façon de continuer à vivre.

Il se tiendrait avec ses hommes, lançant, puis dirigeant la bataille. Avec les vivants et les morts. Il combattrait en chef, ferait taire son impatience encore quelques heures. Il était un Golithe, pas un simple ectoplasme. Ensuite, il retrouverait Mansour, Charlie, Hugo, où qu'ils soient. Et il leur ferait comprendre l'infinie différence entre vie et trépas.

Chapitre 42

Prévenue par les Spectres qui entrèrent dans la ville, à l'aube, après les premiers cris, l'armée de *kraast* apprit que les deux prisonniers, dans leurs tours, étaient morts. Qu'il s'agisse des vrais otages ou d'un subterfuge, le temps des ambassades était donc révolu ; ni prudence, ni chantage ne la retenaient plus.

Le siège de Fern dura encore un jour et une nuit. Un jour d'assauts furieux, de pilonnage contre les bases des murs qui tremblaient d'encaisser les charges inhumaines, un jour de mêlée aux créneaux, de hurlements, de cris, de gémissements. Les chevaliers noirs, aux premiers assauts, furent noyés sous la poix fondue, les arcs et les arbalètes répondirent aux coups de boutoir... Mais rien n'arrêterait la bannière noire combattant pour elle-même.

Cette nuit-là, les huit sicaires survivants, menés par Odd, s'infiltrèrent dans les campements de trois des colonnes, égorgèrent les capitaines, leurs lieutenants, et brûlèrent des dizaines de tentes avant de tomber sous le nombre. Cette nuit-là fut aussi ténèbres de terreurs superstitieuses dans la Cité elle-même. À ses murs, la bataille continuait sans trêve, les chevaliers de *kraast* semblant éclairés, guidés, aimantés vers l'assaut par les silhouettes hideuses de leur armée de Spectres – impuissants à frapper, invulnérables aux coups, mais qui grouillaient, montaient comme des insectes le long des enceintes. Dans les rues et ruelles, les morts se propagèrent, traversant les dispositifs comme une maladie contagieuse, repoussante ;

ils allaient partout et retournaient aux campements golithes avertir des faiblesses de la défense – semblant semer la peur et la mort plus que les armes mêmes. Les habitants n'eurent pas le temps de s'habituer à leur présence hostile, toujours inattendue et toujours terrifiante – à leurs aboiements, leurs hurlements de damnés.

Ils livrèrent un combat vain, plus courageux encore d'être vain, désespéré enfin ; les simples paysans réfugiés et les francs bourgeois prêtant main-forte aux soldats sur les créneaux, dans les redoutes, aux meurtrières de Fern ; chacun refusant de mourir, de se résoudre à cela, sans lutter. Ils repoussèrent cent fois les échelles des assaillants. Ils criblèrent de traits enflammés les colonnes impassibles. D'anciennes capitaines, des presque vieillardes, rongées de maladies, se relevèrent de leur grabat, commandant aux enfants ; les uns prêtèrent leurs bras encore trop juvéniles à la science des unes. De rudes agriculteurs se découvrirent la vigueur de vrais chevaliers. Des hommes, des femmes moururent avec dans les yeux encore une espérance. Tenir.

Puis, même cette lumière s'effaça. Il n'y eut plus que la vaillance insensée.

Le mur Sud-Est s'effondra à l'aube du deuxième jour, laissant une brèche immense sous les assauts de la Quatrième Légion (l'une des colonnes remontées jadis de Waltraud). Ceux de Fern continuèrent de livrer la bataille dans les ruines – hachés sur place, refoulés, ils se retranchèrent dans chaque maison, chaque abri, bloquèrent chaque rue, entassèrent les débris en barricades improvisées pour ralentir l'irrésistible élan de toute l'armée ardente.

C'était vain, ils le savaient – mais que faire ?

La grande porte fut dégagée par la Quatrième Légion, appuyée par deux autres ; les deuxième et cinquième colonnes se ruèrent sous la herse, avec leurs *siffales*, et montèrent à l'assaut des rues comme une eau tumultueuse, noire, mortelle, inonde les cités.

Même les enfants, les garçonnets et surtout les fillettes de Fern, éduquées à la guerre dès le plus jeune âge, firent preuve, dans ces heures inexorables, d'une vaillance inouïe. Trois fois, ainsi, une quinzaine d'habitants de la rue d'Hildreth, deux familles tout au plus, réussirent à repousser une colonne entière, en ouvrant les réserves du maître de chais, en utilisant les tonneaux comme des projectiles, qu'ils enflammèrent et firent dévaler, qui empêchèrent deux heures durant les *siffales* d'avancer dans la pente... Ceux-là eurent droit au châtiment terrible d'être livrés vivants aux cavales charognardes. Leurs cris déments de supplications résonnent depuis, résonneront pour l'éternité, dans la rue d'Hildreth.

Le castel de Pouvoir tomba à midi le deuxième jour.

Le jardin d'Elka était couvert de corps, qui le jonchaient et que les combattants piétinaient ; ceux de toutes les combattantes des deux colonnes blanches, qui n'avaient pas cédé un pouce de terrain, autour du bâtiment qui abrite le siège d'Orla, les sceaux, les clés...

Dans cet espace étroit, peu favorable aux charges, leur affrontement avec les *siffales* et leurs cavaliers fut moins spectaculaire que dans le sous-bois de Mainrad où les prêtresses de Fern moururent avec leurs gardes ; mais pas moins furieux, long, incertain sinon indécis. Les pertes des Légions y furent effroyables, dit-on, les Golithes représentaient plus de la moitié des corps qui demeurèrent là, pour l'éternité. Les capitaines de *kraast* n'en avaient cure. Les pertes des colonnes blanches furent définitives, totales : les chevalières à l'armure aussi brillante que l'alumine tombèrent, l'une après l'autre, préférant se faire trancher et massacrer sur place. De même firent leurs compagnons. La chevalerie de Fern n'était plus.

Les arbalétriers et les archers réfugiés sur les créneaux du castel tinrent encore quelques minutes, repoussant les *siffales* avides de profaner ces restes héroïques ; puis finalement le castel tomba à son tour, et les derniers carrés de défenseurs furent jetés, depuis son sommet, dans le jardin d'Elka – pour le festin des cavales carnassières.

L'ultime résistance dura encore deux heures, jusqu'à la nuit de ce deuxième jour, dans l'escalier qui menait au sommet de la tour d'Aïman.

Là, des écorcheurs, de simples laboureurs aussi, et quelques chevaliers avec leurs familles, réfugiés, claquemurés pour le dernier baroud, vendirent chèrement chaque degré, chaque marche, dans un assaut inégal, sublime – inutile, fors l'honneur. On vit des adolescentes, des gamins qui se jetaient, un simple couteau à la main, contre les colosses en armures de *kraast*, invincibles. On vit des mères, des pères, des vieillards se battre contre les mercenaires du Sang-Noir, sans un mot, dents serrées, parce que c'était leur devoir – et mourir sans un cri. On entendit les fourches paysannes, les vieilles épées rouillées et refourbies des caves, entrechoquer les masses d'armes hérissées.

Les vivants jetaient leurs propres morts dans l'escalier, comme autant d'obstacles, de digues contre la progression des tueurs, qui refluèrent trois fois.

Et c'est, finalement, sur un tapis de corps héroïques, dérisoires, que les chevaliers noirs de la Troisième Légion escaladèrent l'escalier, pour atteindre le sommet de la tour d'Orla.

*

Sans nulle retenue, à Shaelynn, les mânes de la fondatrice et de sa sœur pleurèrent de pitié, mais aussi de fière maternité, à voir comment la cité qu'elles avaient créée jadis avait su tomber la tête haute ; sans rien céder, devant la plus formidable armée de *kraast* que l'Alta eût connue depuis Wulfran.

L'Histoire le dira, on le relatera dans le Neuvième Tome des guerres de l'Alta, dans la grande Bibliothèque du Tribunal de Paix de Lexie, si l'Histoire se poursuit. Si le Pouvoir du Sang-Noir n'est pas rétabli.

Sur le coup de trois heures, le silence tomba.

Dans Fern suppliciée, quelques chiens et rats errants disputaient aux *siffales* les dépouilles des vaincus – et celles des vainqueurs. Ils s'égaillaient comme volées de moineaux, dès qu'un parti de chevaliers noirs pénétrait dans ces ruelles.

Les Golithes patrouillaient.

Parfois, troublant la chape lugubre, on entendait le bruit que font les portes en s'ouvrant à la volée. On entendait les pas métalliques d'une section vérifiant, de maison en maison, qu'il ne restait pas une seule âme qui vive – femmes, hommes, anciens, nourrissons... Ce silence stupéfiant, suspendu, dura longtemps, il durera toujours maintenant ; il n'y eut ni cris, ni rires, ni oraisons, même parmi les vainqueurs : les Golithes ne pillent pas les villes dont ils s'emparent, pas plus qu'ils n'enterrent leurs morts ou ceux de l'ennemi. Quand ils ont fini de traverser une cité de part en part, quand ils l'ont épuisée, ils la quittent, simplement, n'y laissant que la mort, la cendre, sans les larmes – il ne reste personne, jamais, pour pleurer.

Le seul bruit d'importance, en fait, après les derniers meurtres, vint des deux tours d'ivoire où l'on avait résisté jusqu'au bout ; où quelques-uns des capitaines, entourés de leurs gardes, accompagnaient quelques Spectres flottants, incertains.

Parvenu en haut de la tour d'Aloïse, après avoir vu celle d'Aïman, Matthias regarda la jeune fille égorgée qu'on avait laissée là, pendue à sa poulie, comme une preuve.

— Ce n'est pas elle, non plus.

Il portait l'armure verdie des chevaliers de *kraast*, une armure qu'il avait pourtant quittée, lorsqu'il était entré voici trois ans dans la Forêt des Âmes, à la recherche d'Elfrea. Il avait toujours les traits qu'on lui avait connus alors : un visage juvénile, de longs cheveux clairs, une barbiche – un bouc, plutôt – de mousquetaire, sans moustache. Une marque terrible au cou, une sorte de tache, là où les mains de Mansour s'étaient serrées, et aussi à la nuque qui s'était brisée. Ses yeux clairs et fixes brillaient comme deux émeraudes mortes. Sa face, ses yeux, son épiderme, son armure de *kraast* même, tout était de ce vert luminescent qui appartient aux Spectres.

Sa voix était lointaine, résonnant en écho comme à travers un tunnel. Mais ses expressions étaient toujours les mêmes. Il sourit, avec cette moue désabusée qui lui appartenait, et dit :

— Mes rêves disaient vrai, les otages ne sont pas morts. Je les reconnaîtrais entre mille. Ils nous ont échappé, avec Hedda sans doute.

Il semblait s'en réjouir.

— Capitaines, nous pouvons rêver encore de réunir le Pouvoir, tout le Pouvoir, pas seulement celui que me conférera l'âme de Mansour, quand vous l'aurez enfin livrée.

Il y avait un reproche dans cette phrase, mais calme, serein. Il avait le temps, un peu de temps pour lui. Nulle cruauté dans ses yeux, non, ni même d'ambition personnelle, pas davantage de revanche ; simplement un désir avide de rétablir le Pouvoir dont il était l'instrument. Et qu'importe alors, au fond, si lui ou un autre l'exerçait. Tels sont les Golithes...

— Retrouvez la fille et le garçon, et qu'on les étrangle. Ou qu'on les amène jusqu'à moi... Que leur Sang ne coule pas, surtout. La chasse recommence, et il y a trois gibiers.

Puis, comme pour lui-même, perdu dans ses pensées :

— Que n'ai-je quinze sicaires, efficaces, discrets, doués d'ubiquité, comme ceux de l'armée des Ombres ! Ceux que nous recherchons seraient déjà tous entre les mains de mes Spectres.

*

Un coassement malade, puis deux, puis dix, se répondirent au-dessus de la Cité libre. Des nuées de *zopilotes* bientôt tournoyèrent, et d'une volée à l'autre, les éboueurs ailés de la mort commentèrent avec intérêt, dans le langage des vautours, la sinistre information – il y aurait à manger pour des mois, ici. Dans ce charnier de huit mille morts (tous ceux de Fern, et tous leurs animaux ; puis, près de mille cinq cents Golithes, presque quatre colonnes, et plus encore de *siffales*).

Les deux tours d'ivoire, comme deux doigts interminables dressés vers le ciel, restaient debout, sur ce qui avait été le rêve d'une ville humaine, franche, gouvernée par des femmes sages. Fern deviendrait dans deux jours, sous le soleil de printemps, une puanteur sordide, un mémorial horrible de ce rêve. Les *zopilotes* n'avaient cure des stèles. Ils savaient une chose : il y aurait ici à ronger, à déchirer, à nettoyer pour des années, peut-être, et tous les becs n'y suffiraient jamais.

Au loin, les colonnes golithes retraitaient.

VIII

Boue rouge
(Fin connue des guerres
du Neuvième Tome)

Chapitre 43

Ils galopaient vers le Sud-Ouest, les dix lions et leurs cavalières, les trois chevaux sur lesquels voyageait Chaïmae, sur lesquels Hugo et Charlie brinquebalaient ; et à leur tête, Jeson, le Centaurien.

Les cerviers s'écartaient souvent, en des courses buissonnières de plusieurs dizaines de minutes, avec leurs Cervières. Ils revenaient ensuite dans le groupe compact, ralentissant pour se caler au pas des plus lents – les chevaux des deux anciens otages. Meneur de l'équipée, Jeson riait, parfois, à gorge déployée, grossièrement, comme pris de stupeur, interrompant sa longue conversation avec Chaïmae – stupéfait de lui-même, oui, d'avoir su organiser le plan d'évasion sans coup férir, lui qui n'était qu'un marteau.

Il n'en revenait pas : Hedda était vaincue, les otages étaient libres, les Clans étaient à l'abri... Victoire totale, réussite absolue. Il s'en gorgeait, s'en remplissait, sans parvenir à y croire. Ainsi, la vie pouvait réserver des surprises au dernier des Grands Hybrides, à l'hiver de sa vie : Jeson devenait un stratège. Le plan avait marché, au-delà de toute espérance.

Preuves « vivantes » de cela, derrière eux, Hugo et Charlie, épuisés, s'efforçaient de tenir le rythme de la chevauchée, et Mansour sur Nidhal bondissait à leurs côtés, de plus en plus soucieux. Quand ils semblaient avoir la force de l'écouter, lorsque le trot ralentissait, il leur expliquait tout ce qu'ils avaient ignoré, les guerres du Neuvième Tome, ce qui les concernait maintenant au premier chef.

— Matthias a rassemblé les Golithes, toutes les colonnes noires sur la Marche, car ils savent que lui seul peut réunir le Sang-Noir. Ils avaient ordre de me capturer, de m'étrangler, de me livrer aux Spectres sans verser une goutte de mon sang... Jusqu'à ce que vous arriviez... Vous êtes devenus son premier objectif, c'est pourquoi ils ont assiégé Fern...

— Un mort peut exercer le Pouvoir, réunir les Sangs ?

— Nous l'ignorons, mais ils le pensent. Matthias et ses alliés. Nous ignorons comment il compte s'emparer du sang de nos Ombres, de nos Spectres. Mais ce qui compte c'est que les Golithes le croient.

— C'est... C'est la raison de leur attaque de Fern ? Parce que nous étions...

— Oui. Earvin et Hedda espéraient nous attirer dans un piège, en vous gardant en otage. Ils ont eu finalement les chevaliers de *kraast*. Et nous, heureusement, nous avions Chaïmae.

Le Victorieux venait de désigner la cavalière qui ouvrait la marche avec Jeson. La tueuse aux couteaux, si insensible voici quelques heures, au moment d'exécuter ses ennemis ou d'égorger de faux otages.

— Qui est-elle ? dit Charlie en grimaçant.

C'était la première fois que la jeune fille desserrait les dents, depuis le début du galop. Elle était livide, couchée sur l'encolure, à peine en équilibre...

— Une ancienne Hafida, qui a perdu son lion voici deux ans, quand nous avons réduit Waltraud en cendres. Elle s'est fait accepter à Fern, dans l'armée des Ombres, sur les ordres du Conseil des Clans... On dit qu'ils ont fini par l'introniser à force de cruautés, de dévouement, de cynisme contre nous et les nôtres...

— C'est... C'est une tueuse ? un assassin ?

— Comme nous tous... Un soldat. Elle a accepté de ne pas combattre au soleil, dans la gloire, mais dans l'ombre, la laideur, la duplicité et le mensonge. Elle a enduré le service de l'ennemi, commis les pires horreurs contre les

Clans, mais pour eux... Et le jour où Jeson l'a rappelée à ses fidélités, elle n'a pas hésité un instant...

Hugo comme Charlie ne pouvaient cependant oublier les gestes de la femme, dans la tour d'Aïman, dans celle d'Aloïse. Ils ne voulaient pas oublier que deux jeunes gens avaient été tués à leur place. Mansour le vit sur leurs visages. Sans chercher à les convaincre, il ajouta :

— Dans toute guerre, il faut ainsi des serviteurs des ténèbres. Tu te souviens, tous ces trucs de cinéma, les services secrets, les infiltrés...

Il avait dit cela avec plaisir, comme on évoque de vieux souvenirs d'enfance.

*

Hugo, entre deux crises de fièvre, regardait le dos de Chaïmae, sur son cheval, devant eux. Plus un lion n'accepterait la guerrière, c'était la règle que Mansour venait de leur expliquer. Et pourtant, elle avait combattu, encore, toujours, au risque de s'y perdre... Maintenant, elle riait aux plaisanteries et aux vantardises du Centaurien, avec la gaieté qu'ont toutes les filles des Clans entre deux batailles. À gorge déployée. Elle avait retiré ses vêtements de Fern, elle ne portait que le pantalon et le bustier de peau. Sur ses bras, ses jambes, son ventre, tous les récits d'antan avaient été effacés, il n'y avait que de terribles cicatrices, traces de brûlures. Comment peut-on avoir cette force d'âme ? Servir pendant deux ans l'immonde, le pire, au nom du bien ? Ne pas perdre son âme alors que tout, chaque geste, chaque mot, chaque mimique semble la renier ?

Mansour surprit le regard du jeune homme, s'approcha encore une fois.

— Nous n'étions que quatre à savoir que sa trahison était en fait une fidélité : Emin, le chef du Conseil des Sept Clans, Aliya, Jeson et moi-même... Certains secrets doivent être celés à tout jamais.

— Et si vous étiez morts, tous, sans le révéler ?

— Elle aurait été seule. Elle aurait décidé seule à quel moment il convenait d'exécuter Hedda. C'était sa première, son unique mission, avant que vous apparaissiez : tuer Hedda, quand nous le jugerions nécessaire. Elle a réussi à la mener à bien, tout en vous libérant, finalement. Grâce au plan de Jeson, et à quelques amis que nous avons dans la cité...

Mansour plissa les yeux ; il se doutait qu'à cette heure la blonde servante de la taverne, celle qui était allée prévenir les Clans et qui avait ramené les ordres pour Chaïmae, n'avait plus que quelques heures à vivre, dans Fern assiégée. Elle, et quelques autres espions fidèles, qui mourraient au milieu de l'ennemi - ainsi va la guerre, et son étrange manière de distribuer les récompenses aux plus dévoués.

Puis, il revint au réel, vit que Charlie glissait, allait basculer... Il cria qu'on s'arrête.

On les ligota tous les deux sur leurs chevaux, et la course reprit.

Aliya s'était jointe à leur duo, elle galopait à côté d'eux, et Mansour s'adressait à Hugo dans l'Idiome universel - pour qu'elle comprenne aussi. Hugo répondait, il traduisait parfois, parfois non.

— Et vous, pourquoi êtes-vous ici ?

— On te l'a dit, Mansour. Pour venir te chercher. Les flics nous accusent de ton meurtre, de celui de Matthias, et de combien d'autres...

— Vous n'avez pas envoyé la lettre à mon père ?

— Si, mais il ne l'a pas crue, apparemment.

Mansour expliqua longuement quelque chose à Aliya, dans la langue des Clans. À propos de son père ? Puis ils revinrent à la conversation : Hugo raconta les portraits-robots, l'opération de police contre leurs maisons, leur disparition puis leur passage par Oksan-kras. Toutes choses si lointaines, déjà, qu'elles paraissaient d'un autre siècle.

— Je vois. Mais il me semble que... Vous dites que vous avez trouvé un message, dans le *shad* de Compiègne ?

– Oui, signé d'un M, répondit Charlie, après une quinte de toux violente. Nous pensions que c'était... toi.

– C'était Matthias. Et sans doute est-ce lui, aussi, qui d'une façon ou d'une autre, a fait remonter les souvenirs vous concernant... Pour que la police s'intéresse à vous, et que vous soyez obligés de revenir.

– Un piège ? Contre nous ? Tu délires ! Comment veux-tu qu'un Spectre puisse organiser notre accusation par la police, dans un monde qui n'est plus le sien ?

De nouveau, il y eut un conciliabule entre le Cervier et sa compagne, assez animé, et apparemment, ils finirent par tomber d'accord.

– Aliya pense comme moi, Hugo... Ce monde, le vôtre, n'est plus le sien, mais il le connaît parfaitement, il sait comment il fonctionne. Il a des espions, les serviteurs du Sang-Noir sont nombreux, ici, et le Pouvoir a des adorateurs, aussi, en votre monde. Réfléchis : Matthias avait besoin que vous reveniez, il devait vous faire tuer ici, pour retrouver vos spectres dans la Forêt des Âmes...

Hugo songea à l'ombre verte qu'il avait aperçue, la première nuit, dans le sous-bois d'Avala-ar-Helian. Oui, cela prenait un sens, tout d'un coup... On les attendait, parce qu'on les avait attirés. Ils avaient été des jouets, dans un plan ourdi depuis le royaume des Ombres.

*

Durant la nuit, ils passèrent le long des fondrières des champs Gauranatiques, deux jours avant la grande bataille... Le galop était définitivement tombé, ils allaient le plus souvent au pas ; la seule allure que les deux otages libérés pouvaient suivre. Charlie semblait évanouie, ballottée sur sa monture, ou dormait-elle ? Les lions allaient loin devant eux, revenaient, repartaient. Même Nadir. Aliya les laissait de nouveau parler seuls, lui et son ami, sous un ciel tantôt nuageux, tantôt pluvieux, dans leur langue maternelle. Mansour écoutait, hochait la tête, questionnait...

C'était vraiment une chose étrange de se retrouver, ici, dans ce monde qu'ils avaient exploré naguère avec leurs avatars. C'était comme de retrouver un ami dans un pays lointain, exotique, dont il parlait la langue, dont il maîtrisait maintenant tous les codes, auquel il s'était parfaitement acculturé – quand vous, qui l'aviez visité jadis avec lui, vous y demeuriez un parfait étranger. Et puis, ici, le Victorieux était devenu autre chose encore, de plus grand ; autre chose que l'un des Quatre. Il était « le frère d'Aliya »...

Même les Hafidas le regardaient avec un amour mêlé de timidité.

Soudain, Charlie releva la tête, s'ébroua – elle devait écouter, finalement. Car elle posa LA question :

— Toi et Aliya, vous êtes... ?

— Nous nous aimons, oui... Et pour cela, nous devons quitter les Hafidas, et mener une guerre de francs-tireurs, c'est la loi des Clans. Nous chevauchons aujourd'hui avec les guerrières pour la dernière fois, parce qu'il fallait venir vous sauver. Ensuite...

Il se tut. Puis, il lança Nidhal pour rejoindre Aliya... Leur ami sincère, ce parfait étranger, ce guerrier barbu, tatoué, à moitié nu, sur son lion, gardait son avenir de « franc-tireur » pour lui-même – semblant l'accepter, et s'en réjouir peut-être. Il suffit d'un regard entre Charlie et Hugo pour confirmer ce qu'ils savaient déjà, depuis la minute des retrouvailles : jamais Mansour ne reviendrait. Jamais. Il aurait donné sa vie pour sauver la leur, mais sa place n'était plus là-bas, si loin de l'Alta. Et sans Aliya.

Chapitre 44

Où étaient-ils ? Combien de temps lui restait-il, avant que l'âme qui palpitait en lui, et éclairait la fumée de son visage, s'éteigne ? Les fantômes, comme les vivants, ignorent le jour et l'heure... Le Spectre est la prison morte d'une âme vivante, il est la marque des esprits qui n'ont pas renoncé, de ce qui reste à accomplir.

Les légendes naines du royaume de Haïg prétendent que seuls demeurent, nuées, ceux qui ont une vengeance à accomplir. Les Elfes murmurent que restent les mânes de ceux qui n'ont pas revu leurs arbres, au moment du trépas. Les Humains pensent que c'est un châtiment, ou la conséquence d'une douleur trop grande pour être contenue par le suaire et la tombe. Tous ont des raisons.

Les âmes vivantes des morts demeurent, en fait, le temps d'*accomplir* quelque chose qui les hante. Quelque chose qui donnait un sens à leur vie, et que leur vie, brisée, suspendue, arrêtée avant l'heure, a laissé en suspens. C'est donc cela, un Spectre – un suspens dans l'air, une dernière, une ultime occasion de refermer, de faire. Un regret qui s'attarde tellement, une folie... Et c'est une douleur inouïe, une prison, une cellule dans laquelle l'esprit cogne, car il n'y a plus qu'une loi – faire, faire cela, pour toucher au repos. Mais en certains esprits, les plus noires obsessions se chevauchent, s'emmêlent. Matthias ne pouvait plus dire ce qui le possédait, et qu'il fallait clore : faire renaître le Pouvoir ? Tuer son assassin ? Regarder mourir, en souriant, le garçon et la fille qui s'aimaient, qui semblaient croire que la vie est faite pour être traversée dans la joie, au mépris de ceux qu'on ignore, qu'on piétine, qu'on laisse toujours de côté, sans qu'une fille, un amour, un soleil les caressent ?

*

Le périple dura encore plus d'un jour et une nuit, sans descendre de cheval, sans pause, essentiellement sous une pluie battante dès lors qu'ils furent sur la plaine d'Alsander.

Ils aperçurent vers midi au troisième jour de fuite, à leur gauche, le mur du *limes* du côté d'Arman-du. Ils s'arrêtèrent, bientôt, à l'abri d'un boqueteau d'ormes et d'*hazals* blancs.

Ni Charlie ni Hugo n'auraient pu continuer davantage, à dire vrai, ils étaient allés bien au-delà de leurs limites, et depuis la veille au soir, ils ne disaient plus un mot, seulement concentrés sur l'idée de tenir. Ils ne sentaient même plus la pluie sur leur dos. Régulièrement, l'un et l'autre se mettaient à trembler de fièvre, claquaient des dents, vomissaient de la bile – les deux infections, celle de la gangrène et celle des poumons, remportaient la bataille.

Ils mirent pied à terre.

Profitant de l'abri des frondaisons épaisses, des Hafidas s'occupèrent du feu, d'autres dressèrent un abri de peau, une vaste tente, tandis que deux encore cherchaient dans les fontes de Jeson des réserves de nourriture, de boissons. Ils n'avaient même pas pris le temps de s'alimenter, dans leur désir de fuir au plus vite.

Une guerrière revint un peu plus tard, avec sur la croupe de son cervier les cadavres fraîchement abattus de trois jeunes *zayalas*. Deux seraient partagées entre les lions, la troisième entre les combattants. On allait prendre le temps de se restaurer, longuement.

Ils furent installés sous la tente, grelottant. Chaïmae vint vers eux, pour leur donner de l'eau ; elle regarda la blessure d'Hugo. Elle appela une de ses sœurs combattantes, et toutes deux commencèrent de racler la plaie avec leur tranchoir – puis de l'enduire de baume. C'était fruste, insuffisant, de la médecine de guerre, horriblement douloureuse, comme des coups de tison brûlant. Hugo sentait que l'infection était descendue jusqu'au coude, et que la zone douloureuse atteignait presque le cou.

« Plus possible d'amputer... Tu es foutu. »

Pendant tout le temps qu'elle le soignait, Chaïmae chantonnait dans la langue des Clans. Puis, sans un mot, elle le laissa, pour aller s'occuper de rôtir les *zayalas*.

Ce n'était plus la même, sa physionomie avait changé – sans parler de son humeur. Ses yeux avaient retrouvé une profondeur, une chaleur, sa bouche avait perdu sa moue amère. Elle était de retour chez elle, après deux années de mensonges et de masques. Et eux, reviendraient-ils chez eux ? En avaient-ils seulement un, une maison, un pays ?

Ils se sentirent étrangers, ici, pendant tout ce qui suivit – les préparatifs, le repas. On prenait soin d'eux, on les réchauffait, on les nourrissait. Régulièrement, Aliya et Jeson marquaient leur présence, en s'adressant à eux lentement, dans la langue universelle des Elfes. Et Mansour leur traduisait parfois des bribes de la conversation – il traduisait aussi pour tous les autres leurs réponses.

Mais la barrière linguistique empêchait qu'une fraternité s'installe, cette confiance et cette jovialité que tous les autres partageaient. Même avec le Centaurien, d'habitude compagnon joyeux et disert, et qu'il sentait lointain, préoccupé, jetant des regards vers le Sud... Chaïmae, au contraire, retrouvait des compagnes, dans l'odeur de sa chair brûlée – et aussi les récits, tous les récits, y compris le dernier, sur son corps, au couteau à graver.

Dans l'allégresse générale, dont ils se sentaient vaguement exclus, Jeson, à un moment, s'interrompit ; il se tourna vers eux, et dit :

— La Confrérie et son escorte sont presque reconstituées, maintenant... Matthias rêverait, j'en suis sûr, d'être au milieu de nous, même si nous ne partageons pas ses raisons ; et Earvin est empêché, durablement, à cause d'Hugo. Mais à part cela...

— Il manque aussi les Connor, Ioena et Louane, répondit Charlie. Leur médecine nous serait secourable.

— Je n'en suis pas certain, répondit le Centaurien après traduction.

— Les chants guérissent tout, protesta-t-elle.

— Cela, je n'en doute pas... Ce dont je ne suis pas certain, en revanche, c'est que les Connor nous manquent très longtemps, encore.

D'un coup de menton barbu, il montra le petit groupe, la brigade de Sloanes et de Searles qui avançaient vers eux, dans le crépuscule dégoulinant, sous un rideau de pluie.

— Ioena ! Louane !

Hugo s'était levé, la surprise lui redonnant des forces. Charlie fit de même, plus lentement, chancelante, sidérée elle aussi. Avec sur son visage, déjà, une forme de ravissement.

*

Dans le vacarme de l'averse sur la toile de tente, crépitement ininterrompu comme une grêle, après qu'on eut célébré les retrouvailles, Jeson dit :

— Vous partirez dans une journée, avec Ioena. Les Connor acceptent de vous cacher, à leurs risques et périls. Ils confirment une fois de plus, ainsi, à nos yeux, qu'ils sont pour les Clans les meilleurs des amis.

Le Centaurien s'inclina vers la Jekel, qui sourit. Il y avait une part de diplomatie, là-dedans - Jeson était vraiment devenu un chef, désormais, chez qui toute parole a plusieurs fonctions. Il reprit :

— ... Il vaut mieux que les Trois ne soient pas réunis ensemble trop longtemps... Non que nous doutions de votre générosité, et de votre loyauté... Mais tant que durera la menace de Matthias, ce serait prendre un risque trop immense. Telle est ma décision.

Charlie et Hugo ne furent pas les seuls à constater que, cette fois, la voix du Centaurien n'appelait aucune discussion.

— Vous vous soignerez dans leur cataracte, et nous viendrons vous rechercher, à Derrig Argan, quand nous en aurons fini avec les Golithes, et leurs morts.

— Les morts ne peuvent se vaincre.

— C'est ce que nous verrons, dit Mansour en souriant.

Aliya, qui ne comprenait pas ce que son Victorieux venait de dire à ses amis, dans leur langue du XXIe siècle, sourit néanmoins, complice. Elle se doutait que cela concernait leur avenir... Jeson conclut :

— Maintenant, reposez-vous, et laissez leur Céridwen vous prodiguer les premiers soins, qui vous permettront de tenir jusqu'à Odran-shad.

*

Le lendemain de la chute de Fern, tandis que la Brigade menée par la Métig Ioena rejoignait le boqueteau des ormes, à l'ouest du *limes*, deux patrouilles de Golithes traquaient encore les otages disparus, aux environs d'Adama.

Ils capturèrent dans leur battue une vieille femme, errante, éperdue. Elle se terrait dans les bosquets qui poussent le long d'une falaise rouge, au nord de la Cité libre. Le flair des *siffales* la débusqua, les chevaliers ardents la reconnurent, prévinrent les lieutenants de *kraast*, ils avertirent leur maître – celui qui détenait un quart du Pouvoir.

Ils n'interrogèrent pas la femme à la cotte de mailles d'un blanc de platine, avant que Matthias ne puisse l'entendre et la questionner. Mais Matthias arrivé, de son pas silencieux, la torture commença. Il fallait que la gouverneure dise où étaient ses prisonniers – et aussi ceux qui l'avaient ainsi mutilée.

Hedda se révéla une prisonnière insatisfaisante : faute de langue, elle coopérait mal, elle était une confidente trop peu prolixe. Sous la Question, elle ne fit que répéter l'aveu qu'elle avait fait dès la première minute, tendant frénétiquement son bras décharné vers le Sud – oui, c'était là-bas, dans la Forêt elfique ou sur la plaine d'Alsander, qu'avaient fui les otages, et Mansour. Elle confirma aussi, par des hochements de tête effrayés, qu'ils étaient tous ensemble, avec Jeson le Centaurien, Aliya, et d'autres Hafidas.

Le prince de l'armée défunte indiqua alors, d'un geste, qu'on mette fin au supplice de la pauvresse qui s'était rêvée tyran d'une Cité libre. Ils en avaient appris assez.

Son sourire, en donnant cet ordre, n'était nullement cruel, seulement indifférent. Le Spectre réfléchissait, déjà ailleurs, absorbé, sur les traces imaginaires d'un gibier qu'il traquait en esprit ; comme un chasseur qui a tout son temps.

*

Matthias croyait, à cette heure, que son armée en retraite lui fournirait bientôt les patrouilles pour écumer le Sud.

Mais quel Sud ? On avait dû cacher Charlie et Hugo chez les Connor, du côté de Derrig Argan, ou chez d'autres alliés ; peut-être même à Lexie, sous la protection des prêtres ?

Ils n'étaient sans doute pas demeurés ensemble, avec Mansour ; non, c'était la moindre des prudences. Et les chercher revenait à traquer trois aiguilles éparses, dans une botte de foin en flammes – la chute de Fern entraînerait la guerre, ailleurs, contre Thierno, contre Orbert, contre les Clans, et peut-être contre leurs alliés elfiques...

Une grande coalition, contre lui, comme à l'époque des Mères-de-la-guerre ? Pouvait-il disperser « ses » Golithes au moment de la bataille ?

Il le ferait. La victoire dans le monde des vivants lui importait peu ; et qu'importait le temps, également, ou la difficulté : il les retrouverait, tous les trois – Mansour, Charlie, Hugo. Les Trois qui l'avaient exécuté, à Elfrea. Ceux de sa Confrérie, et maintenant, ceux de son Sang.

Il était prêt à violer les sanctuaires elfiques, ou ceux de Lexie, s'il le fallait... Mais il allait patienter, une dernière fois - laisser l'ennemi venir à lui plutôt que de vouloir l'atteindre. Tôt ou tard, l'escorte, le Centaurien, et sans doute Aliya avec le Victorieux, remonteraient vers les Clans. Eux parleraient.

*

C'est le surlendemain, à l'aube toujours pluvieuse, qu'Hugo et Charlie partirent avec les Elfes. Les chants de Kéliane, première Céridwen parmi les Connor, les avait rétablis suffisamment pour qu'ils reprennent la route. Ils regrettaient cependant d'être déjà séparés de Mansour, le seul à les comprendre, à pouvoir traduire. Le seul qu'ils puissent véritablement considérer comme un ami, peut-être, un ami désormais lointain - encore que de savoir Ioena, et surtout la jeune Louane, dans leur escorte fût rassérénant.

Quand ils eurent disparu à l'horizon, Jeson dit :

— Et vous, qu'allez-vous faire ?

Il regardait Aliya et Mansour, debout tous les trois sous le cuir de la tente.

— La guerre n'est pas finie, et je me fous des lois... Les Hafidas ne peuvent se passer de combattants comme vous. Restez avec nous.

Cette fois, ce n'était pas un ordre, mais une demande.

— La guerre contre Fern est finie sûrement, à cette heure..., répondit Aliya. Et les Golithes mettront quelques semaines avant de rétablir leurs forces, après cette bataille... Les Clans sont à l'abri, sous ton autorité.

— Aliya, nous ne pouvons...

— Si tu doutes de tes propres ordres, confie-toi à Chaïmae. Ce qu'elle a traversé fait d'elle une sage, une prudente conseillère, désormais. Elle ne se fie plus à personne, sauf à l'honneur, à ses fidélités intimes, comme toi. Elle te sera d'une grande aide. Quant à nous...

Elle se tourna vers Mansour.

— ... Nous et nos lions, nous allons en finir avec une autre armée, plus implacable, Jeson.

Une tristesse infinie voila le visage du Centaurien. Mais il dit :

— Je me doutais que ce seraient tes paroles, il fallait que ce soit la meilleure d'entre nous, et le plus grand de tous après elle, qui les disent - seuls vous deux, vous oseriez prendre une pareille route. Quand nous reverrons-nous ?

— Je l'ignore, peut-être un jour, l'Hybride. Mais si ce jour advient, notre joie sera grande.

— L'Alta se souviendra.

— Il se souvient de tout, et de toi.

Ils s'éloignèrent tous deux, sur Nidhal et Nadir. Malgré la pluie battante, Mansour sifflotait une vieille chanson de taverne ; Aliya souriait. Au bout de quelques minutes, il lui dit :

— Je suis heureux d'avoir parlé la langue de mon enfance. Il faudra que tu en apprennes quelques mots...

Puis, il prononça dans sa langue :

— Aliya, je t'aime, à jamais.

— Jeutémajamé ?

— C'est cela, à peu près... Et maintenant, mon aimée, que dirais-tu ce soir d'aller voir la mer d'Hourya sous le soleil ?

Ils talonnèrent leurs lions.

Chapitre 45

Le jour qui suivit la rencontre des Elfes et des Hafidas, alors que Kéliane chantait encore sous l'orme, les troupes que Thierno avait levées, les deux tiers environ de toute son ost, de ses gens d'armes, de ses mercenaires et de ses sbires (il en avait laissé un tiers en défense, autour d'Almeria, prémunie aussi par son immensité), rencontrèrent comme prévu les restes des colonnes golithes, qui s'en revenaient de leur campagne victorieuse.

C'était au surlendemain de la chute de Fern, vers l'aube. Et cette rencontre dura bien au-delà du crépuscule suivant, l'Histoire l'a retenu.

Quant aux chevaliers de *kraast*, il n'en restait à dire vrai guère plus que l'équivalent de trois colonnes, parce que la Cité libre s'était battue avec une dignité, une foi puis un désespoir remarquables. Et les capitaines des Légions n'avaient rien économisé, dans la hâte de Matthias qu'on voie tomber ces murs, et dans sa folie de pénétrer jusqu'au sommet des deux tours d'ivoire.

Une dizaine de patrouilles seulement étaient parties, aux quatre points cardinaux, pour retrouver la trace d'Hedda et des otages – cent chevaliers, les meilleurs lieutenants, ou les plus frais, ceux qui avaient été gardés en réserve pendant le grand massacre dans la Cité libre. Toute l'armée des Spectres s'était dispersée, avec eux, pour cette même quête, en tous lieux...

Les autres, les vainqueurs de Fern, retraitaient vers la Marche, pour se rétablir, réorganiser les Légions ardentes

– et, disent les légendes, ouvrir encore une fois les portes des enfers, car la façon dont les colonnes de *kraast* se régénèrent sans cesse, depuis que Wulfran est allé les quérir déjà casquées et harnachées parmi les démons mêmes, demeure un mystère.

Quand la cavalerie de Thierno et ses archers rencontrèrent les Golithes, aux environs d'Arman-du, les trois colonnes disloquées avaient négligé leurs propres dispositifs de patrouille, pour prévenir une attaque improbable.

La bataille se déroula sur les champs Gauranatiques, dans ce vaste espace plat où se finit la plaine d'Alsander et où commence celle d'Alaine, qu'avaient choisi le Féodal et ses capitaines. Choix cardinal. Ce fut donc parmi les fondrières, presque des marais, en fait, et sous des trombes de pluie, que se joua le sort du Neuvième Tome des guerres. Les archers de Thierno y perdirent leur puissance, leurs cordes détrempées, mais pas les arbalètes. Et même sans cette pluie, le terrain fangeux était favorable aux desseins des Humains, plus qu'à la défense des Golithes. Dans le marécage, sur le sol amolli, piégeux, gras, la charge des chevaux fut plus efficace, disons moins empêtrée, que celle des *siffales*. Si les écorcheurs et autres fantassins s'enfonçaient parfois jusqu'aux cuisses, soulevant à chaque pas plusieurs kilos de glèbe, si les chevaliers sentaient parfois leurs bêtes lâcher sous eux, dans un trou d'eau, les trois colonnes ardentes ne surent ni ne purent jamais s'élancer enfin, trouver leur vitesse, sauvage, ce rythme qui les rend implacables comme un train lancé à pleine vitesse.

La collision des masses fut donc frontale, mais ralentie – la terre en trembla, toutefois, armée contre armée, les hommes qui y assistaient et ceux qui y prirent part en ressentirent physiquement la vibration, quand les deux forces formidables s'entrechoquèrent, et ce choc désarçonna tous ceux des avant-gardes. Puis il y en eut d'autres, trois, cinq, dix, de ces secousses, autant de répliques d'un mouvement sismique, au fur et à mesure que les troupes du Féodal se jetaient à leur tour dans la bataille – et chaque fois que les forces retardataires des Golithes relayaient les troupes heurtées de prime abord.

Les deux armées, bientôt, sans plus de réserves, furent sur le champ. Le mouvement d'ensemble cessa. Vu de loin, ce ne fut plus qu'une multitude, et une frénésie, de mouvements ténus, de duels, de face-à-face, comme une fourmilière soudain désordonnée, grouillante. Une bataille statique, où chacun livre un combat à mort avec chacun, à pied, enfoncé dans la boue jusqu'aux genoux, parfois davantage même – le visage presque à se toucher –, au lieu des grands mouvements, colonnes contre colonnes, où l'on jurerait que l'armée entière ne fait qu'un, contre l'armée.

Sous le déluge de pluie, comme un rideau blanc sur eux, la terre recouvrit le *kraast* comme l'acier, que l'eau délavait, et le sang très bientôt se mêla à la boue. Les cavales carnivores, compagnes des démons, et les cavales pursang des élevages féodaux avaient été renversées depuis longtemps, impuissantes à s'extirper, les pattes bientôt sectionnées, les ventres déchirés par les fantassins, les coupe-jarrets, les écorcheurs. On marchait sur elles, on les piétinait pour se livrer la guerre, l'ultime explication, Humains contre Golithes. Elles s'enfonçaient lentement, sous les pieds des combattants. Chaque chevalier noir affrontait deux soldats de Thierno. Et s'il en sortait vainqueur, il en tombait encore deux autres...

Parmi ses chevaliers restés encore debout après la première charge, quoique désarçonnés, le Féodal lui-même, immortel, invincible, fit tournoyer longtemps l'immense fléau d'armes avant d'être blessé – aussi formidable que son père l'avait été, avant lui, Lugder à la main. Les capitaines golithes, quant à eux, montrèrent l'énergie, la bravoure qu'avant eux d'autres avaient eues sous les murs de Carlen – celles du désespoir, acculé. Il fallut des lances, des hallebardes, des armes de haste si nombreuses, pour les résoudre, et ils en brisèrent tant de leurs haches, de leurs masses... Avec leurs équipements sommaires, les coupe-jarrets jouissaient de l'avantage que confère la légèreté. Ils firent grand dol, et recueillirent grande peine.

S'il n'y avait eu le terrain, la pluie, les fondrières, peut-être les colonnes golithes auraient-elles pu s'organiser en un mouvement – et alors, elles eussent été irrésistibles, en dépit de leur conséquente infériorité en nombre. Peut-être, encore, s'il n'y avait eu l'épuisement des trois jours de Fern, les bras des chevaliers noirs auraient-ils suffi, sans même le mouvement (ainsi, la résistance inutile de la Cité libre fut-elle secourable, cependant, à cette Race humaine qu'elle avait défendue avec tant de passion, tant de haine aveugle aussi, tant d'injustice, naguère). Et peut-être encore eût-il fallu plus de lucidité à l'état-major de *kraast* pour retraiter quand il en était temps, encore.

Mais les Golithes ne fuient jamais.

L'Histoire jugera les capitaines, quand elle passera sous la plume des prêtres du Grand Tribunal de Paix de Lexie. Elle dira les fautes, les erreurs, les génies et les défaillances de chacun, pour expliquer la fin.

*

La bataille des champs Gauranatiques laissa, dans les marécages, plus de six mille cadavres, et c'était sans compter les blessés, peut-être aussi nombreux, qui demeurèrent des jours à agoniser, espérant des secours qui finalement jamais ne vinrent. On dit qu'ils s'enfoncèrent lentement dans l'humus détrempé, collant, et que certains y furent engloutis encore vivants, incapables de s'en extirper.

Tout ce que l'Alta comptait encore de Golithes après Fern, serviteurs du Sang-Noir, harnachés de *kraast*, silencieux et mortels, disparut sur ces champs (sauf les dix patrouilles). Ils étaient mille trois cents environ, et puissent les enfers ne plus jamais s'ouvrir, pour ressusciter cette engeance impie.

Thierno, quant à lui, Grand Féodal d'Almeria, Grand Capitaine, chef de guerre, espoir proclamé de la Race humaine, y perdit quatre à cinq mille hommes, au moins, mais certains disent bien davantage, tant était formidable l'ost qu'il avait levée, à l'Ouest ; il y perdit encore son bras gauche, ainsi que ses deux jambes – car même les Immortels peuvent être mutilés, seule la poitrine, le cœur, le sang, la tête demeurent éternellement intacts, grâce à la promesse de Danaël.

Il lui ne resta que quelques poignées d'hommes, après les derniers meurtres sur le champ de bataille, qui en se regroupant firent trois bataillons, huit cents soldats tout au plus.

Ceux-là portèrent sur un brancard le Féodal sans jambes, pour regagner sa ville.

Les Barons morts furent quatre cents, beaucoup avaient succombé lors de la première charge. Les capitaines manquants étaient quatre-vingts, tout un état-major, sauf cinq, qui furent ensuite traduits en justice pour lâcheté et dérobade. On ne compta ni les écorcheurs, ni les coupe-jarrets, ni les archers parmi les dépouilles, ce jour-là ni même après, car ils sont gens de peu.

Almeria, pour longtemps, cesserait de faire trembler ses voisins... Thierno n'avait pas hésité à jeter la plupart de ses gens dans cette bataille, convaincu que, vainqueur ou vaincu, la Vierge de Danaël l'établirait ensuite sur la Race humaine. Voilà ce que vaut la foi en d'incertaines prophéties : il ne reçut jamais cet honneur.

Seul Orbert le Cupide conserve aujourd'hui, sur l'Alta, pour le siècle qui s'achève, la puissance féodale. Thierno a perdu dans cette guerre toutes ses meilleures gens, et aussi trop de bras distraits à ses champs, ses vignes, sa ville. Il n'y a ni morale dans cela, ni juste récompense pour rétribuer les vaillants et pour châtier les couards. Seulement une morale universelle, qui prévaut sur l'Alta comme ailleurs : les puissances passent, la guerre élève et abaisse, et finalement, la justice des armes n'est jamais équanime.

*

Les prêtres, dans la Grande bibliothèque du Tribunal de Paix de Lexie, datent la fin des guerres du Neuvième Tome de ce jour, puis cette nuit, où les deux osts les plus puissantes levées dans ce siècle s'anéantirent, dans les champs Gauranatiques, le surlendemain de l'effondrement de la Cité libre.

Il ne restait plus de puissance militaire qui puisse dominer, détruire, avilir, raser ; les murailles et les défenses seraient, un temps, plus fortes que les colonnes. Chacun parmi les Cinq Races et les dix-neuf peuples s'enfermerait dans ses frontières, le temps de rétablir son pouvoir d'offensive... Chaque père, chaque famille, chaque parti tenterait de prospérer, de faire et de nourrir les enfants qui, devenant des hommes, enfileraient un jour à leur tour l'armure, et recommenceraient à s'entre-déchirer.

Le temps de la trêve était venu.

Il ne fut question, pendant quelques années, que de se relever, d'oublier le grand massacre, d'en effacer la ruine, et les hécatombes qu'il avait creusées dans tous les peuples humains. Si Thierno le Cul-de-jatte, Thierno le Raccourci, fut désigné vainqueur de ce Neuvième Tome dans les chroniques, c'est seulement d'y avoir survécu, d'avoir conservé quelques poignées de braves hagards, stupéfaits d'être vivants, au lever du soleil, pour planter ses bannières dans l'étendue de boue, de sang, de mort.

*

Et cependant, la guerre du Neuvième Tome n'avait pas, encore, livré son épilogue. Car si les prêtres ne comptent pas les défunts parmi les belligérants, s'ils négligent ces puissances, potentats et corps d'armée d'outre-tombe, il restait à régler le sort du Sang-Noir. Entre les vivants et les morts. Entre l'armée des Spectres et les Trois. Entre les Hafidas et les dernières patrouilles golithes, partisanes de chacun. Tout n'avait pas été dit, écrit, soldé encore.

IX

Sacrifices
(Retour aux Hodei)

Chapitre 46

Derrig Argan avait changé : les *daras* n'avaient repoussé, encore, que comme un maigre bosquet d'arbrisseaux au centre de la clairière ; en dépit du chant, continu depuis dix saisons, des Céridwens de la Dixième Nation, ils ne dépassaient guère deux mètres. Séquoias et *ivors* juvéniles en étaient au même stade, formant une barrière timide, simple haie à hauteur d'homme. C'était une clairière neuve, bourgeonnante, un cercle encore virtuellement dessiné d'arbres, jeunes troncs fragiles sans frondaisons – sur un brûlis.

Lors des guerres de la Confrérie, les troupes de Rolf, Ocre-Blêmes, Golithes et meutes d'Urods, avaient détruit toute cette partie de la Forêt, depuis Odran-shad jusqu'à la cataracte des Rowan aux ormes rouges et aux chênes pleureurs... La Nation aux yeux d'un brun doré, la natte tressée nouée autour du front, n'avait plus de refuge. Les Connor, comme leurs alliés les Rowan et les Gweltaz loyaux, toutes trois Nations ouvertes, avaient durement payé cette guerre incendiaire, brûlant avec leurs arbres plutôt que de céder un pouce de terrain. Puis ils étaient tombés encore par dizaines lors de la Reconquête ; sur ce terrain brûlé, cendreux, peu favorable à leurs guerres des arbres, ils avaient perdu nombre des leurs pour chasser l'ennemi en déroute, après la nouvelle de la mort de Rolf.

Plus de la moitié d'une Nation était décimée, la Dixième Cataracte avait perdu ses fils, ses filles.

Mais les eaux bleues d'Abhainn Argan coulaient encore ici ; leurs vertus étaient intactes, gorgées de la pureté originelle des glaces de Burak, riches du mystérieux pouvoir prodigué par les mânes des ancêtres lorsqu'elles tombaient avec Nedeleg, lorsqu'elles passaient sous la terre de Shaelynn, la capitale rêvée. Et purifiées encore par les chants des Céridwens, sur tout leur parcours. Elles alimentaient la cascade de la Dixième Nation – elles maintenaient en vie les survivants des Connor, en attendant que leurs arbres repoussent.

C'était une cataracte d'aspect moins solennel que celle qu'ils avaient vue chez les Rowan, trois ans auparavant. C'était, d'apparence, un simple marais alimenté par une source chantante, qui dégringolait parmi les cailloux blancs et gris, comme un modeste torrent, une mare bleu cobalt au milieu des roseaux, à moitié couverte de nénuphars – à peine plus qu'un trou d'eau. Il n'y avait ni sculpture, ni signe tangible de culte elfique, ni runes, ni plantations de simples.

Mais quand Hugo y pénétra, avec s'être dévêtu comme les hommes de l'escorte et quelques Connor mâles qui les accueillaient, il sut que l'eau de Nedeleg n'avait perdu aucune de ses vertus dans l'incendie de Derrig Argan.

Il sentit la fraîcheur apaisante, sur son épaule droite, son coude, tout son bras. Sur son corps rompu de fatigue. Sur toutes ses angoisses, la peur qu'il avait eue, celle qu'il avait encore, pour Charlie, pour lui...

Sans réfléchir, il plongea la tête sous l'eau, et éprouva comme une paix profonde – il revint dans un liquide amniotique, dans une sorte d'ataraxie d'avant la naissance, d'avant l'existence du monde – avant qu'il sache la guerre, la maladie, la mort, la perte toujours possible de ceux qui vous sont chers. Il éprouvait, presque physiquement, les noires pensées qui le quittaient. Il voyait presque réellement son corps et son esprit se laver de tout ce qui l'affligeait. Il aurait pu rester ainsi, sans bouger, sous l'eau, pendant mille ans. Coupé du monde. Coupé de la vie, de ses angoisses, des insupportables réalités.

Il s'engourdissait, s'endormait, plongeait dans un songe éveillé, la lumière du jour dansant au-dessus de lui, à la surface du petit lac.

On le tira par les cheveux, on l'arracha à cette harmonie. Le Searle qui le tenait par sa tignasse trempée le regarda, étrangement, et dit dans l'Idiome universel :

— Tu te noyais, homme... Même l'eau d'Abhainn Argan peut tuer celui qui s'y plonge en apnée, s'il ne cherche à en ressortir.

Cela ne servait à rien de répondre, d'expliquer. Il ne savait pas exactement ce qu'il venait de vivre, n'avait pas de mots justes... Et de toute façon, nul n'aurait compris ce qu'il disait, nul ne parlait sa langue.

Il bougea son bras droit – c'était mieux, bien mieux. L'épaule avait retrouvé une mobilité, et les chairs, profondément creusées, étaient saines autour de la plaie. Abhainn Argan avait restauré ce qui pourrissait. Elle n'avait pas le pouvoir de refermer ce qui était ouvert – le trou, les lésions irréversibles du carreau dans l'épaule. Au moins avait-elle fait reculer la corruption gangréneuse. En un seul bain.

*

Dès qu'elle entra dans l'eau, Charlie ressentit le bien-être incroyable qu'elle avait déjà connu. Elle n'était pas gênée d'être nue, ainsi, devant les Elfes ; rien à voir avec l'immense pitié, et la honte, et la rage, qui l'avaient saisie devant les soldats de Fern.

C'était un bain, naturel, un bain de jouvence, et aucun des regards sur elle ne la salissait. Ils étaient paisibles, amicaux, même pour sa peau brune. La dernière pudeur glissa comme un vêtement. Elle plongea entièrement dans les eaux.

Ce qui oppressait sa poitrine se libéra – la peur, mais aussi ce sentiment physique, réel, que ses poumons étrécissaient, qu'elle suffoquait.

Ioena la guidait dans la voie de la guérison, traduisant les paroles de la première des Céridwens, Kéliane.

— Avale l'eau... Bois, bois l'eau... Maintenant, inspire-la... Ainsi... La Céridwen entend ton chant, jeune fille, elle le chante.

Charlie ouvrit la bouche pour reprendre son souffle, après deux plongées qui étaient comme autant de baptêmes. Elle voulut simplement avaler des goulées d'air, mais dans ce mouvement, quelque chose sortit de sa bouche – quelque chose de profond, d'inhumain, de cristallin, quelque chose qui était comme une part étrangère, animale, en elle, mais aussi le plus intime, le tréfonds d'elle-même.

Son chant.

Le chant de la Céridwen qu'elle avait été, qu'elle n'avait jamais cessé d'être, et qui maintenant montait à l'unisson de son souffle, de son âme. Elle entendait sa propre respiration. Elle entendait soupirer les jeunes arbres, autour d'elle. Elle entendait le chant vital de chacune de ses compagnes.

Et elle chantait dans la langue sacrée qu'elle parlait, qu'elle comprenait. Elle était revenue trois ans en arrière. Quand l'univers semblait battre à son unisson, quand chaque vie, chaque mort retentissait en elle. La Céridwen, Kéliane, écarquilla les yeux, stupéfaite, puis, dans la même langue sacrée qui n'appartient qu'aux prêtresses, elle reprit les motifs du chant de Charlie, les strophes de guérison. Charlie replongea dans l'eau bleue, comme ivre.

*

Il avait entendu leurs rires, leurs cris de femmes, relégué loin de la cataracte, une nouvelle fois – comme un an auparavant, chez les Rowan. Il espérait de tout son cœur qu'après cette brève séparation il retrouverait Charlie mieux portante, ayant recouvré un peu de souffle, de vie. Il ne croyait d'ordinaire ni à la magie, ni aux médecines occultes – mais l'eau bleue guérissait, c'était incontestable. Au point que cette guérison avait failli le perdre, pour un peu, il s'y serait laissé mourir... Qu'avait-il cherché à fuir dans cette noyade, que voulait-il voir sortir de lui, si profondément, si intimement, qu'il y avait presque perdu le souffle ? Pourquoi désirer cette fausse paix au point de tout arrêter – la vie même ?

Il entendit monter une mélopée qu'il avait connue, naguère – la Céridwen chantait pour guérir Charlie. Son amie avait-elle peur, elle aussi, de ce monde, de leur vie ? Il aurait voulu, à cet instant, avoir à ses côtés un ami, un vrai – comme Mansour, autrefois, avant qu'il soit un homme. Quelqu'un à qui il aurait pu confier ses questions sans réponses, son incompréhension.

Là-bas, du côté de la cataracte, une autre voix monta, délicate comme peut l'être le givre sur les branches, dans le soleil du matin ; plus cristalline, plus transparente, plus singulière encore que celle de la prêtresse. Une voix qu'il lui sembla reconnaître, qu'il avait entendue, voici trois ans, deux fois – lorsque Charlie le soignait, à l'Oihan du Col du Dragon, et à Vahan, lorsqu'elle accompagnait l'âme de Bleunienn dans la mort.

Charlie...

Charlie chantait les strophes de la Céridwen. Dans la langue sacrée. Qu'est-ce que cela voulait dire ?

*

Le chant cessa, puis les rires, les conversations. Les voix s'éloignaient.

Louane vint le trouver quelques instants plus tard, qui lui parurent des heures.

— Charlie est guérie, son chant a été entendu, et repris... La vie est revenue en elle.

— Où est-elle ?

Louane ne comprit pas la question, dans cette langue étrange qu'il parlait, une langue de Barban – du moins devina-t-elle, à en croire sa réponse :

— Elle ne reviendra pas, Hugo, elle est avec les prêtresses. Kéliane l'a emmenée. Elle connaît les chants sacrés, sa place est avec elles ; elle est des nôtres, et plus grande que nous autres, simples guerrières. Cette nuit, elle ira cueillir à Shaelynn, et demain, elle chantera pour Derrig Argan.

La jeune Elfe aux yeux dorés, longs, étirés en amande, lui sourit tristement :

— Tu ne peux plus la voir, tu dois garder tes distances... Elle est restée une Céridwen. Toi, tu n'es plus un Madoc.

Chapitre 47

Au lendemain de la bataille des champs Gauranatiques, parmi les supplications des agonisants, les coassements de *zopilotes*, les grognements des charognards à poil et à dents, dans les lambeaux des bannières de Thierno claquant au vent, des silhouettes d'un vert luminescent circulèrent.

Présence lugubre d'outre-tombe sur le terrain de la mort même ? Appel de la tombe pour ceux qui s'y endorment ?

Les Spectres ne venaient pas glaner ici les âmes des plus vaillants, parmi les défunts et les mourants, comme le prétendirent pourtant certains récits du Royaume nain d'Haïg, repris par les hommes. Ils n'ont pas ce Pouvoir. Quand l'âme s'apprête à hanter, elle n'a nul besoin qu'on l'appelle ou la conduise – trépassent les trépassés, demeurent les âmes inconsolées. Ainsi le veut la nature de l'Alta – les fantômes durent, le temps que l'âme s'éteigne comme une mèche.

Mais ce n'était pas cela qui importait aux Spectres sur les champs. Ils étaient de l'armée de Matthias. La Forêt ne comptait pas, pour eux ; seul comptait le Sang bu à Elfrea, l'idée qui les hantait, qu'ils devaient accomplir. Les silhouettes évanescentes contemplèrent la nouvelle de la fin des Golithes, puis glissèrent, de leur pas inquiétant, silencieux, merveilleux, vers le Nord ; pour avertir leur prince.

*

Ils avaient galopé sans s'arrêter, ne dormant ni ne mangeant ; ne souhaitant plus, surtout, tergiverser ni se donner le temps de réfléchir, de rediscuter la décision qu'Aliya avait arrêtée, pour eux. C'était une stratégie insensée, macabre presque – mais y en avait-il une autre ? Et s'ils choisissaient de reculer, maintenant, c'est tout l'Alta, ses équilibres, la liberté qu'y avait chaque âme de choisir son destin, pourvu qu'il l'ose, qui seraient menacés.

Il ne leur restait que le sacrifice le plus grand. Ils le feraient.

Mansour, à cet instant, aurait dû se sentir écrasé par l'Histoire, et par le martyre héroïque qu'ils s'apprêtaient à commettre. Mais il n'y songeait pas, pas vraiment. La présence d'Aliya à ses côtés modifiait la perspective, changeait les contours de cette fin d'aventure, l'illuminait : ce qu'ils allaient faire, ils le feraient tous les deux, et c'était pour l'instant une échappée d'amour ; la continuation de quelque chose, qu'eux seuls pouvaient mener à terme ; une épopée qu'ils s'apprêtaient à poursuivre, au-delà de la fin. Ils l'écriraient ensemble.

Pour l'heure, ils riaient de chevaucher, l'un à côté de l'autre, lançaient des plaisanteries, des défis.

Ce fut ainsi jusqu'à ce qu'ils parviennent au terme de leur voyage. C'est sans gravité, encore, qu'ils atteignirent le haut de la falaise de Pelaî-aros-Ibar. Mais alors, leurs visages changèrent, devinrent comme deux masques de cire.

Devant eux, le spectacle marin était grandiose. Pelaî-aros-Ibar se dresse au-dessus de la baie de Kliment, où la mer d'Hourya mêle ses eaux gelées, porteuses de pluie, à celles de la mer d'Eneka, plus chaudes. L'océan, d'une lumineuse couleur verte, et moutonné d'écume par des vents de Nord-Ouest, brillait sous un soleil presque scandinave.

Le large golfe aurait pu être une invitation au plaisir, au délassement. Il y avait, guère plus au Nord, de longues grèves de sable et de galets, léchées par le courant chaud de Zépioure, où ils s'étaient baignés, déjà, plusieurs fois, avec les Hafidas... Encore aujourd'hui, en ce jour de printemps, Eneka aurait été un parfait baume pour leur immense fatigue, l'occasion d'un bain vivifiant, heureux, amoureux.

Mais ils n'iraient pas à la plage tous les deux. Pas cette fois. Plus jamais.

Cette pensée fit vaciller un instant la résolution du Victorieux. Il sentit une main intérieure lui tordre le ventre comme une griffe.

Renoncer, voilà – on en était là. Renoncer à ce bain, à la mer, à la vie. Quitter le monde des vivants, ses joies, ses cadeaux imprévus, ses doux vieillissements, la chaleur du soleil, la fraîcheur d'une eau salée sur la peau ; les baisers échangés, les frémissements qu'on perçoit, dans l'étreinte. Renoncer. Aux alcools et nourritures, à l'odeur de l'herbe séchée, aux sables qui fouettent le visage, près de Madani. À la main d'Aliya serrée dans la sienne. Au sang qu'on sent, qui bat, plus vite, plus puissant, en ces moments – et dans les autres ivresses, la bataille, la bravade. Aux enfants qu'ils n'auraient pas ensemble, à cette fillette qui ne jouerait jamais près des enclos des lionceaux.

Renoncer, aller vers la mort, même à deux. Se jeter dans les bras de cette camarde, qui est l'ennemie, en toutes circonstances : une fidèle adversaire, qu'il avait défiée cent fois, qu'il avait frôlée souvent, qu'il avait distribuée, aussi, comme s'il tenait lui-même sa faux, certains jours ; une compagne, depuis trois ans. Mais en aucun cas une amie, en aucun cas de celle qu'on peut voir sous un jour favorable.

Pour mettre Matthias en échec, Mansour aurait pu fuir l'Alta. Passer Oksan-kras avec Charlie et Hugo, se présenter à la police, vivant, preuve de leur innocence. Le Sang-Noir aurait été perdu, et si on ne les croyait pas, tous les trois, la prison serait toujours meilleure que la mort.

Mais c'eût été renoncer, là aussi.

Ou bien, il aurait dû se livrer à Fern, se donner la mort, comme il l'avait proposé à Aliya. Plan imparable – le Sang-Noir répandu arrêterait les Golithes.

Mais chaque choix, chaque option consistait à partir sans Aliya – celle qui l'étayait, le maintenait droit, et vivant, qui lui donnait son sens, son existence, sa vie. Aliya. À Gascalon, il avait voulu disparaître. Ici, devant Pelaî-aros-Ibar, il ne se reniait pas, ne s'évanouissait pas. Il allait exister, autrement, et *avec elle*. Aliya, toute sa vie.

Il ne lui aurait jamais proposé de sillonner ensemble les territoires qu'ils allaient explorer maintenant. C'est elle qui l'avait décidé, elle ; parce que jamais elle ne se serait résolue à l'abandonner. Plus jamais. Une gifle et un baiser avaient arrêté leurs avis sur la question, pour toujours. Alors, ils commettaient maintenant une folie, ils s'en allaient vers une ivresse des cimes, plus grande que toutes les précédentes. Un pari, un jeu de dés. Mais du moins, dans cette folie, étaient-ils deux – et quatre. Eux deux, sur leurs lions. Exactement ce à quoi se résumait son monde, en cet instant, à quoi il se résumerait désormais. C'était laisser tant de choses derrière lui, derrière eux, mais c'était bien assez. Cela ne suffisait pas, mais cela le comblait.

Leurs âmes devaient désirer cela, seulement cela, mais follement, pour qu'elles restent, encore, un peu de temps, en vie.

*

Le même soir, c'est en remontant vers Arman-du que Jeson, Chaïmae et l'escorte des Hafidas aperçurent également, au loin, la grande misère, la mort ; et les bannières de Thierno, plantées dans l'immense étendue de boue et de cadavres – sur les champs Gauranatiques. S'ils ne s'étaient pas attardés au bosquet, la veille, ils seraient arrivés ici en pleine bataille, du moins à son issue...

Déjà, les Spectres de Matthias étaient partis.

Seule la fumée des morts planait sur le charnier. Le soleil couchant se reflétait sur les morts et sur les armures, les cottes, les armes, noyant cette vision dans un rouge irréel - un rouge sang. Ils comprirent, au spectacle, que la plus grande armée de *kraast* levée depuis Wulfran n'était plus. Cela changea les plans.

— Nous irons vers le Nord par les défilés, pour rejoindre les Clans, leur dire de redescendre à Madani... Ils ne craignent plus rien de Fern, depuis sa ruine. Et pas davantage des Golithes défaits, désormais. Puis, nous rallierons toutes les Hafidas pour traquer ceux qui restent, encore, parmi les Golithes... S'il en reste... Nous traquerons un savoureux gibier de *kraast*, jusqu'à ce qu'il ne puisse plus faire le sale travail pour les Spectres. J'ai dit.

Les guerrières qui l'accompagnaient hochèrent la tête, sentencieusement. C'était le bon choix, l'option juste, comme toujours. Les Clans seraient de retour sur Madani avant l'été, et c'était bénéfique pour les troupeaux, qui risquaient de perdre trop de petits, dans les territoires froids du Nord. Ce fut toutefois la dernière décision tactique du bref capitanat de Jeson l'Hybride. Son dernier ordre.

Chapitre 48

Hugo resta une journée et une première nuit, sidéré, sans y croire. Sidéré ou hagard. Ou prostré. Ou détruit, ravagé intérieurement. Il ne savait définir son état, ne trouvait pas les mots justes. Il savait qu'il était un champ de ruines, un sac de larmes…

Voilà, ils avaient guéri, tous les deux. Ils étaient sains et saufs, libres ; mais Charlie lui était retirée, de nouveau. C'était comme dans la prison de Fern, et pire encore, c'était comme il y a un an : on ne la lui retirait pas, elle se retirait. Elle chantait les chants. Elle redevenait Céridwen. Elle se coupait de lui, encore une fois, pour les chants sacrés, pour Shaelynn… Au fond, l'aimait-elle, l'aimait-elle vraiment ? Si la magie des Elfes exerçait une attraction tellement puissante qu'il lui suffisait de la croiser pour abandonner Hugo, qui aimait-elle, finalement : les Connor, ou lui-même ?

Elle, chantait. Lui, on le gardait en lisière, loin, très loin de la clairière.

Il entendait les invocations dans ce lointain, il savait que la voix de Charlie se mêlait à celles de ses *sœurs*. Si elle avait tellement voulu revenir sur l'Alta, n'était-ce pas pour cela ? Elle avait cherché désespérément Oksan-kras, n'était-ce pas seulement pour retrouver les Céridwens ?

Et maintenant, elle l'avait abandonné, dans cette impasse. Mansour ne reviendrait pas dans leur monde. Ils étaient incapables de retourner seuls jusqu'à la caverne d'Avalar-Helian ; d'autant plus que des Spectres et leurs alliés golithes les traquaient, à l'heure qu'il est, sur tout l'Alta.

Ils n'avaient d'autres choix que de vivre ici, cachés parmi les Elfes, loin de leurs amis, de ceux qui parlaient leur langue ou semblaient vouloir les comprendre – Mansour, Aliya, Jeson –, ceux qu'il aimait, lui... Et parmi les Elfes, ils étaient séparés, Charlie l'abandonnait.

Une impasse, totale, sans issue ni marche arrière possible.

Louane avait été son amie, voici un an. La jeune Connor exaltée avait été, dans l'escorte, la plus proche de lui. Mais cela ne comptait plus, il voulait l'oublier. Maintenant, la jeune Sloane était de retour, à ses côtés – elle parlait, beaucoup, semblant se soucier de lui, vouloir le rassurer – mais il savait que c'était un mensonge ; on l'avait placée là pour le surveiller, l'empêcher de s'approcher de la clairière, pendant les chants.

Si elle l'avait compris, il lui aurait dit la vérité : « Louane, Louane, mon amie, tu t'étais rêvée libre, et tu es revenue ici, en bon petit soldat des Connor. Tu n'as pas eu la force d'abandonner ta Nation pour rejoindre les Clans libres, et vivre tes amours au grand jour. Voilà, tu étais une amie, victime de tes lois, mais tu les as acceptées, finalement, et tu surveilles à présent tes anciens amis, victimes à leur tour. »

C'est ce qu'il aurait dit à Louane si seulement, seulement, elle avait compris un traître mot de sa langue.

*

Mansour ne voulut pas de grandes phrases, là, sur cette falaise. Il voulut juste lui serrer la main, la tenir une dernière fois, main ferme de guerrière, et poignet, paume fine, pourtant, sous ses doigts.

Puis, plus un mot. Pas de cérémonial. Il n'avait jamais aimé les martyrs ; encore moins, parmi ses ténébreux amis de naguère, au lycée ou à la fac, ceux qui jouaient et plaisantaient avec l'idée du suicide. Jeux funestes, insultants même, parce que le malheur frappe bien assez, et qu'on ne peut feindre de l'envisager par envie ; rien ne sert de caresser la mort, ou son idée, elle vient toujours assez tôt. Et elle anéantit tout ; du moins elle anéantissait tout, dans le monde d'où il était venu.

Mais pas ici.

Ici, les morts discutent, chantent, bataillent au milieu des vivants – ils ne peuvent se toucher, les uns les autres, mais se voir, s'entendre, oui. Les fantômes habitent au milieu des peuples, des races de l'Alta, c'était toute la différence. Les défunts peuvent s'accaparer le Pouvoir, et menacer la liberté des Âmes. C'est pourquoi, ici, il fallait des fantômes pour combattre les Spectres. Et à qui demander, sinon aux deux plus grands de tous les combattants ?

Ce n'était pas le meilleur choix, la tactique la plus sûre. Mais c'était la seule option qui leur restait, pour continuer de combattre le Sang-Noir, ensemble. Celle qu'ils avaient choisie.

— Tu es prête ?

Il lâcha sa main douce, elle s'attarda un instant, dans une caresse.

Sous la falaise, là où les eaux d'Hourya tourbillonnaient toujours pour se mêler aux eaux d'Eneka, il y avait de furieux courants, qu'évitent les nautiers et les marins. Dans la Bibliothèque du Grand Tribunal de Paix de Lexie, un prêtre, jadis, un moine cartographe, avait écrit comment ces flots déroulants avaient drossé et ruiné trente bateaux, au moins, lors des premières explorations côtières, avant qu'enfin une carte soit dressée, qui invite à passer loin à l'Ouest, à l'écart des hauts fonds et des vagues traîtresses. « Même les meilleurs, les plus habiles des nageurs, même les bras des plus vaillants ou les animaux d'eau ne se tiennent en surface plus de quelques instants, à brasser dans cette écume bouillonnante, qui les tire vers les fonds, plus tueuse que mille sirènes, plus blanche que les yeux de la mort », avait écrit le cartographe.

— Rendez-vous dans l'au-delà, dit Aliya.

— Non, dans la Forêt des Âmes... Nous irons chevaucher, ensemble.

— Jeutémajamé ? ânonna-t-elle, interrogative.

— Moi aussi, Aliya… À jamais.

Puis, elle murmura quelque chose à Nadir. Mansour fit de même pour Nidhal :

— Mon Spectre trouvera le tien, vieux frère. Sois sans crainte. Et n'essaye même pas de lutter, les eaux sont les plus fortes.

Ils donnèrent des talons, vers le bord de la falaise, et le gouffre. En poussant un long cri de guerre, le même, à l'unisson…

*

Le « gibier de *kraast* » attendait, dans la route des défilés-de-Adama, là où Matthias avait rassemblé six des dix patrouilles dispersées. Le « gibier de *kraast* » était plus nombreux que Jeson ne le pensait, car il y avait soixante chevaliers, sur leurs *siffales* ; tous ceux que les spectres avaient rameutés sur les ordres de leur chef, depuis trois jours…

Tel était le plan : le « gibier de *kraast* » se cachait, tactique contre nature pour des Golithes, jusqu'à ce que passe Jeson. Matthias avait appris, quelques heures avant, sans un froncement de sourcils, la chute de ses armées – ou plutôt, la fin des colonnes ardentes de vivants. Mais il avait choisi d'attendre encore, plutôt que de lancer vers le sud ses propres patrouilles, dans une recherche incertaine des « otages ». Quand il entendit la voix gueularde de Jeson exhortant des guerrières, il sut qu'il avait eu raison. Il sourit, plissa les yeux, fit signe qu'on patiente : il constata que ni Aliya, ni Mansour, ni les otages n'étaient avec l'escorte. Il était temps de prendre une décision, bientôt les cerviers les repéreraient à l'odeur, même s'ils étaient contre le vent.

Alors il murmura, pour ses lieutenants : « Gardez vivants le Centaurien et une des guerrières. Tuez toutes les autres. » Son bras luminescent, en s'abaissant, lança l'attaque.

Chapitre 49

Elle était là, au milieu des prêtresses, au centre de la clairière. Elle psalmodiait, c'était son destin, ce qu'avaient exigé d'elle les eaux bleues d'Abhainn Argan, magie contre magie, en échange de sa guérison. Ce qu'exigeait, aussi, pour l'instant, la crédulité des Céridwens des Neuf Nations, qui la voyaient comme un nouveau Messie.

Charlie chantait, pour donner le change : elle était leur Vierge, leur Messie, parce qu'elle avait fait joujou avec de vieilles légendes devant Thierno, et que les vieilles légendes se retournent parfois contre ceux qui en abusent... Maintenant, il était trop tard pour les détromper, toutes. Leur adoration la gardait prisonnière ; elle devait trouver le moyen de s'enfuir.

*

Elle avait revu Shaelynn, voici deux nuits, emportée sur un cerf argenté de la Forêt interdite, dans une foulée d'une folle vitesse. Elle était entrée dans la capitale de la Nation rêvée, une deuxième fois, à la lune neuve. Dans la clarté du ciel, elle s'était présentée, devant l'assemblée des Céridwens qui dévisageaient cette fille à la peau caramel, trop sombre ; aux cheveux et aux yeux noirs, à la taille trop petite, aux formes trop précises, arrogantes comme celles des Humaines.

Les Connor la montraient comme un trésor, une bête curieuse peut-être.

— Regardez-la, avait dit Kéliane dans la langue sacrée. Regardez-la, écoutez-la, celle qui a pris une apparence humaine pour nous réconcilier.

Elle avait vu l'hostilité, d'abord – l'hostilité ordinaire contre les Barbans, qui règne parmi les Nations cachées et quelques Nations ouvertes ; cette haine que les derniers épisodes avaient revigorée – depuis que les Barbans des Confréries étaient entrés dans la Forêt, il y avait eu l'incendie dans Derrig Argan et chez les Rowan ; il y avait eu les guerres entre Elfes mêmes, lorsque les Connor avaient poursuivi les (nom caché). Il y avait eu la division, le malheur... Oui, les Humains, en toutes circonstances, sont ennemis de la paix, de l'harmonie qui doivent présider à la magie.

Et Kéliane osait présenter cette Humaine, parmi elles ?

Alors Charlie, encouragée par Kéliane, avait ouvert la bouche. Le chant était monté. Un chant exceptionnel, d'une beauté, d'une profondeur, d'une intensité si proches du précipité d'argent, qu'elles s'étaient regardées, entre elles. Il était impossible qu'une Humaine le produise, même si elle avait été initiée, et initiée par les meilleures. Il était impossible qu'elle connaisse ce chant-là, précisément, sauf si elle avait chanté pour ramener à la vie l'une des leurs – c'était le Chant des Chants, le chant de vie, le chant de mort, celui qu'accomplissent les meilleures des prêtresses pour sauver l'une d'entre elles. Les strophes par lesquelles Charlie avait accompagné Bleunienn la Gweltaz à Vahan ; l'oraison des prêtresses.

Quand elle se tut, les femmes des Neuf Nations dévisagèrent de nouveau la Barbane, différemment : une étrangère, à coup sûr, par son aspect ; mais l'une des leurs, certainement, par son chant. Kéliane et les autres Connor toisaient les prêtresses des autres *tugdual*, avec une expression triomphante.

Charlie entendit « sa » Céridwen dire :

— Qui pensez-vous qu'elle soit ? Une Humaine, qui scande ainsi le chant des Céridwens de la Nation elfique ?

Cela ne se peut pas, non ! Alors, rappelez-vous les révélations que nos espions ont rapportées d'Almeria, voici peu...

Dans la langue sacrée qu'elle comprenait, qu'elle parlait malgré elle, Charlie entendit le murmure se répandre, en réponse, dans l'assemblée des Céridwens :

— La Vierge... La Vierge de Danaël... Elle est venue parmi nous...

— Qui d'autre ? interrogea Kéliane.

Charlie sentit le piège de la superstition se refermer sur elle. Elle eut peur, se récria :

— Non, ce n'est pas moi, je...

— Qui d'autre ?

— Je ne suis qu'une Humaine, une Confrère, la quatrième des Quatre. Et on m'a initiée, pour que je puisse porter secours à Bleunienn la Gweltaz, pendant notre épopée.

— Qui d'autre que la Vierge ? demanda de nouveau Kéliane, sans tenir compte de l'interruption.

— Il est impossible à une simple Barbane de chanter les chants mieux qu'une Elfe ! dit une voix.

— Et la rumeur vient d'Almeria, reprit une autre : la Vierge de Danaël est sur l'Alta !

— Thierno l'a rencontrée, elle apportera l'unité à la Race humaine, et elle fondera à Shaelynn, sous Nedeleg, la Nation rêvée, la première !

Charlie tenta de les contredire, encore :

— La rumeur, c'est moi qui l'ai...

— Oui, c'est toi. C'est toi qu'elle annonce, coupa Kéliane. Même si tu ignores encore ton destin, ou feins de l'ignorer. Bénie sois-tu.

— Non, je...

— Bénie sois-tu !!!

Charlie sut qu'elle ne serait pas entendue. Les prêtresses n'accepteraient jamais l'idée qu'une simple étrangère, impure, maîtrise la magie. Il fallait qu'elle soit l'élue, il n'y avait rien à faire contre cela ; parce que les Nations elfiques éprouvées, divisées, montées les unes contre les autres avaient désespérément besoin d'un sauveur, d'un Messie.

Elle n'eut plus qu'une idée en tête - fuir, s'en aller avant qu'il soit trop tard. Retrouver Hugo, vite, et quitter la forêt. Rassemblant le peu d'idées qui lui restaient en tête, elle dit :

— Danaël m'a envoyée pour désigner ceux qui réconcilieront la Nation, et susciter la Nation rêvée. Mais avant, il exige que Derrig Argan renaisse à sa splendeur, car il n'y aura pas une première Nation, tant que la Dixième pleurera. J'irai chanter avec les Connor pour que les *daras* reverdissent.

— Oui... Derrig Argan... Avant Shaelynn...

— C'est écrit...

— « La Vierge dira : je viendrai du plus loin, et je réconcilierai, j'unirai tout, du plus loin au plus près... »

— C'est ainsi, oui...

Charlie sourit intérieurement : tout ce qu'elle dirait serait conforme à la légende, désormais. Puisque les prophéties sont faites pour ressembler au réel, pour se modeler sur ses traits ; pour aveugler les croyants, afin que le réel ressemble à ce qu'ils croient. Elle ajouta :

— Que les prêtresses gardent ce secret pour elles : la Vierge est de retour. Elle vous réconciliera. Que ces mots soient prononcés dans la langue sacrée que nous seules comprenons, pour que nul ne se mette en travers de ma route.

*

La même nuit, Jeson contempla les étoiles, au-dessus de sa tête, dans le ravin fatal. C'étaient les derniers instants, déjà. Cela n'avait pas été une bataille, non, mais une curée, sans hallali - à soixante Golithes contre une poignée d'Hafidas, avec de plus l'avantage de la surprise et le choix du terrain, avec encore ces Spectres qui se jetaient sur vous pour vous brouiller la vue, en hurlant, stridents comme les *siffales*...

Elles étaient toutes tombées, les unes après les autres, autour de lui ; ses Hafidas ; se battant comme les lionnes qu'elles étaient, sur leurs lions. Il les avait vues, hachées par les épées, les masses d'armes, saisies dans les crocs et les gueules des monstres, jetées en l'air, happées ; il les avait vues toutes, l'une après l'autre, ses filles de guerre, ses gamines.

Étrangement, c'est comme si les chevaliers noirs retenaient leurs coups contre lui, l'épargnaient pour qu'il assiste au massacre complet. Mais pas contre elles.

Il avait vu tomber Chaïmae, la dernière, alors que les froids lieutenants noirs l'entouraient et la sommaient de se rendre. Chaïmae la Superbe, qui avait retrouvé l'honneur des combats, fût-elle sur un cheval, qui avait su bondir, et ruer, et frapper, et bondir de nouveau, pour mordre comme sur un cervier. Elle avait refusé de baisser les armes, elle avait fini par se jeter sur deux des chevaliers, les tuer et se faire tuer comme une panthère furieuse qu'il ne reste qu'à abattre. Deux années à porter le masque, et à peine vingt minutes de combat, de vraie bataille, à visage découvert, pour toute récompense de cette loyauté... Que les dieux de la guerre soient maudits pour leur ingratitude !

Et maintenant, c'est lui qu'ils encerclaient. Leurs hallebardes-rasoirs, noires et mates, étaient sur lui, caressaient son torse, le frôlaient pour qu'il comprenne, qu'il lâche son marteau, enfin, et qu'il se rende. Tout était perdu, ils étaient des dizaines, et lui seul.

Qu'il baisse les bras ! Ils le feraient parler, le tortureraient, le livreraient aux morsures des *siffales* ; et il révélerait tout...

Il y avait des étoiles, au-dessus de sa tête. Des étoiles par milliers. Et certaines étaient mortes – combien ? C'est Hugo qui le lui avait dit, quand il était Madoc, le soir de Maroine ; avant de repartir : « Certaines constellations que tu vois sont mortes depuis des siècles, Jeson, mais tu en discernes encore la lumière, elle arrive jusqu'à nous à travers les siècles. » Comme des souvenirs du passé, qui brillent encore. Comme la Race des Grands Hybrides, qui s'éteignait ici, ce soir, mais scintillerait encore, dans la mémoire - qui sait, dans les yeux - de quelques-uns.

On parlerait de lui. On le pleurerait, aux veillées de Madani.

Il revit en pensée Ibar-os-Hodei, la vallée des nuages. Il revit les troupeaux de Grands Hybrides, la Horde, qui l'avait entouré quand il était enfant, et qui parcourait en seigneurs cette portion du ciel. Il revit toutes les guerres, innombrables, qu'il avait traversées depuis qu'ils avaient fui, les crânes qu'il avait fendus, écrasés, les amis, surtout, les camarades, les frères avec qui il avait ri, devant les feux de camp, les femelles qu'il avait aimées, il revit ses petites sœurs tatouées, ses guerrières chéries, les Hafidas ; et Aliya la Sublime ; et Mansour.

Il jeta un coup d'œil, un dernier, au firmament du ciel. Allons, il était temps d'en ajouter une autre, une étoile morte. Il murmura :

— Et une brillante, et la plus belle, la plus grosse de toutes, une vraie constellation à elle seule...

Il rugit :

— Vous la verrez mille ans !!

Les Golithes qui l'entouraient ne comprirent pas ces mots. Mais ils virent qu'il brandissait son marteau en un dernier moulinet, terrible. Il serait indomptable, jusqu'au bout.

*

— C'est sans importance... Je sais où ils se trouvent... Et tous les trois.

Matthias contemplait leur petite hécatombe nocturne, le grand corps de Jeson, percé de vingt lances, et ceux des dix Cervières, de leurs lions-cerviers ; et encore le cadavre de celle qui allait à cheval.

Il avait été stupide d'attendre : c'était évident, jamais les prêtres de Lexie n'auraient caché une fille. Charlie et Hugo n'avaient donc pu se réfugier que chez les Elfes, les Connor ou les Rowan. Et apparemment, Aliya et Mansour étaient restés avec eux, en protecteurs.

Il les avait surestimés. Ils se montraient imprudents, ou sûrs d'eux, au point de se livrer tous les trois ensemble, sur un plateau... Très bien, il allait en finir avec eux tous, en une seule fois. Mais il fallait jouer finement, avec ruse, pour ne rien gâcher... Il dit, à haute voix :

– Lieutenant... Vos frères qui servaient Rolf ont brûlé la forêt des Elfes, depuis Odran-shad jusqu'à la Forêt interdite des Quatre Nations cachées. Ils nous ont dégagé le terrain. C'est là que se trouvent nos proies, désormais, toutes les trois. Mais écoutez-moi, maintenant, écoutez-moi tous !!

Sa voix sépulcrale, qui semblait sortir d'un caveau, monta dans la nuit piquetée d'étoiles gelées ; elle résonna comme une menace des défunts, pour les vivants :

– Si vous faites couler le sang d'un seul de nos gibiers, comme vous avez tué, contre mon ordre, cet imbécile d'Hybride, alors le Pouvoir sera perdu, à jamais.

Chapitre 50

Louane parlait depuis deux jours et deux nuits, presque sans discontinuer, dans l'Idiome universel ; semblant vouloir le noyer dans le flot de ses discours, l'empêcher de penser à ce qui se passait - cette séparation, la perte de Charlie, leur impuissance, leur vulnérabilité de gibier pour Matthias...

Elle parlait au fil de ses pensées puisqu'elle était incapable d'atteindre le jeune homme, elle le sentait ; elle ne pouvait entendre ce qui résonnait dans son esprit, ce que disait sa langue. À un moment, cependant, elle finit par le rejoindre, précisément alors qu'il méditait sur la trahison de la jeune Sloane. Elle dit :

— Tu te demandes peut-être ce que je fais ici, encore... Moi qui avais promis que je quitterais la forêt pour rejoindre les Clans, et vivrais mes amours, librement, au grand jour... Mais après votre départ, il restait à faire, avant la liberté : nous devions d'abord nettoyer Derrig Argan, et le reste de la Forêt ouverte, de tous les Ocre-Blêmes et des derniers Urods qui y restaient. Nous devions trouver qui nous avait trahis, parmi les Elfes, qui avait révélé l'existence de la *Xaria*, et le plan d'Aliya... Nous menâmes notre guerre. Nous confondîmes les (nom caché), nous restâmes devant les Jekels, à Shaelynn, pour faire éclater leur trahison au grand jour, jusqu'à ce qu'ils soient châtiés. Cela dura des mois...

Elle vit que, cette fois, Hugo l'écoutait. Elle avait beau ne pas reconnaître dans ces traits le visage amical du Madoc, et lire dans ses yeux qu'il lui en voulait, l'accusait, d'être une Elfe, il avait été son ami, jadis – et elle voulait qu'il apprenne. Sans qu'elle sache pourquoi, c'était important : qu'il apprenne, comprenne, qu'il découvre qu'elle ne s'était pas trahie, finalement.

— Puis, je fus libre... Alors je suis allée trouver Ioena – tu sais qu'elle est devenue une Jekel, parmi les Connor, et notre Capitaine. Et je lui ai annoncé mon intention de partir, pour les Clans. À cause de l'amour que j'avais eu pour son frère, Iwan, mort comme le mien pour la Confrérie. À cause des lois qui m'interdisent ici d'aimer, dans les Nations, un autre que celui qu'on m'a désigné dès l'enfance.

Hugo ne disait rien, mais il la regardait attentivement.

— Elle m'a dit de partir, que mes raisons étaient justes, et bonnes. Personne ne me retenait... Mais s'il me restait le désir de servir ma Nation, dans les Clans, je pourrais être plénipotentiaire entre eux et elle, entre les Clans et les Connor. Je pouvais devenir celle qui unit deux peuples, aux destins liés par l'amitié. J'acceptai... Je m'en fus, je vécus une année entière dans les Clans, faisant de temps en temps le trajet vers Odran-shad où je retrouvais mon ancienne Nation, pour porter des nouvelles, des messages, et en prendre. Une année... Puis, je suis revenue.

Elle se tourna vers lui, ses yeux étaient deux arbalètes – des armes noyées de larmes, des armes toutefois, qui interdisaient qu'on commente cette décision.

— Je suis inconsolée, Hugo, inconsolée et inconsolable. Iwan était celui que j'aimais, contre les lois, mon rang, mon âge... Et cela ne me sert plus à rien d'échapper à ces lois. Il n'y aura pas d'autres amours, pour moi, parmi les Elfes, les hommes, les Hybrides. Aucun ne remplacera Iwan. Je ne m'unirai pas avec celui que les Clans m'avaient désigné. Je ne porterai pas un enfant en mon sein. Mon amour est mort, je suis morte à l'amour...

La voix de Louane baissa, dans les graves, donnant le sentiment de murmurer – et pourtant, le ton était celui, ardent, des suppliques.

— Tu ne devrais pas laisser Charlie t'échapper, Hugo. Pas même deux jours ou trois, comme elle le fait maintenant. Tu devrais te tenir toujours à ses côtés, pour ne jamais, jamais risquer de la perdre.

— Mais si c'est ce qu'elle souhaite ?

Pour la première fois, il lui avait répondu, dans sa langue étrangère. Elle le regarda, mima l'incompréhension.

— Si c'est ce qu'elle désire plus que tout ? Je ne dois pas, je ne peux pas le lui retirer...

Toujours interdite, Louane le regardait intensément, essayant de deviner sur ses lèvres, dans ses yeux.

« Si c'est ce qu'elle souhaite : être une Céridwen. »

« Si je dois me tenir toujours à ses côtés... »

« Tu n'es pas un Madoc... »

En un instant, toutes ces phrases s'entrechoquèrent. Hugo fit le lien. Il comprit ce qu'il devait faire. Pour être à côté de Charlie la Céridwen, toujours ; pour respecter le choix que faisait son amour, et pour ne pas la perdre.

Redevenir Madoc...

Il regarda Louane, dans une question muette, puis sortit le tranchoir que lui avaient donné les Hafidas ; de la main gauche, il posa son poignet droit sur une pierre, comme sur un billot, devant lui - malgré la douleur qui irradiait toujours, dans l'épaule. Il regarda Louane, encore, ses yeux reposèrent la question. Il voulait qu'elle comprenne bien ce qu'il allait faire, parce qu'il aurait besoin d'elle, ensuite, pour trancher le deuxième avant-bras, le gauche. Quand il n'aurait plus cette main-là... Il fallait qu'elle l'aide à se mutiler, à redevenir un Madoc, pour se tenir près de sa Céridwen.

Il ne sut si c'était bien une approbation qu'il lisait dans les yeux de Louane, mais il voulait le croire : elle terminerait ce qu'il allait commencer. Il n'y avait pas d'autre choix. Il leva le tranchoir, très haut, de la main gauche.

*

Charlie scandait, au milieu des Céridwens de la Dixième Nation. C'était le chant des Connor, des chênes magiques, le psaume de la Nation. Des strophes qu'elle connaissait, mais qui n'étaient pour elle qu'une diversion – en réalité, elle écoutait et entendait, tout autour d'elle, les murmures de vie des arbres, de ses compagnes, des Sloanes et des Searles, plus loin ; son oreille percevait surtout une pulsation, une respiration de vie sourde, noire, angoissée, torturée de solitude, qu'elle connaissait, qui était la plus chère à son cœur – qu'elle voulait retrouver.

Comment lui faire entendre qu'elle ne pensait qu'à lui ? Comment lui faire savoir qu'elle était prisonnière, devant ces *daras*, engeôlée par ce chant et ces superstitions, mais qu'elle allait trouver un moyen de le rejoindre ?

Au fil des heures, elle entendit la musique d'Hugo noircir encore, se charger des accents et des cuivres du drame, de la haine, de la folie. Soudain, elle sut la violence, le chant de la mutilation, qui montait dans le cœur de son ami, son plus qu'ami – son âme sœur. Elle comprit ce qu'il allait faire.

Elle regarda autour d'elle tous les Madocs dévoués à leurs Céridwens. Tous, sauf un, qui manquait : le saigneur de la Vierge. Le Madoc Hugo. Elle comprit qu'il se sacrifiait, encore une fois, pour elle. Qu'il lui donnait ses mains.

Elle cria.

X

À l'Ouest du *limes*
(Où vont les amours mortes ?)

Chapitre 51

Il y a, sous la falaise de Pelaî-aros-Ibar, une anfractuosité, invisible lorsque la mer est haute ou étale, dégagée lors des marées les plus basses. C'est là que la mer dépose ses restes, ses trophées et les victimes de ses tourbillons, lorsqu'elle se retire. C'est là que gisaient les dépouilles de Mansour et d'Aliya, de Nadir et de Nidhal. Déjà livides des vingt heures passées, ballottées, dans l'eau de mer glaciale, laissées ici, reprises encore, et de nouveau abandonnées.

Deux cycles de marée.

Et l'eau s'engouffrait, déjà, dans la fente de la roche, commençait de remonter sur le sable de la grotte, pour un nouveau cycle. Elle allait les reprendre... Une fumée, toutefois, s'exhala à ce moment par les narines des quatre cadavres, avant que la mer les atteigne, s'en empare de nouveau, comme de jouets pour le bain. Presque en même temps, quatre nuées vertes formèrent quatre silhouettes d'abord incertaines dans les ténèbres de cette grotte.

Puis les silhouettes se dessinèrent, se précisèrent. Il y avait un désir, plus immense que la mort, et qui n'avait pas encore trouvé son acomplissement.

Les fantômes d'Aliya et de Mansour, de Nadir et de Nidhal, restèrent un instant debout, les deux « Cervières » regardant leurs deux corps, les deux lions tournant en rond, incrédules, rugissant – incapables de comprendre ce qui se produisait.

Mansour se contempla, les contempla, tous quatre, au sol – des cadavres exsangues. Puis tous quatre, debout, des ectoplasmes prêts au combat.

Quatre âmes. Quatre âmes vivantes. Non, vraiment, cela n'avait rien à voir avec un suicide, dont cela avait pourtant l'apparence technique. C'était le seul moyen de rejoindre l'ennemi, avec elle. De rester sur l'Alta. D'être aux côtés d'Aliya, de découvrir à ses côtés l'amour et la guerre. « Un Cervier pour sa Cervière. » C'étaient deux guerriers sur deux lions, qui avaient choisi d'explorer ensemble le territoire des fantômes, parce que la menace parcourait les mêmes territoires.

Il dit : – Tu crois que les Spectres aiment avoir les pieds mouillés ?

Elle répondit : – Si on ne file pas tout de suite, on le saura.

Il dit : – Crois-tu que nous ayons le temps, cependant, d'une étreinte ?

Elle répondit : – Ça vaut le coup d'essayer.

Il la serra dans ses bras, sentit qu'il ne sentait rien. Elle ne serait plus jamais cette jolie fille, sauvage, libre, souple comme une herbe, qu'il tenait contre lui, quand la vie était évidente, belle. Ils avaient renoncé. Mais il sentait cette âme qui le frôlait, le traversait, les deux fumées s'emmêler, en une curieuse, une parfaite communion – impalpable ET réelle. Gazeuse mais poignante.

Il s'écarta, la regarda. Ce qu'il lut dans ses yeux était la même surprise, teintée de déception mais aussi d'un espoir. Et de la joie de pouvoir se regarder, encore, toujours.

— Allons-y. Matthias nous attend.

— Même s'il l'ignore encore, pour quelque temps.

— Pour peu de temps, ma sœur. Pour si peu de temps.

*

Dans leur folle galopade vers Odran-shad, les Golithes, et les quelques Spectres qui les accompagnaient, passèrent sur les champs Gauranatiques à leur tour. À cette heure, une étrange fumée verte s'était formée, et planait comme un lac de brume au-dessus des défunts, exhalée de mille narines ; toutes ces vies interrompues, surprises, mutilées. Les fantômes, bientôt, rejoindraient les fantômes, pour une autre errance, jusqu'à la mort des âmes.

Matthias n'en avait cure. Il était trop tôt pour enrôler ceux-là, trop tôt aussi pour qu'ils le servent – ce qu'il avait à faire concernait des vivants. Ensuite, on verrait à s'occuper de leurs ectoplasmes, et alors, après seulement, il faudrait rétablir la puissance des Golithes défunts sur la Forêt des Âmes, combattre encore, contre les troupes des armées mortes de Fern, ou de Thierno.

Suzerain. Il en ferait son affaire, peut-être... Ou peut-être s'en moquait-il...

Pour l'instant, c'était après les vivants qu'il en avait. Après trois créatures venues de loin, de si loin. Il en avait rappelé deux en diffusant ses informations à la police, là-bas, grâce aux adorateurs du Sang-Noir. Il en avait isolé une en suscitant la méfiance de Fern contre Mansour, ici.

Lui, comme elles, venait d'un autre monde ; lui était resté ici, prisonnier des murs de la mort, du royaume des Ombres, se cognant sur les parois de sa propre malédiction. Mais il tenait sa vengeance. Il en avait fait venir deux, de si loin. Il avait semé la division parmi les Clans, pour s'offrir la troisième, la plus dangereuse.

Il les regarderait mourir, toutes trois, ces créatures vivantes. Elles pousseraient leurs derniers souffles, comme elles lui avaient volé le sien, à Elfrea. Puis il attendrait, aussi longtemps que nécessaire, devant leurs cadavres. Et il avalerait leurs fumées, dès qu'elles s'exhaleraient, il les avalerait comme on fume un narguilé – elles se répandraient en lui, leurs âmes seraient les siennes. Quatre âmes pour un seul. Quatre réceptacles pour le Sang-Noir.

Il ignorait si cela suffirait à faire renaître le Pouvoir, si le Sang-Noir pourrait exercer sa fascination depuis le royaume des Ombres – mais qu'essayer d'autre ? Avait-il le choix ? Le lui avait-on laissé, après Elfrea ?

Et puis, la vérité maintenant se levait : qu'importe. Qu'importe le Sang-Noir, au fond, et qu'il le rétablisse ou pas. Il y avait une idée, plus forte encore en lui. L'idée de la vengeance, contre leurs amours, l'envie de dévaster ce qu'il n'avait pas eu.

Matthias sourit, les dents vertes, dans son armure. Il savait enfin pourquoi il continuait.

Chapitre 52

La dague avait mordu, sans qu'il la voie surgir. Comme voilà dix-huit mois, à Teacht-chun-Céille, lors du serment de sang. Comme celle d'Iwan, aussi, dans leur premier *shad*. Comme chaque fois qu'un Humain de notre monde prétend se mesurer à la vitesse d'un Elfe, à l'infinie précision de chaque dixième de seconde.

Seul parmi les vrais Humains, sans doute, Mansour aurait pu décomposer la vitesse de Louane, la parer. Son œil avait appris. Mais Hugo n'était pas Mansour. Les doigts de sa main gauche furent simplement griffés, frôlés par le souffle froid de la lame – mais ils ne purent serrer le tranchoir plus longtemps. Ils s'ouvrirent, dans le mouvement qu'ils faisaient pour abattre l'arme sur son poignet droit. Le tranchoir tomba, sur la pierre-billot, rebondissant juste à côté de la main droite.

Louane ne disait pas un mot, mais le regardait d'un regard effrayé et dur, minéral, comme celui d'un serpent qui crache pour se défendre. Au même moment, à l'instant où la lame de sa dague avait touché Hugo, un cri retentissait dans la clairière, là-bas, interrompant les chants.

*

Charlie était tombée, en hurlant comme on meurt. Les yeux révulsés, l'aspect d'une cataleptique. Elle avait entendu monter la sauvagerie brutale du chant de mutilation, avait su ce qu'Hugo faisait pour elle. Et cela l'avait submergée.

Elle rouvrit les yeux. Les prêtresses des Connor l'entouraient, bouleversées. Elles parlaient toutes en même temps, dans l'Idiome ou la langue sacrée, l'une lui tenait les mains, deux autres murmuraient un chant de réveil.

Elle cligna des yeux, deux fois, cherchant à se souvenir. Tout lui revint. La Vierge, la prophétie, les *daras*... Hugo. Hugo et ses mains.

Le sang battait contre ses tempes, elle était incapable, en cette minute, d'entendre un chant, une âme...

Elle murmura :

— Hugo... Mon Madoc...

Puis, plus fort, dans la langue sacrée :

— Mon Madoc... Le saigneur de la Vierge... Il court un grave danger.

— Tu es venue sans Madoc, ô Vierge, répondit Kéliane. Mais les nôtres te servent.

— Le garçon qui était avec moi, mon saigneur... Je dois le voir.

Déjà, plusieurs têtes se secouaient, solennellement.

— C'est impossible, ô Vierge. C'est un mâle, et un Barban, il ne peut...

— Les chants sacrés sont...

— Un mâle, hors de la Race...

— Taisez-vous !

Elle avait hurlé, de nouveau. Mais cette fois avec colère.

— Taisez-vous, que j'entende son chant ! Et amenez-le-moi ! Les lois de votre Race ne sont rien devant les préceptes de Danaël !

Toutes se tournèrent vers Kéliane, qui se tourna elle-même, à regret, vers son Madoc.

— Va chercher le saigneur.

*

Les prêtresses avaient repris leur chant. Charlie était assise, en lisière. Elle parlait, et en même temps, ses deux mains serraient les deux mains de Hugo, elles les palpaient, jouaient avec elles, ses doigts bruns couraient le long des longs doigts pâles, les doigts de pianiste du garçon. Sur sa paume.

Hugo ne disait rien de la douleur que lui faisait la plaie de la dague, à ses jointures gauches. Il ne disait rien de la souffrance qu'il avait à tenir le bras droit plié. Il écoutait Charlie, il était avec elle.

*

— Elles pensent que je suis la Vierge, réellement... Que je viens réconcilier toutes les Nations, et sauver Derrig Argan.

— Que vas-tu faire ?

— Disparaître. Avec toi. Dès cette nuit, nous allons quitter la forêt, déserter, aller vers le Nord. Nous rejoindrons les Clans.

— Sans escorte, sans personne ? À la merci de Matthias ?

— As-tu peur, mon saigneur ?

— Plus maintenant. Je croyais que tu...

— Je sais. Mais les chants ne sont rien, seul compte le tien.

Chapitre 53

Non, ce n'était pas le Sang-Noir qu'il voulait. Ce n'était plus cela, désormais – avait-ce été cela, au fond, jamais ? Quel Pouvoir ? Pourquoi un Suzerain ?

Il se moquait de l'Alta comme d'une guigne, de la puissance politique, de la domination sur le monde. Mais il avait désiré pourtant le Sang-Noir, désespérément, comme certains autres de sa communauté. Dès qu'il avait découvert son existence dans le livre de Mallaury. Et son désir était si grand, si profond, que son âme avait survécu à la mort de son corps, et qu'il le poursuivait maintenant ; il courait vers lui, une armée dans son dos. Ses Golithes.

Il leur avait dit qu'il pouvait le rétablir, ils l'avaient cru. Était-ce vrai ? Était-ce ce qu'il poursuivait, au-delà de la mort, au cœur de ses ténèbres ?

Les morts mentent-ils, parfois, aux vivants ? Ou se mentent-ils, seulement, à eux-mêmes ?

Il ne savait pas, plus...

Ce que le Sang-Noir promettait, l'empire sur les âmes, la mort de la liberté dans les yeux des capitaines, leur soumission sous une bannière unique, telle n'était pas sa quête. L'empire, la possession, la puissance infinie sur toutes les libertés... Mais l'empire sur une seule, oui. Sur une âme. Qu'une seule soit envoûtée, aimantée vers lui, qu'une seule, jamais, jamais ne le rejette. Une seule. Une femme.

Léa l'avait rejetée. Toutes l'avaient rejeté. Toujours.

Il n'avait pas pour lui le brio de Mansour, ce secret charisme, qui vous fait accepter, d'un lion, et des Cervières, et de tous, comme un chef. Et d'Aliya.

Il n'avait pas pour lui la longue, la maladroite, l'irremplaçable histoire d'une complicité, d'une douce, fraternelle amitié, qui se mue, se transforme – et en quoi ? Pourquoi, pourquoi pas lui ?

Pourquoi était-il laid, à leurs yeux ? Pourquoi finissaient-elles par détourner le regard, un jour, par regarder d'autres yeux, d'autres vies ? Était-ce cela, finalement, le Pouvoir ? Posséder quelqu'un, une âme, attachée comme un lien, et qui jamais, jamais ne se détournerait ?

*

Ils apprirent à chevaucher la fumée, sur le sommet de la falaise de Pelaî-aros-Ibar ; à bondir et serrer leurs jambes impalpables sur une présence tout aussi incertaine – fugace, insaisissable. Ils tombèrent dix fois, à leurs débuts, traversant les spectres de leurs lions.

Mais Nidhal et Nadir étaient, chacun, presque une part d'eux-mêmes – la suite de leurs récits, leurs jambes, le prolongement de leurs propres corps, dans la bataille et dans les jeux. Les fumées surent s'adopter, deux à deux, se nouer, se marier, pour ne former qu'un finalement : la Cervière sur son cervier. Un seul fantôme, cohérent, effrayant, aussi redoutable dans la mort qu'il l'était dans la vie.

Ils avaient ri de leurs chutes, de leurs essais malheureux ; puis ils rirent de sentir à nouveau la puissance, la force, la souplesse des fauves sous eux – presque en eux. Unique instant, où la matière gazeuse redevient un appui, un mouvement, contre quoi on peut s'appuyer, pour sa propre force. Ivresse de ce mariage.

Et si cela était possible avec un lion-cervier, qui est une part de soi dans la guerre, ne serait-ce pas possible avec celle qui est la propre moitié de soi, dans l'amour et la vie ? En songeant à cela, Mansour le fantôme regarda Aliya – et il vit dans ses yeux verts la même question, la même réponse : oui, ils ne formeraient plus qu'un, de nouveau ; il saurait sentir le corps de l'autre et le sien, unis. Malgré la mort et la fumée.

Ils n'eurent pas besoin d'en savoir, ni d'en dire, davantage. Mansour conclut :

— Nous nous unirons plus tard, ma sœur, comme nous le faisons aujourd'hui avec nos lions... Pour l'instant, il nous faut tuer, combattre... Ensuite, nous aimerons.

— Tu as raison. Le temps presse, petit frère. Mon ami.

— « Je t'aime à jamais... »

Ils s'élancèrent vers l'Est, la Marche, et la forêt.

*

Charlie reprit, avec les autres, le chant de la Nation ; les *daras* répondaient. Kéliane, distraite, vit avec soulagement s'éloigner le garçon, cet Humain au nez trop long, au corps trop gauche, aux cheveux en broussaille, qui n'aurait jamais fait un Searle convenable - et encore moins un Madoc, en dépit de son bras droit blessé, du pansement autour de sa main gauche.

Si la Vierge le demandait, des guerriers l'emmèneraient se soigner, encore, dans l'eau bleue. Mais c'est tout ce qu'on ferait pour lui, désormais.

*

Louane ne disait plus rien depuis qu'elle l'avait empêché de se trancher la main droite. Le geste d'automutilation l'avait éteinte, elle s'était tue. Un Madoc était venu chercher Hugo, puis Hugo était revenu, seul, depuis la clairière. Seul, sans Charlie, l'air accablé.

Il n'y avait plus rien à dire. Elle connaissait le mal d'amour dont il souffrait - et il en souffrirait toujours... Le savait-il, maintenant, avait-il appris comme elle la nouvelle ? Charlie était l'envoyée de Danaël. Les prêtresses l'avaient reconnue, à Shaelynn : elle était la Vierge. Les prêtresses ne peuvent se tromper. Si tel était vraiment son destin, Hugo avait perdu son amie, à jamais – « la Vierge de Danaël restera éternellement Vierge. Quand elle aura tout réconcilié, elle disparaîtra, et il n'en restera qu'une trace d'or et de paix, à Shaelynn, sur les rochers qu'arrose Nedeleg », disait la prophétie.

Hugo resterait orphelin de la joie, ainsi le veut la loi injuste des amours – ce sentiment si puissant qu'il vous fait vous mutiler, pour rejoindre celle que vous aimez, quand elle ne peut plus être à vous.

Au bout de longues minutes, une heure peut-être, le garçon s'accroupit à côté d'elle, collé, épaule contre épaule, flanc contre flanc. Aussi immobiles l'un que l'autre dans cette posture d'attente, comme les vrais amis qu'ils avaient été, enlacés devant le bûcher des avatars, voici trois ans. Il ruminait sûrement sa défaite.

Louane se souvenait, quand Hugo lui avait appris la mort d'Iwan, à Vahan. Hugo lui avait annoncé que la vie s'arrêtait. Comprenait-il maintenant combien cette perte l'avait détruite, et combien elle avait fait d'elle, en cet instant, la personne probablement la plus capable de compatir ? Elle ouvrit la bouche pour tenter de le consoler, malgré tout.

À ce moment, comme s'il avait deviné son intention, il se leva.

Très bien, il ne voulait rien entendre. Elle allait le laisser seul, il avait droit à cette solitude puisqu'il...

Louane n'eut pas le temps de songer un mot de plus. Toute à ses pensées, elle n'eut pas l'instinct de prévoir le coup qu'Hugo lui porta, sur la nuque, la laissant assommée pour le compte.

— Ça devient une habitude..., murmura le saigneur de la Vierge en souriant, pour lui-même. Des coups par-derrière, chaque fois. Tu es un vrai héros, Hugo...

Puis, il partit vers la clairière, laissant sa victime dans son coma léger, sans un regard pour elle. Même Louane ne méritait plus sa pitié. C'était eux deux contre le monde entier, maintenant ; puisque le monde entier s'évertuait à dresser des murailles entre eux deux.

*

Charlie faussa compagnie aux prêtresses alors qu'elles se rendaient à la Dixième Cataracte, le soir, après les ultimes cérémonies aux *daras*.

Ce fut chose plus facile qu'elle l'avait imaginé. Beaucoup plus.

Elle dit simplement, au moment de se dévêtir :

— Je retourne à Derrig Argan. Les eaux n'ont pas besoin de mon chant, tel n'est pas le cas des chênes.

Kéliane, à moitié dénudée déjà, approuva gravement, sans lui demander plus d'explications. Elle ne proposa ni escorte, ni Madocs, qui de toute façon s'étaient éloignés pendant le bain de leurs prêtresses. Sans doute la première Céridwen pensait-elle que l'envoyée de Danaël était invulnérable. Le monde des prophéties est si merveilleusement simple...

*

Il s'approchait d'eux, le savait, le sentait. Il les tuerait. Il dévasterait leurs joies, leurs simples joies, il les pillerait, les défigurerait - parce qu'on les lui avait refusées. Si seulement une fois, si seulement une âme...

Hugo avait vu ses rêves, les désirs de possession qui animaient Matthias, chez les Dawuds. Et il s'était trompé, avait accusé l'autre, le Victorieux, dans la clairière - quelle dérision ! Petites jalousies... Mansour l'avait étranglé, à Elfrea, parce qu'il tuait Charlie, et par fidélité pour sa chère Capitaine - quelle dérision !

Mais c'était pour cela qu'il buvait le Sang-Noir. Pour en avoir une, à lui, lui aussi. Une, qui ne partirait pas. Comme Hugo sa Charlie. Comme Mansour et Aliya.

Maintenant, il savait vers quoi il galopait, cette haine qui le maintenait au-delà du suaire. Pas une ne l'aimerait, jamais, il était haïssable. Alors, il saccagerait les amours des Trois.

Derrière lui, les *siffales* des cinquante Golithes ahanaient comme des monstres.

*

Charlie récupéra les vêtements qu'elle avait quittés pour la tunique de prêtresse, se changea.

Ils se rejoignirent à l'endroit convenu, dans la forêt débutante, renaissante, nature qui reprend le dessus sur le deuil, à quelques dizaines de mètres de Derrig Argan, sous un ancien séquoia qui dressait sa silhouette calcinée et morte – pourquoi, seul parmi ses congénères, n'était-il pas tombé en cendres dans le brasier, jadis ?

C'était un bon point de rendez-vous, visible de loin. Ils devaient l'être eux-mêmes, aussi, facilement repérables durant tout le temps qu'ils coururent vers Odran-shad dans la friche forestière. Les Searles et les Sloanes étaient-ils occupés ailleurs ou n'osèrent-ils intervenir, parce que désormais, tous savaient que Charlie était la Vierge ? Pensèrent-ils que Danaël l'appelait ailleurs, et que pour cette raison, elle avait remis ses étranges vêtements de messagère ?

Ils coururent à en perdre l'haleine, toute la nuit, comme les fugitifs qu'ils étaient, qu'ils n'avaient jamais cessé d'être depuis leur apparition sur les postes de télé, voici… combien de temps ? Deux semaines humaines ? Davantage ?

Le vrai temps ne comptait pas, plus. Ils ne le connaîtraient plus, et peu importe…

À travers la forêt martyrisée, jusqu'à Odran-shad, Charlie ayant retrouvé des poumons neufs précédait Hugo – la crainte d'être le Messie de ce monde elfique semblait lui donner des ailes. Au matin, ils sortirent des terres cendreuses, des arbustes, débouchèrent dans une vaste plaine herbeuse comme la savane. Ils bifurquèrent, et se dirigèrent vers le Nord, à une distance raisonnable du *limes* qui leur indiquait la route à suivre.

Ils virent de loin que la Marche était déserte. Ils ignoraient que les Golithes étaient presque tous morts dans les champs Gauranatiques. Ils ignoraient que leurs dernières patrouilles vivantes fonçaient vers eux.

La pluie continue d'Alsander les surprit, moins d'une heure après.

Chapitre 54

Le soleil, s'il existait encore quelque part, au-dessus des nuages noirs, devait avoir passé son zénith, maintenant. La course sous ces trombes d'eau, dans ce champ de gadoue, les éreintait. Ils sentaient les gouttes ruisseler, depuis leurs cheveux et leur cou, s'insinuer dans leur dos, partout. Leurs pieds nageaient dans leurs chaussures de sport. Les vêtements de Goretex, prétendument prévus pour ce genre de cataclysme, étaient trempés, à tordre – mais ils étaient libres !

Ils virent au loin un boqueteau de hêtres, de grands ormes, et d'*hazals* en taillis, semblable à celui où les Hafidas avaient dressé la tente, pour eux, voici à peine trois jours. Ils accélérèrent encore, comme dopés par la perspective de trouver un abri, même relatif...

Ils se jetèrent contre un tronc, sous les futaies, en riant.

Hugo eut un pincement au cœur en reprenant son souffle – cela ressemblait trop à leur pause, après Fern... Bilan après trois jours passés parmi les Elfes : retour à la case départ. Enfin presque. Ils n'étaient plus malades, ne grelottaient plus, malgré le déluge chaud de printemps qui semblait ne jamais s'arrêter sur Alsander. Mais ils avaient perdu leur escorte, les derniers amis qu'ils avaient, l'asile prétendu que représentait Derrig Argan. Et ils étaient toujours un gibier – pour les fantômes, les Golithes.

Il faillit avoir une parole amère, découragée, mais Charlie lui coupa l'herbe sous le pied :

— Si ça continue, avec cette flotte, je vais de nouveau choper une pneumonie...

— Tu veux qu'on retourne te soigner à Derrig Argan ? plaisanta-t-il.

— Je ne pense pas, non... Tu as une autre proposition ?

Il vit que ses yeux brillaient du plaisir de se retrouver de nouveau tous les deux, vaillants - en fuite, mais ensemble, et seuls. Il comprit l'allusion :

— Tu voudrais peut-être que je te frictionne, et que je trouve des fougères pour qu'on y passe la nuit ?

— Ce serait une idée, ça...

Le sourire de Charlie fut encore plus radieux, et allusif. Puis :

— Mais non... Pas maintenant, en fait, pas comme ça, sous la pluie, à la merci de nos chasseurs. En revanche, promets-moi d'y penser très fort avant la nuit prochaine, parce que je te préviens : je ne passerai plus une seule nuit sans toi... Et les fougères... Et tout le reste.

La lumière dans son regard indiquait clairement ce que signifiait « tout le reste ». Et pour la première fois, en y pensant, Hugo ne ressentit aucune appréhension :

— Promis, je vais y penser très fort, miss... Tu crois que j'en trouverai où, des fougères, dans ce coin pourri ?

*

Où fuir ? Ils en discutèrent, longuement, sous leur arbre luisant de pluie. En dégouttant eux-mêmes.

Ils savaient qu'il leur fallait aller vers le Nord, éviter Arman-du, rejoindre Maroine, et trouver ensuite Madani. Une semaine de marche, au bas mot. Mais après tout, ils n'avaient pas besoin de continuer à courir : ils ne tiendraient pas le coup à ce rythme, mieux valait chercher des abris sûrs pour la journée, et progresser la nuit, de forêts en bosquets...

— Tu essayes de te donner un répit de quelques heures, Hugo Holder ? Tu suggères que nous marchions la nuit pour éviter d'avoir à me prendre dans tes bras dès ce soir, dans les fougères ?

– Que nenni, miss... Je réfléchis à une façon prudente de nous donner quelques heures d'intimité, avec fougères et abri sûr... Et même plus de quelques heures, si on y prend goût.

C'était singulier, cette façon de plaisanter, et cette impatience, soudain, entre eux ; eux qui avaient attendu si longtemps sans en parler. Mais maintenant, ils savaient : depuis le « premier matin du monde », ils savaient que les occasions ne se laissent pas passer, quand un véritable amour a éclos. Qu'avant, cela serait prématuré, mais qu'alors, il ne faut plus attendre...

– OK, je pense que tu as raison, mon saigneur. Je te donne une nuit de plus. Mais pas davantage.

– On attend ce soir pour se mettre en route, donc ? Et d'ici là, tu dors sur mon épaule ?

– Oui, on va faire ça...

Presque aussitôt, avec cette capacité stupéfiante qu'elle avait de s'assoupir n'importe où dans n'importe quelles circonstances, il entendit sa respiration rassurante de dormeuse, là, contre sa joue.

*

La pluie tombait, en un rideau continu. Charlie dormait. Cette nuit, demain, quand elle se réveillerait, ils allaient remonter vers Madani. Demain, oui, demain. Et quand ils auraient trouvé un abri sec et sûr, ils feraient l'amour, pour la première fois, comme les enfants qu'ils n'étaient plus. Le temps passe sur l'Alta, et sur les âmes. Ensuite... Ensuite, on verrait : ils retrouveraient les vrais amis, Mansour, Aliya, Jeson, dans ce pays ensoleillé de Madani, dont ils leur avaient parlé, sous cette falaise où les Clans se retrouvent, festoient.

Il serait temps, alors, de faire le point. Tout n'allait pas si mal.

Si seulement il y avait eu un peu de café chaud, pour faire oublier le froid, leurs vêtements trempés... Il se mit à fredonner une vieille, une très vieille chanson de Bob

Dylan, qu'il adorait : « *One More Cup of Coffee, For the Road.* » Cela lui rappela quelque chose. De ses doigts gourds, encore douloureux des entailles de dague, il chercha dans sa poche son iPod, le trouva, mit une oreillette, puis l'autre. La musique l'emplit, le violon, les cordes. Les paroles de Dylan le bercèrent, et l'entraînèrent à son tour dans un sommeil réparateur.

Chapitre 55

Ils voyaient la Marche, si proche maintenant. Ils cherchaient des silhouettes noires, des Spectres verdâtres... Inquiets, pressés – mais heureux aussi, reconnaissants de chevaucher encore sur la terre des vivants. S'émerveillant d'être de nouveau sur leurs lions, au grand galop.

Lorsqu'ils furent à quelques lieues du *limes*, Mansour lui demanda :

— Sais-tu comment on tue une ombre, comment on transperce la fumée ?

— Je l'ignore, mon frère. Mais nous trouverons bien. Nous chevauchons ensemble, l'Alta tremble à nouveau.

*

Il s'éveilla sur les dernières notes, aigrelettes, des Killers. *Exitude.* « *We hope you enjoyed your stay...* » Mais ce n'était pas la chanson qui l'avait tiré du sommeil profond, lourd comme une enclume. C'était le cri – « Hugggoooooooooo ! »

Il se redressa, parfaitement éveillé, sur le coup. Debout, adossé à son arbre, il les vit : ils étaient en demi-cercle, autour de lui. Leurs heaumes noirs, refermés, ne laissaient voir aucun regard, ils ne disaient rien.

Douze Golithes, au moins, et combien derrière eux ? Une vraie troupe, tous à pied. Ils avaient dû laisser leurs *siffales* plus loin, pour approcher sans bruit, et les surprendre pendant leur sommeil. Avec eux, juste derrière, il reconnut une vingtaine de Spectres, et parmi eux, un

Golithe qui allait tête nue, dont les longs cheveux clairs, la barbiche, tous les traits étaient ceux de Matthias. Celui-là souriait. Celui-là triomphait.

Où était Charlie ? Elle cria de nouveau, il l'entendit encore, de façon assourdie, se tourna vers la droite. Une des ordures lui tenait les deux poignets. Elle se débattait, entre leurs mains, ne touchant pas terre, à leur merci.

Une voix sépulcrale, venue d'outre-tombe, dit : « Vous avez perdu, Hugo... Vous allez me rendre ce que vous aviez volé... » Cette voix venait de sortir des lèvres vertes de Matthias, elle lui parvenait, mais étouffée. Comme les cris de Charlie. Une musique, *Green Day*, premiers accords de *When September Ends*, couvrit les paroles...

Il toucha ses oreilles, rencontra le casque de l'iPod, se rappela : il s'était endormi avec du Dylan dans les oreilles. Ils s'étaient crus vainqueurs, sauvés, seuls au monde...

Et maintenant, ils avaient perdu.

Les oreillettes toujours en place, la musique lui donna une idée, stupide, désespérée. Il fouilla sa poche, prit lentement, calmement l'iPod dans sa main, sous le regard muet, mais probablement interdit, des douze visières noires. Que faisait leur proie, avec cet objet ?

Il sélectionna un titre : Nirvana. *Smells Like Teen Spirit*. De la bombe à l'état pur.

Il poussa le volume au maximum, puis sortit de sa ceinture le tranchoir des Hafidas. Les douze chevaliers noirs, cette fois, réagirent : cela, ils connaissaient ; c'était une arme. Une arme de guerrière. Oui, ils avaient perdu. Mais défait pour défait, Hugo allait se battre.

*

Smells Like Teen Spirit ouvre l'album *Nevermind*, le deuxième et probablement le plus abouti qu'ait produit Nirvana, le groupe de Kurt Cobain. Hugo avait écouté cette chanson des centaines de fois, les barrissements de la guitare, la voix écorchée, la déflagration ; il avait cherché à percer à jour le mystère de sa progressive et sombre épiphanie. Il la préférait à toute autre, contrairement à nombre de ses condisciples du lycée, avec qui il partageait quelques goûts musicaux, et qui privilégiaient du rock, voire du punk-rock, plus récent. Mais cette fois, il ne l'avait pas programmée pour comprendre encore une fois ce que Cobain voulait y révéler ; il avait besoin d'elle pour puiser la formidable énergie qu'elle insuffle, celle du désespoir.

Smells Like Teen Spirit dure très exactement 5 minutes 01 seconde, dans sa publication originelle, sur l'album *Nevermind*, en 1991. La version qu'en a faite plus tard Patti Smith est nettement plus longue, plus méditative. Mais c'est la pulsion de lave brute, celle de Cobain, qu'il sélectionna.

C'est à peu près le temps que dura son assaut désespéré contre douze colosses golithes – il leur rendait en apparence plusieurs dizaines de centimètres, tant ils étaient impressionnants, ces géants de *kraast*, mais en réalité, ils avaient à peu près la même taille, la même allonge.

5 minutes 01 seconde, c'est infiniment long, seul, un tranchoir à la main gauche, un bras droit encore paralysé, sans armure, sans rien pour parer les coups, face à douze hommes sortis armés des enfers de Wulfran...

Sans doute le combat eût-il été beaucoup plus bref, si les Golithes n'avaient pas reçu l'ordre de ne prendre aucun risque, de ne verser aucun sang – et Hugo le savait, ce qui lui permettait une folle témérité, à laquelle s'accordaient sa rage d'avoir perdu, et ce sentiment brutal, violent, cannibale, d'être une proie ridicule avec laquelle ils s'amusaient.

Il continua néanmoins durant toutes ces minutes.

Il n'en blessa aucun, sinon superficiellement, mais il les fit reculer, plusieurs fois ; le tranchoir ne pouvait rien contre le *kraast*, sauf aux jointures des armures, et il ne parvint pas à atteindre ces points névralgiques ; mais il les fit reculer, trois minutes... Puis il retarda le moment d'être submergé. Et quand, enfin, il céda, ils durent s'y prendre à quatre, et s'y reprendre à trois fois, pour enfin parvenir à le coincer, à l'immobiliser, à lui lier les deux mains – dans une clé de bras qui sembla déchirer les tissus de l'épaule droite, de nouveau.

Durant tout le temps de la bataille, le temps d'une chanson, il avait entendu en écho de Cobain, sur sa musique, les cris de Charlie. Des cris de fierté. Des hurlements d'encouragement, vains, aussi dérisoires que son assaut.

À la fin, au dernier refrain, les Golithes le tenaient, et Matthias, qui seul savait de quoi il s'agissait, ordonna qu'on lui arrache les oreillettes.

*

— Sèche tes larmes, Charlie... Sèche-les... Ne les laisse pas voir ça. Tu vaux tellement plus qu'eux.

Charlie pleurait, à côté de lui. Mais pas lui, pas lui, non. Malgré la douleur, les ecchymoses au visage, le bras qui se déchirait, il en était sûr, qui allait se déchirer bientôt et tomber comme une branche morte – du moins s'il en croyait les sensations brûlantes de ses tendons. Il ne pleurait pas, malgré la frustration de s'arrêter là, la bêtise d'avoir encore une fois remis à demain leurs premières étreintes – malgré l'infinie absurdité de mourir trop jeunes, dans un monde inconnu, loin de chez eux, de leurs familles, de mourir pour un Pouvoir qui ne les regardait pas, tués par des Chevaliers dont ils ne sauraient rien, dont ils ne verraient même pas les yeux.

Il cracha sur les armures de ceux qui le tenaient. On les « brancha » tous les deux, littéralement – on leur passa deux cordes autour du cou, puis on lança ces deux cordes par-dessus une branche basse du hêtre pourpre sous lequel ils avaient eu le tort de s'endormir. Comme on fait, dans un western, pour les voleurs de bétail. « Pendus, haut et court. » Il suffirait que deux Golithes tirent sur chaque corde, quand Matthias aurait fini de parler, et ils s'agiteraient quelques instants, leurs jambes bougeant encore, quand la respiration aurait été coupée, déjà, leur trachée écrasée, la nuque peut-être brisée...

Mais il ne céda pas. Il continua de ricaner, haut et fort, quand Matthias commença son discours d'adieu. Il s'en moquait. Éperdument... Qu'avait-il à voir avec un fantôme, alors que son amie pleurait à ses côtés ? Il la consola, encore.

— Sèche tes larmes, miss... On aura bien vécu, bien vécu, oui...

— Et vous vivrez encore...

Cette fois, il se tourna vers Matthias, qui venait de prononcer cette phrase dans leur langue. Il pivota autant que lui permettait la douleur dans l'épaule droite et la corde autour du cou. Leur faisait-il grâce ? Le Spectre continuait, de sa voix de tombeau.

— Vous vivrez en moi, à jamais... Vos âmes vont sortir, dans vingt heures, ou trente, par vos narines, car vous n'étiez pas faits pour mourir si jeunes, vous désirez vivre, stupidement. Et alors, encore informées, je les avalerai, je les inhalerai, et vous serez en moi, vous et votre Sang, votre part du Pouvoir... Vous vivrez, ferez partie de moi, jusqu'à ce que le Pouvoir soit établi sur tout l'Alta.

— J'aurais préféré un truc du genre : ils vécurent heureux et eurent beaucoup d'enfants... Pas toi, miss ?

Dans ses sanglots, Charlie eut un rire. Bref. Comme une quinte, dans laquelle elle s'étouffa...

— Eh, les affreux, vous n'auriez pas un verre d'eau, vous voyez bien que mon amie tousse... Ça doit être cette corde, autour de sa pomme d'Adam. Ou sa pomme d'Ève, je ne sais plus ?

Un rire de Charlie, de nouveau. C'était à deux balles, mais cela marchait...

Hugo vit sur la face courroucée du Spectre verdâtre qu'il ne goûtait pas, lui, ces plaisanteries – et d'être ainsi interrompu dans son discours solennel. Matthias les dévisagea, avec pour la première fois de la haine sur ses traits. Comme à Elfrea. Puis il reprit sa harangue dans une langue inconnue

- sans doute celle que les Golithes parlent entre eux, aux Enfers et sur l'Alta.

— Cause toujours, Matthias... J'ai vu ta colère... Tu nous hais d'être vivants, et de nous aimer... Tu vas nous tuer, mais cela n'empêchera pas qu'on s'aime, comme jamais une fille ne t'a aimé, Ducon.

Le Spectre, de nouveau, le fusilla du regard. Il était d'un vert plus pâle, peut-être, blême de fureur.

— Ce que tu désires, tu ne peux plus l'obtenir... Tu aurais pu l'avoir, mais c'est trop tard, maintenant. On ne prend pas cela par la force, Matthias... On peut le bousiller seulement, pas le prendre.

Hugo avait peur de mourir, à se pisser dessus. Mais ses bravades coupaient tous ses effets à l'ennemi. Alors, il continuait. Oui, il serait dit qu'ils s'étaient battus jusqu'au bout. Ils partiraient dans la fierté.

Le discours de Matthias, pour la façade, pour ses Golithes, s'arrêta rapidement, dans une dernière envolée. Il n'y croyait pas lui-même. Il leur mentait. Il n'avait plus d'ambition, seulement de la haine. Charlie et Hugo parlaient tous les deux, à mi-voix, affichant ouvertement qu'ils s'en moquaient.

Puis, la plupart des chevaliers noirs s'écartèrent, les Spectres s'approchèrent, avides ; deux chevaliers noirs saisirent chaque corde. Hugo dit :

— Cette fois, miss, je crois que ça va être à nous... Je t'ai dit que je t'aimais ?

— Jamais assez, Hugo. Jamais assez.

— Alors je te le redis. Je t'aime plus que ma vie.

XI

Le Sang-Noir
(Les Quatre)

Chapitre 56

Pour combattre la fumée, la fumée n'a d'autre choix que de la disperser, d'abord – et ensuite empêcher qu'elle puisse se reformer –, comme on sépare un ennemi en deux, puis chaque partie en portions, encore, pour ne plus réduire son corps qu'à une bouillie infâme.

Un truc de psychopathe, pas d'esthète.

Chaque coup porté à l'ennemi le heurte, mais ensuite il se reforme, cicatrise, la fumée comble les trous et les plaies – sauf si dans l'intervalle, on le disperse encore, et encore, jusqu'à ce que l'âme étourdie de souffrances demande grâce – alors elle quitte ce monde, comme une chandelle est mouchée. Bref, il s'agit de frapper et de frapper, méchamment, cruellement, au point que l'âme touchée désire sa propre mort. Sa totale disparition.

Un truc de sadique, pas de guerrier.

Il faut donc s'attarder sur chacun, chaque adversaire. C'est une tactique simple, sommaire, mais qui exige qu'on passe sur l'ennemi spectral un temps beaucoup plus long qu'on ne le ferait sur un vivant. Cela fausse la chorégraphie et le timing parfait, cela les grippe. Un seul coup ne peut suffire, ni même deux, sauf si on se contente de neutraliser provisoirement un fantôme – le risque étant qu'ensuite il se jette sur vous, dans votre dos.

Le seul avantage qu'il y a, en fait, à posséder la condition spectrale, c'est que l'ennemi est obligé d'en faire autant, avec vous, s'il veut vous détruire. Cela lui prend du temps.

Voilà pour la théorie.

Ah, et il y a encore une chose qu'il faut savoir : dès lors qu'on peut traverser les adversaires vivants et les obstacles, dès lors que les appuis ne sont plus les mêmes, tous les repères dans l'espace changent. Il faut en tenir compte

Mansour, en voyant le groupe près du boqueteau de hêtres et d'ormes, dit à Nidhal :

— Je jette les verdâtres à terre, tu me suis comme une ombre, et tu les disperses en les secouant au sol. On se fiche des hommes en noir, on les traverse. OK ?

Puis il expliqua à Aliya :

— Tu me laisses m'occuper de Matthias, s'il te plaît, ma sœur. Avec celui-là, nous avons une petite chose à régler, entre hommes, et définitivement. Mais je te laisse les autres.

— OK, je reste sur Nadir. Tu vas à pied ?

— Je pense… Nidhal finira le boulot derrière moi.

— Tu as raison… Sur ton lion, parfois, tu es pataud.

Le tout lancé en plein galop. Elle jeta son tranchoir, le rattrapa au vol, rit ; ils s'élancèrent.

*

« Le temps est nouveau, différent. Sois le maître de ce temps. »

Le Victorieux embrassa la situation sitôt qu'ils furent dans la mêlée - il vit ses deux amis, les cordes sur la branche, les Golithes qui s'apprêtaient à les pendre.

— La mort est une affaire de secondes, Nidhal, je te l'ai déjà dit ?

Un premier Spectre tomba, la gorge tranchée, mais c'est parce qu'il était trop occupé à regarder la pendaison prochaine

— Oui, bien sûr, je te l'ai dit, mon lion… Occupe-toi de celui-là, je vais chercher les autres.

Nidhal rugit de plaisir, prit dans sa gueule de fumée le Spectre égorgé qui tentait de se relever, le secoua comme un jouet. Encore, encore. Le rugissement fit tourner la tête à tous, vivants et morts. Bien, très bien, autant affronter les adversaires de face. Mansour cria :

– Voici le Victorieux, celui qui possède un quart du Sang-Noir... Autant que votre maître !

Le deuxième des Golithes verdâtres reçut le tranchoir de jet précisément dans la fente de sa visière, et Mansour reprit son arme en passant, comme si de rien n'était, juste avant que le fantôme tombe sur ses genoux. Négligemment, dans le dos de l'ennemi agenouillé, il frappa dix, vingt fois, à coups répétés, rapides, du tranchant.

– Disparais, je le veux...

Il entendit Nidhal sur ses talons, lui abandonna le gibier. Les animaux sont plus cruels, plus joueurs que les guerriers - c'est dans leur nature.

Il y en avait deux dizaines d'autres, au moins, à l'attendre... Mais l'avantage d'affronter une armée de Spectres, c'est que nombre d'armures avaient été éventrées, déchirées dans la première mort de leurs propriétaires. Il suffisait de viser à l'endroit précis où, une première fois, la carapace s'était fendue ; une plaie qui, souvent, avait été mortelle. Puisqu'ils en étaient morts.

Cette épaule, déchirée jusqu'à l'aine. Ce ravage, naguère, d'une lance, dans le bas-ventre. Deux autres Spectres furent à terre - pourvu que Nidhal passe faire le ménage derrière lui...

Un cinquième fantôme surgit soudain, sur sa route, à travers un Golithe bien vivant, en hurlant - Mansour dut se fendre, puis esquissa une rotation - coup de pied à la tête, deux fois, puis du pied gauche, un troisième, aller et retour. Il vit la tête ballotter, plongea la main dans l'armure verte, ouvrit la fumée, qui se reforma aussitôt - un autre coup de pied, ces types avaient la vie dure. La deuxième vie, la dernière...

Le Spectre tomba.

Deux coups du coude gauche sur un fantôme au sol, rotation, jet du tranchoir sur un autre adversaire, là, qui s'élançait vers eux.

– Nidhal, à toi, mon vieux !

Le cervier fut là en deux bonds, referma les crocs sur le récalcitrant.

— Excuse, mais celui-là ne voulait pas y passer.

Un coup d'œil périphérique. Aliya la Verte était comme la mort même, galopant à travers les Golithes pour bondir de Spectre en Spectre. Les fantômes hurlaient, quelques-uns s'égaillaient déjà, terrifiés.

— On n'a que deux vies, pas vrai ? Et les morts tiennent à la vie...

Il ne pouvait s'empêcher de plaisanter, il se sentait heureux - d'être là, avec elle, de combattre avec elle, de nouveau, et de nouveau dans l'ivresse. Il se sentait froid, il se sentait redoutable, il se savait infaillible. Il cria :

— J'arrive, Matthias. Mon Sang-Noir bout en moi, c'est la joie de te voir...

Il rompit son rythme de marcheur inexorable, se mit à courir, bondit sur une septième victime - la fumée se déroba, mais quand elle se restaura, à cet instant précis où elle se solidifie pour former les traits nets, Mansour put serrer la gorge ; suffisamment pour provoquer l'angle de la nuque, qui fit ployer le Spectre. Des coups répétés, en rafales, du plat de la main, comme on martèle pour tuer - l'âme défunte hurla, s'éteignit, préféra disparaître...

Il s'était servi sur lui, une épée, une masse, avant qu'elles disparaissent. Deux adversaires, en face, couraient maintenant vers lui.

Facile. Le coup de la faucheuse, en ciseaux. Refermer sur l'un les deux armes, tenues à bout de bras ; puis les écarter pour toucher le deuxième avec l'épée, juste là, au cou. La tête du premier explosa littéralement, comme un fruit mûr. L'autre tomba à terre, grotesque, soulevé sous le menton.

— Me voici, Golithes, je suis le Victorieux, et je possède plus de Sang-Noir que votre maître... Car je vais le tuer.

Il était bien trop vif, bien trop sûr, bien trop désinvolte pour eux - d'un calme souverain. Son esprit dansait ailleurs, vers le massacre que pratiquait Aliya ; ses yeux étaient fixés plus loin, vers ses deux amis la corde au cou.

Il prit néanmoins le temps de disperser sa neuvième victime, celle qu'il avait décapitée d'un coup d'épée, parce que Nidhal était trop occupé avec la huitième, dont la tête avait éclaté comme une pastèque.

Une minute vingt secondes, neuf fantômes apaisés à jamais, renvoyés depuis l'Alta dans le royaume des Morts, pour cesser d'errer ; pour y dormir du sommeil éternel des braves. Ils vérifiaient maintenant s'il existait un au-delà, des dieux. Mais dans l'en deçà, ici-bas, il n'y avait qu'un seul Victorieux.

Et il avait choisi d'y rester, d'y devenir spectral, précisément pour se trouver face à celui qui hurlait maintenant comme un dément, en lui tournant le dos. À cinq mètres...

— Pendez-les ! Tirez, tirez maintenant ! Je l'ordonne...

Matthias avait hurlé dès le début de l'attaque, mais les Golithes attendaient, les mains sur la corde. Attentifs, silencieux, immobiles. Jaugeant les deux fantômes, celui qui hurlait ses ordres, et celui qui marchait vers eux, en tuant.

— Ils ne savent que faire... Je possède autant de Sang-Noir que toi, ils ne savent qui servir.

— Mais ils savent d'instinct que tu ne rétabliras pas le Pouvoir, Mansour... Même mort, tu n'as pas changé.

— Oui. Et ils savent encore, d'instinct, que je vais te tuer. Jamais tu ne te nourriras aux âmes de mes amis... Ni à la mienne... Alors que faire... Servir un Prince perdant, ou attendre de voir si son assassin ferait un meilleur Prince ?

Les chevaliers noirs avaient attendu un Mansour vivant, ils l'auraient combattu. Et vaincu, peut-être. Mais c'était un Mansour mort, un Spectre, qui venait tuer Matthias. Ils attendaient l'issue de ce duel...

*

— Alors, où sont-ils, tes Golithes, où est-elle, ton armée de Spectres qui devait m'amener vers toi comme un gibier ? Ligoté, enchaîné, intact ? Où est-elle, Matthias ? Regarde, je n'ai perdu aucun sang, j'en suis aussi plein que toi, je viens combattre à armes égales... Si tu me bats, tu pourras t'emparer de mon Sang-Noir, et le boire, Matthias... J'aurais pu choisir de me tailler les veines, mais j'ai préféré venir ainsi vers toi, pour que tu puisses me vaincre... Si seulement tu y arrives...

— Je vais te...

Le fantôme de Matthias brandit son épée verte. La main droite de Mansour lâcha son arme, le Victorieux montrait ses paumes, vides ; puis il fit un geste, pour inviter l'ennemi.

— Viens, mon Golithe... Je t'attends, à mains nues, contre toutes tes épées, tes haches et tes masses...

Il poussa du pied une série de trophées. Les armes de ses neuf victimes, que Nidhal venait de déposer, délicatement, devant lui, comme un chienchien rapporte la baballe.

— Prends-les, toutes, tes armes, ton arsenal, celui de tes tueurs... Tu en auras besoin... Et maintenant, concentre-toi, prépare-toi, sois digne, Matthias...

Matthias regarda à droite, à gauche - les Golithes avaient formé un cercle autour d'eux. Mansour vit Aliya et Nadir qui continuaient leur chasse, les derniers Spectres verdâtres fuyaient - il l'attendrait pour le coup de grâce. Charlie et Hugo, la corde toujours autour du cou, regardaient le spectacle, les yeux écarquillés.

— Oui, sois digne, Matthias... Meurs dignement, cette fois... Je crois qu'on nous regarde.

Chapitre 57

Y eut-il un combat ?

Mansour était pieds nus, jambes nues, torse nu ; Matthias avait l'armure. Mansour avait les mains vides, paumes et doigts ouverts, Matthias serrait les gantelets de *kraast* sur une épée, une masse – puis une bi-hache, dans les derniers instants, lors de la mise à mort. Matthias, depuis trois ans, était fantôme ; Spectre, il savait les glissades, les jeux de la fumée avec le réel, le solide, le plein – comment traverser le tronc du hêtre pour s'y cacher, ressurgir, utiliser les spectateurs qui les entouraient, apparaître ailleurs ; pas Mansour, pas encore...

Et Matthias vouait une haine démente à Mansour, une haine d'assassiné. Il gardait sur sa peau les traces de fumée, naguère, de son exécution, la marque noire à sa nuque. Plus encore que le vouloir du Sang-Noir, ce sentiment aurait suffi à lui conférer l'avantage.

Non, il n'y eut pas de combat, pas vraiment. Juste un simulacre. Une parodie. Une exécution.

*

« Maîtrise ta colère. Cause des plaies, puis porte les mains dans ces plaies, mais sans haine. »

Le geek se rua sur lui, en hurlant, comme il avait dû le faire vingt fois dans ses jeux vidéo, avant – il y a trois ans. Lourd, trop prévisible, frontal... Un bond, de côté, une roue, capoeiriste. Deux coups de pied, en extension, sur les flancs de l'ennemi. Taekwondoïste.

Déséquilibré, Matthias tomba à terre.

Un sourire de fumée, simplement. Un geste de la main droite : « Relève-toi, pauvre clown... »

Sur les traits verts de l'autre, la peur, déjà – dès la première feinte, la première riposte. « Tu sais, tu as compris... Je ne suis pas un Urod ou un Ocre-Blême. Tu n'es pas à la hauteur, ni ta haine, ni ton Sang-Noir. Je suis le Victorieux. »

Ça y est, Matthias est debout, de nouveau, mais déjà un peu sur ses talons. Plus soucieux de ne pas retomber, de rester en position de défense. « Pauvre clown. » Un deuxième coup d'épée, moins rageur, moins franc, un peu retenu pour ne pas se découvrir ; dans l'eau : feinte de torero, ventre creusé, sur la pointe des pieds – « Tu as vu ? Je danse... » –, puis, dans la foulée, un mouvement désespéré du bras gauche pour essayer de le blesser, avec la masse.

« T-t-t... Tu te découvres, l'ami... »

Entraîné par ce geste mal maîtrisé, Matthias plonge en avant.

Un écart. Une feinte encore. Un coup de pied dans le haut du dos.

Matthias, de nouveau, est à terre, cette fois tête la première, dans la boue. « Ce n'est pas grave, la boue ne tache pas la fumée des défunts... » Des rires, autour d'eux, les rires d'Hugo, de Charlie. De quelques Golithes, déjà ?

— Regardez votre prince, le prince des Ténèbres. Inclinez-vous... Il est le Pouvoir, dans sa boue !

Matthias se relève de cette humiliation, il lui tourne le dos, il a le geste réflexe, parasite, de s'épousseter. Comme si la fange collait. « Tu n'as rien appris... En trois ans, tu as gardé tes réflexes de vivant. Moi, je suis le Fantôme, le Victorieux. » Matthias se retourne, brutalement, pensant le surprendre, l'épée plonge en avant et... le touche ? le transperce ?

Non.

Mansour l'a vu venir. Il s'est mis de profil, a laissé passer l'arme le long de son ventre, referme la main sur elle, sur la lame. « Ça ne coupe même pas, ces vieilles lames de fumée... Ça perce mais ne tranche plus, d'estoc mais pas de taille... Tu ne le savais pas ? »

Il serre la nuée de l'épée, essaye d'en conserver l'impression dans sa main, le volume, de ne pas la *traverser*. Esprit, travail de l'esprit. Concentration. Abstraction. Ça y est, il la tient, Matthias ne veut pas la lâcher – « Erreur... »

D'un geste large, il envoie l'épée décrire une courbe – et le type qui la tient, à l'autre bout, soulevé de terre, est projeté contre le tronc du hêtre... qui l'avale... derrière lequel il disparaît, l'épée folle à la main...

« Ça va ? Pas trop mangé d'écorce ? Reviens, petit pantin, maintenant, on va finir. »

Matthias est ressorti, mais à travers un des Golithes qui tiennent encore les cordes pour la pendaison. Les cordes, d'ailleurs, sont plus lâches déjà, moins prêtes à tirer sur les cous – ils ont sans doute compris que leur maître a perdu. Mansour fait un sourire, en passant, à Charlie, à Hugo. À pleines dents vertes. Ce sont ses amis, même si la rage dans ses yeux les effraie.

Il tourne comme un dompteur, une fois de plus. Il s'explique à lui-même.

« Ceux-là s'aiment, ils s'aimeront dans le monde des vivants. J'en fais le serment, Matthias... Parce qu'ils en ont le droit. Le droit de vivre, d'aimer, de sentir une chaleur ou... cette pluie ? »

La pluie vient de reprendre, brutale, à grosses hallebardes, sur eux tous, les vivants et les morts. Des gouttes larges, énormes. « Chienne de météo... Charlie et Hugo iront s'aimer à Madani, au soleil... Mais moi, je reste ici, cela ne me mouille pas. Plus. Je suis un mort. » La pluie épaisse, blanche est déjà un déluge, forme un rideau, semble brouiller la vision de cette fumée impalpable – et pourtant, la fumée est. Matthias se rue encore. Dans sa chute, il a lâché la masse, l'épée est à deux mains. Feinte, manchette, du plat de la main, pleine face. « Je suis un mort par ta faute. » Coup derrière la nuque, à revers, paume aux cieux. Matthias est à terre. Coup de pied dans le ventre, qui le soulève. « Par ta mortelle faute, j'ai dû venir te rejoindre ! » Deux coups dans les côtes, redoublés, Matthias roule sur le côté, il s'est prostré comme un chien battu pour éviter la schlague, gémit, geint. Coup de pied pleine face, coup de latte. « Tu m'entends ! Par TA FAUTE, ordure, petit clown... »

Un regard périphérique. Aliya est là, elle est revenue. Aliya est sur Nadir, et elle le couve des yeux, sereine, amoureuse, pleine d'un léger reproche.

« OK... Se calmer... Se reprendre... Ne laisse pas parler la haine au fond de toi... Tu n'es pas un tueur, juste un guerrier, Mansour... Termine-le en beauté. »

Il s'est écarté, Matthias roule dans la fange, pitoyable, comme un porc ; le dos de sa main de Spectre passe sur son visage mort, comme pour essuyer le sang qui ne coulera plus, jamais, du nez, des lèvres.

« Ton sang ne coulera plus... Tu es mort comme moi, mort, un fantôme... Par ta faute, ta faute... Regarde : la pluie, nous ne la sentons plus. Ni la chaleur. Ni même la douleur... Ça y est, tu te restaures ? Tu te relèves ? »

Un geste de la main.

« Relève-toi, petit clown. Prends une autre arme, maintenant. Allons, regarde-moi, regarde-moi... Lève les yeux, vas-y... Bats-toi, bats-toi une fois, sois digne... C'est de ta fin que nous parlons, Matthias, pas d'un jeu... De la mort de ton âme. »

Le Golithe vert a ramassé une bi-hache, sur le sol. Bon choix. Judicieux. On augmente l'allonge, on s'offre une double lame pour parer, puis fendre...

« Tu es au centre, je tourne autour de toi. C'est bien, maintenant, tu t'es campé enfin, tu tiens debout, jambes pliées... Tu apprends, petit clown... »

Le silence autour d'eux est celui du marbre, si ce n'est le vacarme de l'averse titanesque. Cinquante paires d'yeux, rivées sur eux. « Très bien... Tu soutiens mon regard. » Chacun sait que ce sont les derniers gestes. Qu'ils vont exploser en gestes assassins. Soit la hache mord, soit...

Mansour crie, pour couvrir la pluie, en s'approchant, trop près :

— Regardez-le, votre Prince, regardez la noblesse que donne son Pouvoir ! Le Sang-Noir !

La bi-hache bouge dans les gantelets de *kraast*, s'affermit. Matthias n'a plus mal, la fumée s'est fermée ; et il n'a plus peur, à ce degré de haine. Mansour est à portée, aveuglé par l'orgueil. Mansour s'incline en se moquant. Ça y est, l'arme est en position, ferme, campée. Si elle mord une fois, juste une fois, alors toute la vitesse. la souplesse ne pourront plus servir.

Mansour l'ignore-t-il, l'a-t-il oublié ?

Il s'est redressé après sa révérence, mais il est bien trop proche, maintenant - moins d'un mètre, il crie, à voix très haute, son monologue intérieur -, l'âme nue devant tous :

— En t'étranglant, je sauvais Charlie et le monde, petit clown... Et j'aurais dû te saigner, mais je ne l'ai pas fait, naguère, à Elfrea... Par respect, par amitié pour toi. Écoute-moi, maintenant : je suis mort, par ta faute. Aliya est morte, par ta faute. Nos peaux ne se frôlent plus, nos mains ne se tiennent plus, nos visages ne reçoivent plus le même vent, la même pluie. PAR TA FAUTE !

La bi-hache attend... Un mètre...

— Mais je ne te hais pas, Matthias le Golithe. Tu as voulu mon Sang, je vais verser le tien. Mais je ne te hais pas, ou si peu... Et je vais te finir avec un joli geste... En beauté.

La bi-hache se détend, comme elle doit. Parfaitement. Une très large fauchée... Deux mètres de rayon.

— Mansour !!!

Tous les trois crièrent, quand la bi-hache faucha. Charlie, Hugo, Aliya.

Aliya la Sublime, une main sur la bouche.

*

Tous les trois, et tous les autres, virent Mansour bondir par-dessus la bi-hache. Mais ils le virent avec un millième de seconde de retard.

Ils ne comprirent qu'après.

Parmi ceux qui, un jour, ont expérimenté la nature impalpable de la fumée fantôme, ce qu'il fit là peut sembler irréel – s'arracher à la gravité, sans autre appui que le gaz même. S'arracher ainsi, à une telle vitesse, l'air même semblant garder des traces de fumée derrière lui, une traînée. Les autres – vous, lecteurs, si vous n'avez jamais été fantômes – ne mesurèrent pas exactement l'exploit qui consiste, en un bond, à s'élever ainsi, à près de deux mètres du sol, lorsqu'on est un Spectre ; puis à détendre le pied gauche, le pied droit replié sous le corps, pour rétablir l'équilibre. En suspension. Les deux bras écartés, comme un danseur kung-fu, ou une grue, ou un héron en vol, la nuée s'appuyant sur l'air.

Le fouet du coup de pied fut comme un uppercut, sous le menton de Matthias encore dans son mouvement mortel de faucheur. La tête sembla projetée en arrière. Il tomba sur le dos.

Mansour, en deux petites foulées, était à genoux sur lui.

Les deux mains furent deux lames, qui entraient et sortaient, à une vitesse inouïe, *dans le kraast* vert. Un long cri jaillit des dents serrées de Mansour, celui d'un guerrier qui brise la brique, et dont le hurlement outrepasse la douleur. Pour lui, ce n'était pas de la fumée. C'était dur comme du *kraast*. Mais ses doigts le fendaient. Pénétraient. Tuaient.

Un cri lui répondit, de douleur, puis de mort.

La fumée sur laquelle il reposait, le corps luminescent de Matthias s'évanouit, se dématérialisa. Le Golithe fantôme en avait fini avec sa vie de défunt, son errance, sa vengeance. Il demandait grâce, il l'obtint. Il allait à la découverte de l'au-delà de la vie.

Mansour vit, sous ses genoux, là où il y avait eu le fantôme de Matthias, une flaque de Sang-Noir. Aussi épais, visqueux, bitumeux que celui qu'ils avaient bu, dans la fontaine d'Elfrea. Aussi réel que le monde des vivants.

Tout le cercle se taisait, autour de lui. De ce silence stupéfait qui suit les grands cris. De cette sidération qui suit les morts brutales.

Sous le déluge torrentiel, providentiel, le Sang-Noir se mêla d'eau, et la latérite des plaines d'Alsander l'avala, le dispersant à jamais dans le sol, sous les racines des hautes herbes coupantes ; puis sans doute dans les nappes phréatiques, quantité négligeable, infime portion de Mal qui coule dans les eaux.

Alors, alors seulement, Mansour se releva.

Épilogue

Les visières noires des bassinets s'ouvrirent, en grinçant. Puis les gantelets ôtèrent les heaumes.

Des armes de *kraast* tombèrent par terre. Des gants, des colliers, des épaulières. Certains même laissèrent choir, en les décrochant, les plastrons qui protégeaient les torses, les dossières. Ainsi, dans leurs cottes de mailles noires, mates, avec pour seules protections leurs jambières, les Golithes s'en furent. Têtes nues sous la vidange diluvienne du ciel. Les quatre bourreaux qui tenaient les cordes, qui auraient dû soulever Charlie et Hugo comme deux jambons en haut d'un mât, à la foire, firent de même. Dans les grincements de leurs armes, ils quittèrent la scène sans dire un mot, sans faire un salut.

Les dernières patrouilles partaient vers la Marche. Cinquante chevaliers ardents, cinquante serviteurs du Sang-Noir qui n'était plus.

On ne les revit pas.

Certaines légendes disent qu'ils sont entrés ainsi dans la Forêt des Âmes, et que la malédiction de Danaël les a laissés passer – car leurs âmes étaient mortes, asservies au Sang-Noir de jamais à toujours, tirées des enfers. Sont-elles vraiment passées vers la porte des Enfers, où qu'elle se trouve après Carlen ? Se sont-elles consumées, sous l'épreuve ?

On l'ignore.

Mais jusqu'à ce que s'ouvre un nouveau tome sombre des guerres de l'Alta, jusqu'à ce qu'un Suzerain de Sang restaure ce qui avait coulé, et était dispersé, il n'y aurait plus de Golithes dans les guerroieries.

*

Il se tenait, face à eux. Debout, dans la flaque d'eau qui avait remplacé lentement, sous la pluie, la flaque de Sang-Noir. Debout sur ce qui avait été un fantôme de Matthias, et qui n'était plus rien.

Il les regardait, dégouttant, trempé, mais la pluie ne faisait pas luire ses cheveux, ou sa barbe, elle ne coulait pas sur sa peau et son dos, l'eau ne le gênait pas. Il était un fantôme.

Charlie et Hugo restèrent un temps aussi immobiles que lui. Pétrifiés. Comme si un seul mouvement, un seul signe de vie risquait dc provoquer leurs deux fins. Puis, quand les soldats du Sang-Noir eurent déserté la place dans les bruits de leurs armures, Hugo, très lentement, passa le nœud coulant par-dessus la tête de son amie, et se débarrassa de sa propre corde. Charlie secoua la tête, incrédule.

Ils étaient vivants.

Mansour continuait de les regarder, sans rien dire. Aliya, juchée sur Nadir, les contemplait, sans un mot. Ils étaient vivants. Et eux, morts.

Charlie vint se caler sur la poitrine de son homme, le faisant officiellement son protecteur – son bouclier. La main d'Hugo passa dans ses cheveux, trempés. Ils ne quittaient pas des yeux les deux Spectres. Mais que pouvaient-ils dire ?

Aliya sauta à terre, elle vint se coller à son tour contre le Victorieux, face à eux. Elle les défia de ses yeux charbonneux – d'un *vert* charbonneux ; ses yeux lourds de khôl et sombres d'insolence, comme au temps où elle était la Sublime, la Capitaine de Shaelynn, celle qui jaugeait les Confrères d'un regard plein d'amour.

La main de Mansour passa dans ses cheveux tressés de laine. Il ne les sentit pas. Elle ne sut pas davantage cette caresse. Ils étaient de la fumée.

Mansour dit :

— Nous avons défié la mort, mais elle ne voulait pas de nous... Pas encore...

— Elle avait raison, répondit Hugo.

— Nous croyions la défier pour sauver l'Alta, la vie, la survie, pour rompre le Pouvoir... Mais nous nous trompions...

Un long silence.

— Il aurait suffi de me taillader les veines, et le Sang-Noir était vaincu. Il aurait suffi de cela... Ce n'est pas pour l'Alta que nous sommes revenus, ombres parmi la vie...

— Non, Mansour.

Charlie avait parlé.

— C'est pour vous, pour votre vie..., dit encore Mansour. Pour votre amour.

Le masque verdâtre du guerrier sauvage, barbu, tatoué, eut une grimace étrange, ironique, malicieuse.

— Un amour victorieux.

— Victorieux, oui... Comme toi.

— Cela avait un sens.

Charlie serra la main d'Hugo. Par mimétisme, la dextre d'Aliya se glissa dans celle de Mansour. Mais lui ne le sut pas, la fumée se mêla à la fumée sans qu'il la perçoive.

— Que ferez-vous, maintenant ? Quitterez-vous l'Alta ?

— Je... Je l'ignore... (Hugo regarda Charlie.) Nous n'avons pas eu le temps d'en parler encore, de savoir.

— Mais avant de décider, nous voulons voir Madani. Sa falaise. Rejoindre les Clans libres.

La voix de Charlie avait été ferme, chaleureuse. Hugo n'eut pas le choix, la décision était prise... Mansour enchaînait :

— Les Clans... Oui, c'est là que les amours naissent et fleurissent, pour leur bonheur souvent... Là-bas, on vous dira comment quitter l'Alta, si vous le décidez. Mais jusqu'à Madani, voulez-vous notre escorte ?

— Je... Je ne pense pas, Mansour... Nous allons nous arrêter, en chemin, prendre le temps. Tous les deux, seuls

Charlie dévisagea Hugo, stupéfaite. Pourquoi refusait-il l'aide amicale, la compagnie de celui qui venait de leur sauver la vie ?

— Il y a des fougères... qui nous attendent tous les deux..., continua Hugo. Et personne d'autre ne devrait nous accompagner, car nous allons désormais être seuls, en chemin. Seuls au monde. Pour un temps.

Mansour sourit, un sourire radieux, extraordinaire, généreux. Seuls en ont de tels ceux qui savent se réjouir de la beauté du jour, de l'amour d'autrui, de la chance qui passe à la porte d'un frère - ceux qui savent quelle est leur place, leur juste place, et n'en désirent aucune autre.

La leçon des Petits Hybrides avait été apprise, finalement.

Il dit :

— Vous avez raison, il ne faut pas remettre à demain la chance, la joie.

— Et vous ?

— Nous ? Oh... Il y a une forêt, derrière Burak, une Forêt de Spectres... Elle grouille de soldats morts, des fantômes tout neufs... Des tueurs de Fern, des Golithes en légions, des hordes tout entières qui viennent de se pourfendre... Une véritable chasse royale, dirait-on, pour deux Cervières et leurs lions.

Hugo sourit à son tour. Le Victorieux était incorrigible - un guerrier, un lion. Mansour al-Masri.

— Nous reverrons-nous, Mansour ?

— Je l'ignore... Si vous restez en ce monde, nos ombres vous visiteront sans doute un de ces jours. Mais nous ferons suffisamment de bruit, en arrivant, pour ne pas vous surprendre parmi les fougères.

*

La pluie cessa au moment où Charlie et Hugo se mettaient en route. Vers le Nord. Vers Maroine, Madani, le soleil... Un voyage de noces, oui.

Ils se l'étaient promis, ils tenaient leur promesse. Ils ignoraient encore s'ils reverraient un jour Paris, ou les côtes sud-américaines, s'ils devraient rentrer, redevenir fugitifs ; s'ils trouveraient un moyen de faire éclater leur innocence... Ils l'ignoraient, leur périple était un échec : on ne ramène pas à la police un Spectre luminescent. On ne prouve rien, avec ces récits de mort et de vie.

Sans doute resteraient-ils ici. Sans doute les leurs devraient-ils les pleurer, jusqu'à la prescription : trente ans, quatre-vingt-dix années, plus de trois cents saisons de l'Alta... Et à l'automne de leur vie, barbes ou cheveux blanchis, quel sens aurait leur retour, par Oksan-kras ?

Mais ils ne s'en souciaient pas. Ils ne songeaient même pas encore à Madani, aux tatouages qu'il y aurait pour raconter la mort d'Earvin, le tour joué à Thierno, la légende de la Vierge... Avant, le plus beau les attendait – sur la route.

Toujours l'un contre l'autre, Alyia et Mansour les regardaient partir. La Cervière se tourna vers son Cervier, demanda :

— Que leur as-tu dit, dans ta langue ? Tu ne leur as pas offert la protection ?

— Non. Elle leur est inutile. Les vivants tuent les vivants, et les morts tuent les morts.

Une pause, un peu grave, puis :

— Et puis, ils voulaient être seuls.

— Pour s'aimer ?

— Pour s'aimer, Aliya.

Cette fois, il la regarda, avec une lueur d'humour dans les yeux. Des paillettes de joie, de vie, malgré la fumée verte. Elle le lui rendit. Il dit :

— Je sens ta main, maintenant, dans la mienne. Je devine sa chaleur, sa douceur. Je l'apprends.

— Et moi je sens la tienne, précisément, dans mes cheveux. Tes doigts sont doux, mon frère, même en leur fumée...

— Crois-tu que la fumée puisse épouser la fumée, Aliya, dans les fougères ?

— Je le pense, mon aimé. Je veux le croire. Essayons...

Derrière eux, Nidhal et Nadir rugirent, impatients. Depuis une bonne heure, ils se sentaient un peu exclus de la conversation.

Lexique des principaux termes de l'Alta employés dans ce récit

BREF ABRÉGÉ ELFIQUE

Barban, Barbane : « étranger ». Toute personne (c'est-à-dire tout animal doué de langage) qui n'appartient pas au monde elfique. Pour se désigner entre eux, par opposition aux Barbans, les Elfes s'appellent : La Race, Odran tugdual (le peuple des Livides), Ceux-des-arbres ou Le Peuple des cataractes.

Céridwens : Dans l'Idiome, ce mot signifie « poétesse heureuse ». Les Céridwens sont les prêtresses des Neuf Nations. Elles veillent sur la vie et la mort des Elfes et de leurs arbres, et accomplissent les chants sacrés qui purifient les eaux des cataractes, soignent et guérissent les êtres vivants, régissent toutes les cérémonies d'initiations et tous les grands actes de chaque Nation elfique.

***Daras* :** les chênes sacrés. Plus petits que les chênes que nous connaissons, ils sont d'une longévité quasi infinie. Ces arbres sont indispensables à toute cérémonie accomplie par les Céridwens. On les retrouve, en bosquets, dans les clairières des Dix Nations, et sur les *oihans*, hors de la forêt.

Egmont : « épée protectrice ». Certains *sloanes* et *searles* elfiques, regroupés en brigades, ont la charge d'escorter les Barbans dans la partie de la Forêt ressortissant aux Cinq Nations ouvertes. Choisis parmi les meilleurs archers de La Race, les Egmonts (mâle) et Métigs (femelle) commandent une escorte mixte, qui veille au respect des usages elfiques et, secondairement, à la survie de leurs hôtes.

***Hazal* :** l'un des deux arbres à arc des Elfes, avec l'*ivor* ; le *hazal* est un noisetier rouge à feuillage persistant, dont les Rowan utilisent les fourches, et parfois le tronc, pour leurs armes – des arcs de deux mètres cinquante. Le bois souple du *hazal* est également utilisé pour les structures des tentes de voyage.

Idiome (L') : la langue commune à toutes les Nations de tous les mondes elfiques. Chaque Nation utilise également un ou plusieurs « parlers », et certaines castes elfiques, prêtresses et Jekels notamment, ont leurs langues propres. Mais tous utilisent la même langue écrite, l'Idiome ancien, écrit en runes elfiques. Il faut toutefois le distinguer de l'Idiome universel, utilisé dans ce récit : l'Idiome universel est une langue vernaculaire qui permet à ceux qui le parlent d'être compris de tous les êtres parlants de l'Alta. Plus qu'un apprentissage, elle nécessite une véritable initiation, accordée aux amis de La Race, et enseignée dans ce cas par les Egmonts et Métigs.

***Ivor* :** l'autre arbre à arc des Elfes de l'Alta. L'*ivor* est une variété d'if forestier, sombre, dont les branches servent aux arcs courts.

Jekels : les chefs, mâles ou femelles, qui président aux destinées d'une des Nations elfiques.

Madocs : littéralement, « Ceux-qui-sont-bons ». Ce sont les « suiveurs » et les « boucliers » des Céridwens : les mains tranchées en souvenir des suppliciés d'Hegoa-ar-Madalen, mais surtout pour ne pas pouvoir s'arroger la puissance des chants, ils n'ont d'autre fonction que de veiller sur elles, et de se sacrifier au besoin pour leur survie.

Métig : « protectrice résolue » (voir Egmont).

Searle : « défenseur ». Ce sont les combattants elfiques, chargés de la défense des Cinq Nations ouvertes. Essentiellement archers, les Searles (et leurs équivalentes féminines, les Sloanes) combattent depuis les arbres, sauf lorsqu'ils sont hors de leur territoire. Généralement regroupés en brigades « nationales » d'une trentaine de combattants (quinze frères et quinze sœurs), ils peuvent constituer des « brigades mixtes » dans le cadre d'opérations décidées par le capitanat des Mères-de-la-Guerre.

Shad **:** « abri ». Tout lieu où les Elfes s'estiment suffisamment protégés hors de leurs clairières, et notamment ceux où ils se réfugient pour des incantations. Dans ce récit, le terme est employé de façon impropre : il désignait pour les Confrères les lieux où ils effectuaient les « passages », et prend dans le cas de Charlie et Hugo la signification, détournée, de « refuge ».

Sloane : « guerrière » (voir Searle).

Langue des Hybrides

Baran **:** grand ruminant des plaines à fourrage d'Alsander, élevé pour sa peau dont on fait le cuir, sa viande grasse et rouge, ses cornes recourbées comme celles du bélier ; le lait de la femelle est en revanche impropre à la consommation.

Caprax **:** sorte de bouquetin, à la toison épaisse, élevé par les Clans sur la plaine de Maroine et celle d'Alaine, ainsi qu'à Madani. Sa laine est cardée, le lait de la femelle sert à faire les fromages aigrelets qui constituent la protéine de base des Landes franches. Sa chair est séchée et consommée en pemmican.

Kraast **:** terme dont on ignore l'origine (naine ou hybride), mais qui existait déjà sur l'Alta à l'arrivée des Elfes, puis des Humains, pour désigner le métal noir, dur et mat dont on faisait les meilleures armes. Quasiment impossible à travailler, sauf pour les nains.

Landar : lion des montagnes du Nord, d'une taille légèrement supérieure au lion des plaines, et probablement plus ancien sur l'Alta. Exclusivement carnivore, il hiberne pendant le long hiver du Nord, qui correspond heureusement à la période de reproduction de ses gibiers. Principal prédateur animal des forêts des Yéraz, des territoires de Gascalon, de Sarpanter et du Royaume de la forêt de Kraast.

Mahade : La « vache des montagnes », en fait un cervidé, est devenue très rare, sauf à Gascalon. Chassée jeune, elle est probablement le gibier le plus savoureux qui soit, pourvu qu'on la cuisine avec les baies sucrées qui atténuent l'amertume de la viande. Adulte, sa chair se racornit.

Nabar : littéralement, « moucheté ». Cet animal de bât, très souvent utilisé par les caravanes, capables d'évoluer dans les déserts de pierre comme dans les plaines boueuses, est un grand herbivore marchant d'amble, présente des similitudes avec les camélidés, mais aussi avec certains grands herbivores africains. Doté de cornes très impressionnantes, de deux bosses de graisse, mais aussi de sabots qui l'apparentent aux ongulés, il s'agit en bref d'une véritable énigme zoologique. Sa chair, comestible, est fade.

***Oihan* :** mot qui signifie « petit bois », et qui a été repris dans la langue elfique. Il s'agit d'un bosquet d'au moins quatre *daras*, qui permet par exemple aux Céridwens elfiques d'exécuter leurs chants hors de la Forêt elfique.

***Siffale* :** terme hybride abâtardi dans le langage humain. Croisement du cheval et d'un pachyderme disparu de l'Alta, le *siffale* est l'animal par excellence dans le monde des Féodaux : il sert à la guerre, pour les lourds travaux, pour les cérémonies. Carnivore et charognard, il est d'un dressage très délicat.

Urods : terme commun à toutes les langues, mais dont l'origine est sans doute hybride. Il signifie littéralement « Ceux-qui-sont-du-dehors », et désigne juridiquement les bannis enfermés sur la Marche livide, puis, plus largement, toutes les créatures de la Marche.

Vivrinx : petit prédateur montagnard omnivore, rappelant à la fois le carcajou pour son allure massive et le lynx par son apparence. D'une exceptionnelle gloutonnerie, il égorge ses proies et les laisse faisander plusieurs jours avant de s'en nourrir, les dissimulant dans les crevasses à l'abri des autres charognards. Ses pattes, son dos sont tavelés de noir sur une robe grise.

XariaEnea : « Celle-qui-m'élève » ; la plante, qui pousse exclusivement dans la clairière de Derrig Argan, porte un nom venu de l'ancienne langue hybride, comme toutes les herbes de l'Alta.

Zayala : antilope de montagne, d'assez petite taille, aux cornes torsadées comme celles de l'oryx, au ventre blanc ; mets recherché des chasseurs des Clans, principale proie des *landars* et autres prédateurs des montagnes, elle est toutefois extrêmement courante, en raison d'une reproduction endémique.

Zopilote : vautour à tête chauve, aux ailes de cuir ; charognard. Sa présence après tous les grands massacres lui vaut une réputation épouvantable, et en fait un protagoniste de choix des *Légendes Noires de l'Alta*, qu'on pourra consulter dans la Grande Bibliothèque du Tribunal de Paix.

Langue des Clans libres

Hafidas : « Celles-qui-protègent ». Le terme désignait à l'origine les Cervières affectées à la protection des héros, des plénipotentiaires et des dignitaires de Clans. Organisées en escouades au cours des Guerres du Neuvième Tome, cette élite des Clans est devenue une force autonome, extraordinairement mobile et meurtrière. Seules les Cervières portant des tatouages sur les deux bras et les deux jambes (au moins) rejoignent ces escouades.

Dawud : « voyageur nocturne », les démons et ectoplasmes qui se nourrissent de la substance mentale de ceux qu'ils croisent.

Keziah : arbuste épineux qui produit des épices.

Origine des principaux noms et toponymes utilisés dans ce récit

Principaux noms et toponymes elfiques utilisés dans ce récit

Noms

Nota : Les frères et sœurs portent des prénoms dont le sens est identique.

Bleunienn : « fleur blanche ».

Ioena, Iwan : « l'if dont on fait les arcs ».

Louane, Elouan : « lumière dans sa nation ».

Kélliane : « la mystique », première Céridwen des Connor.

Toponymes

Abhainn-argan : « un filet d'argent », nom donné par les Nations ouvertes aux rivières qui coulent depuis Shaelynn.

Bruach'-afon-lan : « les rives reçoivent la richesse de la rivière », autre nom donné aux neufs bras qui coulent depuis Nedeleg et se rejoignent en LeWeslang.

Derrig Argan : « petit cours d'eau argenté », la clairière de la Dixième cataracte.

Donon : « le mur ». La falaise qui monte d'Est en Ouest jusqu'au Cirque de Donon, et ce Cirque lui-même. Limite de la Forêt des Cataractes.

Nedeleg : « le lieu de la naissance », Première cataracte qui arrose Shaelynn.

Odran-shad : « le dernier abri des Livides », dernier couvert de la Forêt elfique avant les grandes plaines humaines.

Shaelynn : « palace féérique », la capitale de la Nation rêvée.

Teacht-chun-Céille : « la clairière du rendez-vous ».

Les Cinq Nations (« tugdual ») ouvertes

Les Connor – « Les guerriers de la lisière ».

Les Guirec – « la nation qui porte l'ambre ».

Les Gweltaz – « Ceux-qui-gardent-une-longue-chevelure ».

Les Keilan – « le peuple élancé ».

Les Rowan – « La Nation écarlate ».

Les noms des Quatre Nations cachées sont tus aux Barbans. Nous ne les publions donc pas ici. C'est pourquoi les lecteurs ne peuvent lire le nom de la Nation qui avait trahi Aliya et les Connor au cours de la guerre contre Rolf, et qui est signalée par la mention : (nom caché).

Noms et toponymes issus des Langues anciennes des hybrides

Nom

Jeson : « dont le marteau guérit toute maladie ».

Elmo : « dont la présence est amicale ».

Toponymes

Le peuplement hybride étant le plus ancien dans les plaines et plateaux de l'Alta, leur langue a donné ses noms à tous les endroits connus, hors les villes et clairières de chaque peuple.

Alaine : « sous l'éclat du soleil », principale steppe des Landes franches.

Alsander : « défense de l'humanité », en langue des Grands Hybrides. La grande plaine de fourrage qui constitue le centre des terres humaines.

An-ar-anh : « dans la paix des reflets lumineux du soleil », bref affluent de LeWeslang.

Arjun : « blancheur de l'aube », mer de l'Est.

Avala-ar-helian : « premiers éclats du soleil », tertre par où entrent les visiteurs humains sur l'Alta.

Elona-ha : « là où se mesura la compassion humaine », forêt située sur la Brèche de Maroine, où les Golithes et leurs *siffales* pourchassèrent les derniers Hybrides.

Eneka : « feu brûlant du soleil couchant », mer chaude du Nord-Ouest.

Hegoa-ar-Madalen : « tertre du Sud » (des Landes franches, situé donc au Nord-Ouest !), où se livra la grande bataille entre Wulfran et la coalition hybrido-elfique.

Gascalon : terme hybride ou dérivé de la langue des Clans, signifiant « le lieu où survivent les derniers restes », et employé à partir de la Guerre du Huitième Tome pour désigner ce territoire du Nord, refuge des Petits Hybrides.

Hourya : « dernier feu du soleil mourant », mer froide du Sud-Ouest.

Igon-ar-Hodei : « l'ascension sur les nuages », escalier de pierre au Sud du Cirque de Donon.

Ibar-os-Hodei : « la vallée des nuages », territoire des Grands Hybrides.

Kliment : « d'un calme d'huile », nom donné, sans doute de façon ironique, à la baie où se mêlent les deux mers de l'Ouest, riche en tourbillons et pièges pour les marins.

Lexie : « défense de l'humanité », en langue des Petits Hybrides.

Oksan-kras : « Richesses hospitalières du *kraast* », premiers mots hybrides que les Humains maîtrisèrent (en le déformant) quand ils découvrirent l'Alta, voici environ trois mille ans. Et du coup, le nom qu'ils donnèrent à la porte par laquelle ils sont entrés.

Pelaî-aros-Ibar : « Ce contrefort au-dessus de l'immense vallée marine », falaise dominant la baie de Kliment.

Sarpanter : littéralement, « la forêt des animaux reptiliens », territoire situé à l'extrême Nord des Landes franches, à la frontière avec le mythique Royaume nain de la Forêt de Kraast.

Noms et toponymes issus des langues libres des Clans

Noms

Aliya : « la Sublime ».

Nadir : « précieux, rare ».

Nidhal : « le Combat ».

Chaïmae : « ton âme est ta beauté ». Quinzième tueuse de Fern.

Emin : « ma loyauté est à mon Clan ». Conseiller des sept Clans, et chef de ce Conseil.

Sawsan : « un lys dans le désert ».

Toponymes

Adama : « de terre rouge ». En fait un massif rocheux, effectivement ocre, qui constitue la principale barrière naturelle entre la plaine d'Alaine et la plaine de Maroine. Traversé par la « route des défilés de Adama ».

Hadiya : « les premiers pas dans le droit chemin », premier ravin depuis Fern, qui emmène dans la route des défilés.

Madani : « le Village », site troglodyte où les Clans se réfugient l'hiver et en cas de menace.

Maroine-ha (ou Maroine) : « tertre de quartz où reposent les restes des combattants ».

Nahel : « mon eau pourvoit », ancienne oasis sur la route des défilés de Adama.

Yéraz : « giboyeuse », forêt située au Nord des Landes, avant le territoire de Gascalon.

Toponymes de la langue des royaumes nains

Les Nains ont nommé tous les principaux lieux de la montagne qu'ils occupent depuis la nuit de l'Alta.

Noms

Archag : « L'ours », *chahan* (roi des rois) des Nains au temps des Guerres du Huitième Tome.

Haïg : « Le géant » (tout est relatif), *chahan* des Nains au temps des Guerres du Neuvième Tome.

Toponymes

Arou-ar-Dzyon : « né dans les glaces », le ruisseau qui coule de Burak et traverse la Marche jusqu'à Nedeleg, d'où naîtra LeWeslang.

Burak : « Aux dix mille sources », nom du glacier qui fournit toute l'eau de l'Alta.

Vahan : « le Bouclier », passage au Nord de Burak, vers la Forêt des Âmes.

Zépioure : « le vent chaud ». Curieusement, ce terme nanique a été repris par les peuples navigateurs pour désigner le courant chaud baignant les rivages du Nord-Ouest, le long de la mer de Eneka.

Noms et toponymes issus de la langue des Féodaux, des prêtres et de Fern

Noms

Earvin : « l'ami », treizième sicaire de Fern, puis Capitaine de l'armée des Ombres.

Hedda : « la riche combattante », gouverneure de Fern.

Helvi : « noble et fidèle », deuxième gouverneure et cofondatrice de Fern, l'une des « Mères de la Guerre ».

Karmel : « le vigneron ». Comme beaucoup de noms du peuple, ce terme est issu d'un idiome humain, proche de celui des Clans, mais « féodalisé ».

Matmon : « trésor de son père ». Terme venu d'un idiome proche de celui des Clans.

Orbert : « le Cupide », féodal d'Otilia.

Orla : « Gloire de son pays », fondatrice et première gouverneure de Fern, l'une des « Mères de la Guerre ».

Rolf : « le Loup renommé », féodal de Waltraud.

Thierno : « le Gouverneur du peuple », fils aîné de Wulfran, et féodal d'Almeria.

Wulfran : « le Corbeau », féodal de Carlen.

Kadett : « Je combats », huitième tueuse de Fern.

Arne : « Comme un rapace », onzième tueuse de Fern.

Odd : « Ma force est ma richesse », sixième tueuse de Fern.

Rénald : « Je commande avec autorité », Capitaine des Prétoriens d'Hedda.

Toponymes

Aïman : « qui protège du regard », nom de la première tour d'ivoire de Fern, celle d'Orla.

Almeria : « la Laborieuse », cité de Thierno.

Aloïse : « où se retirent les sages », nom de la deuxième tour d'ivoire de Fern, celle d'Helvi.

Arman-du : « place bien armée », entrée fortifiée qui est la principale porte dans le Limes, et l'entrée de la route du *kraast*, dans la Marche.

Carlen : « la Puissante », cité de Wulfran dans la Forêt des Âmes.

Champs Gauranatiques : « d'un rouge grenat », ce terme est employé en langue féodale pour désigner la couleur du sang et celle du vin ; lieu situé entre les plaines d'Alsander et d'Alaine.

Elfrea : « qui garantit la paix des peuples », seul toponyme issu de la langue des prêtres de Lexie ; source où fut versé le Sang-Noir.

Elka : « le lieu de la noblesse », jardins sis sous le castel de pouvoir de Fern, où s'édicte la justice publique.

Fern : « l'Aventureuse », seule grande cité humaine sur les Landes franches.

Hipposagrat : « le fleuve sacré », terme employé entre eux par les prêtres du Tribunal de Lexie pour désigner LeWeslang.

LeWeslang : « Serpent de vie », le grand fleuve de la plaine d'Alsander.

Mainrad : « le lieu du conseil », bois sacré situé dans l'enceinte de Fern, où les instances religieuses délibèrent.

Otilia : « la Prospère », cité d'Orbert, au Sud-Ouest de l'Alta.

Waltraud : « la Belliqueuse », cité de Rolf, et principal port humain sur l'Alta.

Danaël est un nom issu de la langue alchimique, qui ne s'orthographie dans aucune langue de l'Alta et signifie : « Je suis le jugement des dieux. » L'origine et la signification du mot golithe demeurent inconnues.

Remerciements

Mes remerciements vont d'abord à mon éditrice, Christine Pedotti, parce qu'elle a eu la bonne idée de me demander ce deuxième tome ; parce que, aussi, elle a été tout du long une présence menaçante pour mes tics d'écriture, et qu'en dépit (ou à cause) de cela, elle a eu finalement la grande courtoisie de ne pas trop trancher dans mon « baroque », s'il en reste. Au nom de tous les livres que nous avons créés ensemble dans d'autres existences, je lui dédie « spécialement » les « manifestement », « apparemment » et autres adverbes qui traînent encore dans ce récit, et aussi le « fin sourire » de la fin du chapitre 29.

Toute ma gratitude va également à Sarah Malherbe, qui a suivi ce récit comme elle escorte tous les autres, et qui m'est un véritable guide quand je m'égare. Mes remerciements à Julien « Jul' Julos » Villeminot, pour ses encouragements spécialisés, entre deux livres plus blancs. Catherine Périllat a été le véritable prof de latin de Charlie, c'est grâce à elle si mon héroïne et ses ennemis parlent sans commettre une faute de grammaire latine (j'espère !) – merci pour ses traductions. Merci aussi à Catherine Müller, Anne Bénard et la classe de cinquième du collège des Rives (Évian-les-Bains), avec qui nous avons bossé sur le Tome I ; par leurs questions, ces vrais lecteurs m'ont poussé dans mes retranchements. Merci encore à tous ceux qui ont aimé le premier volume de cette Confrérie, et m'ont poussé à écrire la suite.

Il me reste à remercier les miens : Théophile et Madeleine, mes premiers lecteurs ; Sarah qui s'y mettra quand nous aurons fini d'autres projets de « géographie imaginaire », ensemble ; et Louanne, dix-huit mois, qui contribue désormais plus que tout autre à mon travail, lorsqu'elle veut bien arrêter deux minutes de courir à quatre pattes sous mon bureau (merci à elle).

Et, bien sûr, Juliette « Jul' Renard », qui m'accompagne ; ma Charlie, mon Aliya sur la route. De dix-sept à trente-sept ans, tout change, mais notre amour, lui, ne pâlit pas.

Cet ouvrage a été imprimé en France par

CPI
Bussière

à Saint-Amand-Montrond (Cher)
pour le compte des Éditions Robert Laffont
en janvier 2010

Composition et mise en page

NORD COMPO
multimédia

N° d'édition : 14509. — N° d'impression : 100132/1.
Dépôt légal : février 2010.